读客文化

（上册）

刘钰婷等 / 著

江苏凤凰文艺出版社
JIANGSU PHOENIX LITERATURE AND ART PUBLISHING

图书在版编目（CIP）数据

超级国宝：全2册 / 刘钰婷等著 . -- 南京：江苏凤凰文艺出版社，2021.4
ISBN 978-7-5594-5343-3

Ⅰ . ①超… Ⅱ . ①刘… Ⅲ . ①文物 - 介绍 - 中国
Ⅳ . ① K87

中国版本图书馆 CIP 数据核字 (2020) 第 220725 号

超级国宝：全2册

刘钰婷等 著

责任编辑　丁小卉
特约编辑　潘轶君　张晓霞　许姗姗
装帧设计　今亮後聲 HOPESOUND 2580590616@qq.com
责任印制　刘　巍
出版发行　江苏凤凰文艺出版社
　　　　　南京市中央路165号，邮编：210009
网　　址　http://www.jswenyi.com
印　　刷　天津联城印刷有限公司
开　　本　710 × 1000 毫米 1/16
印　　张　42.5
字　　数　250 千字
版　　次　2021 年 4 月第 1 版
印　　次　2021 年 4 月第 1 次印刷
标准书号　ISBN 978-7-5594-5343-3
定　　价　168.00 元（全 2 册）

江苏凤凰文艺版图书凡印刷、装订错误可随时向承印厂调换

CONTENTS

目　录

001

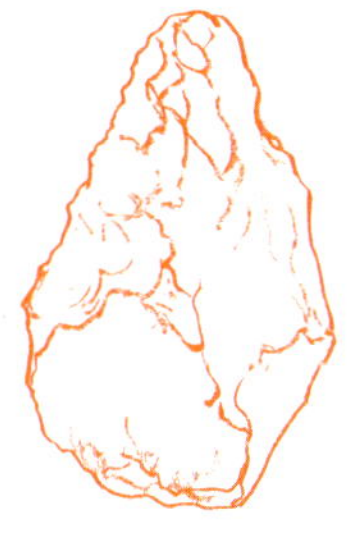

百色手斧

人类最早的标准化工具

国宝小档案

年代：旧石器时代（距今 80.3 万年）

尺寸：高 20 厘米，宽 13 厘米

出土地：广西壮族自治区百色市右江区杨屋遗址

馆藏地：广西壮族自治区博物馆

供图：广西壮族自治区博物馆

主讲人：黄怡

今天我要为您介绍的是一件看似毫不起眼，却在国际学术界引起轩然大波的文物，它就是百色手斧。

“百色”是广西的地名，也是这件文物的出土地（百色盆地）的名称；而“手斧”则是一种常见的史前石器。但它看起来与天然的石块差不多。然而，在2000年，百色手斧登上了世界著名的学术杂志《科学》（*Science*）的彩色封面。为什么这种粗糙的石器可以成为权威学术杂志的封面呢？让我们把时间倒回到84年前。

百色手斧挑战“莫氏线”理论

84 年前，美国哈佛大学的著名人类学家莫维士（Hallam L. Movius）带队到东南亚考察时，在缅甸北部等地区发现了大批仅单面打制的石器。根据东亚石器的特点，以及其与欧洲、非洲文化存在的不同，他在欧亚大陆的中部画了一条著名的“莫氏线”，并提出“两个文化圈”的理论。他将旧大陆早期人类划分为两种不同文化的拥有者：一种人类掌握了进步技术，能打制工艺复杂的手斧，如欧洲、西亚和非洲阿舍利时期的典型石器；另一种人类不具备这样的能力，只会打制粗陋的砍砸器和使用未经加工的石片。这条无形的“莫氏线”将西方（非洲、中东和欧洲）灵巧的直立人同他们不那么聪明的东方（亚洲）兄弟分隔开来。莫维士进而把亚洲大陆贬低成文化上“保守的、滞后的边缘地区”。他解释说，在过去 200 万年间亚洲气候保持稳定，林区面积少有变化。这种环境对生活在那里的人类缺少刺激，使他们不思进取，世世代代都处于死水一潭的状态，大型工具生产的规范性所表现出的人类较高的筹划和技术能力在东亚并不存在。

尽管一些考古学家不同意“莫氏线”理论，但东亚的确缺少能够体现人的行为能力和技术进步的早期石器。因此，半个多世纪以来，西方考古学界一直认为：东方的早期人类文化远远落后于西方。

然而，随着近现代东亚旧石器考古特别是中国工作的开展，大量的文化遗物出土，对“莫氏线”理论提出了挑战。

1973年，中科院古脊椎动物与古人类研究所野外队，在广西百色盆地西端发现一处旧石器遗址。随后几年里，地方博物馆的考古专家们将遗址的数目增至几十处，采集石器的标本增至数千件。从那以后，百色盆地就引起了国内外有关专家的高度关注。

百色盆地是广西西部的新生代盆地。在盆地内的老第三纪湖相地层之上，广泛发育一种很有特色的、由河流堆积演化成的第四纪砖红壤层。这种酸性堆积没有保全动物化石，却保全了大量打制石器。

1986年，中科院古脊椎动物与古人类研究所考古专家，在从百色盆地采集回来的石器标本中，惊奇地发现，这些石器中有与西方阿舍利文化[1]相同的手斧！

在百色盆地发现手斧，证明东西方的早期人类文化并无差异。那么，百色手斧出现的年代有多远？能不能成为挑战“莫氏线”理论的有力证据呢？1993年，考古工作者在百色盆地西部的百谷遗址进行考古发掘时，终于发现了一种与石器共生的，并且可以澄清石器年代的特殊物质——玻璃陨石[2]。

据地质学家推测，几十万年前，一个巨大的陨石撞击了亚洲的东南部，碰撞形成的玻璃陨石散落到了百色盆地。当时在盆地活动的人群，利用河滩的砾石制作石器。落下的玻璃陨石和石器一起被后来洪水所沉积的淤泥覆盖，永久地埋在地

[1] 阿舍利文化是欧洲旧石器时代早期的文化，因最初发现于法国亚眠市郊的圣阿舍尔而得名。手斧是阿舍利文化中最有特色的一种工具。这种工具一端较尖较薄，另一端略宽略厚，器身轮廓通常呈梨形、椭圆形或长三角形，具有切割和挖掘等功能，是史前时代第一种两面打制、加工精细的重型工具。

[2] 玻璃陨石俗称雷公墨，是巨大陨石撞击地球时，由飞溅而起的熔融地球物质在空气中骤冷落地、凝固而成的一种玻璃质感的黑色物质。

层中。因此，玻璃陨石形成和落地的年代，就是与它们同层位的石器被制作、使用和丢失在地上的年代。

中科院考古专家们立即对玻璃陨石进行同位素年代测定，得到的同位素年龄为距今 73.3 万年。2000 年，美国加州大学伯克利地质年代学研究中心又通过“氩氩法”（一种精确的测年手段），测出玻璃陨石的最新同位素年龄是 80.3 万年，并明确指出百色旧石器是一个具有阿舍利技术的旧石器时代初期的石器工业。这一研究成果打破了统治学术界长达半个世纪的“莫氏线”理论，在国际学术界引起了很大的震动。

但是，与此同时，百色旧石器的研究结果也受到相关学者的质疑。质疑的焦点是：百色盆地发现的具有传统阿舍利技术的手斧大多不是通过考古发掘所得，而是在地表发现的。这意味着玻璃陨石虽然和百色手斧在一起，但不排除人为搬动或者别的外力作用。因此，玻璃陨石的年代有可能比百色手斧早。

为了锁定百色旧石器的年代，考古工作者又开始了更为艰难的搜寻。从 2001 年到 2004 年，中国科学院、广西自然博物馆和右江民族博物馆等单位的考古工作者，经过 4 年的艰苦努力，终于在广西百色市澄碧河水库区的枫树岛找到一处更为理想的旧石器遗址。他们在距地表 50 厘米的深槽原生网纹红土中，发现了 1 件手斧和 1 件玻璃陨石；在探方中发现 4 件手斧和 11 件玻璃陨石，以及近百件手镐、石核、石片等石制品。整个文化层厚约 1 米，玻璃陨石位于文化层中部。出土的玻璃陨石表面锋利，没有搬运磨蚀的迹象。5 件手斧均为两面加工，原料为沙石和火山岩，上面保留了网纹红土留下的印记，与百色盆地其他遗址发现的手斧相似。**这一遗址发现的手斧与玻璃陨石处于同一层位，都是距今 80.3 万年。**这为进一步确认百色手斧的年代提供了更为确凿的证据。

百色手斧的制作工艺

百色手斧的发现具有划时代的意义。它看起来非常粗糙简陋，但在几十万年前的石器时代，它的制作并不是一件轻而易举的事情。

百色手斧主要是用石英岩、砂岩砾石制作而成。使用直接打击法横向加工，器形硕大，制作简单、粗糙，几乎都留有砾石面。听起来貌似很简单的方法，但它首先要求打制者在工作开始前脑海里就已经有“设计图样”。与随意性较大的砍砸器，甚至未经加工的石片相比，手斧的形状比较规范，有“标准化”的倾向。**手斧的正面、侧面、底面基本对称，这说明古人在制作前已经设想出手斧的形状，再有意识地按照预先的目的和一定的规范工序来进行技术比较复杂的制作，这是一次人类思维能力的重要进步。甚至可以说，手斧所体现出的对称性是人类审美意识的最初萌芽。**其次，它要求掌握一定的技巧。当然，还需要合适的石料。所以，手斧是人类最早的标准化工具，是测量早期人类智力发展水平的一项重要指标。

百色旧石器的发现，把人类在岭南活动的历史提前到距今 80 万年前。而百色手斧的制作工艺，则展示了东亚早期直立人的行为能力和高超的石器工业技术。2001 年，中国国家科技部将百色旧石器的发现研究成果与纳米技术、人类基因组等重大发现一起评为“2000 年中国基础科学研究十大新闻”。

谁也没有想到，正是这样一块小小的石头，推翻了看似庞大、难以撼动的“莫氏线”理论，也再次让西方人对古老的东方文明有全新的认识。百色手斧虽然貌不惊人，可是在它的身上，却闪耀着一个民族的智慧光辉。

参考文献

① 彭书琳. 百色考古：揭开广西最早的辉煌[J]. 大众考古. 2014（05）：19-26.

② 侯亚梅，黄慰文. 关于旧大陆早期人类文化发展格局 ——百色手斧挑战“莫氏线”[J]. 中国科学院，2001（01）： 56-58+35.

③ 黄慰文. 百色手斧挑战“莫氏线”[J]. 化石. 2001（04）：2-4.

④ 谢光茂. 百色旧石器遗址群：手斧挑战莫维士理论. [J]. 中国文化遗产. 2008（05）：105-108.

002 

人面鱼纹盆

半坡先民绘画艺术的最高成就

国宝小档案

年代：新石器时代（距今 6000 多年）

尺寸：高 16.5 厘米，口径 39.8 厘米

出土地：陕西省西安市半坡遗址

馆藏地：西安半坡博物馆

供图：西安半坡博物馆

主讲人：朱振华

有一个在半坡遗址被发现的非常神秘的彩陶图案，它长期出现在中学历史教科书的开篇位置，还无数次出现在电视媒体上，成为经久不衰的话题。可是，半个多世纪过去了，它依然保留着最初被发现时的那份神秘感，很多学者依然是心中百思不得其解——它就是人面鱼纹。

2006 年 6 月 9 日，西安半坡博物馆发生了两件意义非凡的大事：一件是为了庆祝半坡遗址保护大厅重新建成，以及半坡遗址在回填 3 年之后再次与公众见面而举办的庆典仪式；另一件是为了迎接阔别半个多世纪后重返家乡的人面鱼纹盆，博物馆精心设计了“人面鱼纹盆回乡展”，展览中只展出了这一件文物，在整个博物馆界恐怕也是十分罕见的。因此，这件展品的重要程度也就不言而喻了。

那么，它是怎样被发现的？它的功能又是什么？这样的图案到底要表达什么思想呢？若想弄清这些问题，我们还得从它刚刚被发现的时候讲起。

20 世纪 50 年代初，尘封地下 6000 多年的半坡遗址的神秘面纱被揭开。在考古发掘中，考古工作者发现了一组埋葬小孩的瓮棺群。当他们小心翼翼地揭开一个瓮棺上倒扣的陶盆时，一个意外的发现让所有人震惊了——陶盆内壁清晰地绘有一组独特的图案，其中最引人注目的就是人面鱼纹。

这个图案中的人脸画成圆形，额头的左半部涂成黑色，右半部是黑色半弧形，有实有虚，阴阳相间，眼睛细而平直，鼻梁挺立，张开的嘴巴两边分别装饰有两条变形鱼纹，鱼头部分和人嘴重合，耳朵旁也画有写实的鱼形纹饰。人头顶的尖状物可能是一种发髻的装饰。**整个画面构图手法大胆夸张，奇特的人鱼合体画面简洁古朴，神秘莫测。**

既然人面鱼纹被发现于陶盆内壁上，而绘有人面鱼纹的陶盆又是作为瓮棺盖来使用的，那么，这瓮棺又是什么呢？原来，在遥远的半坡母系氏族时期，孩子备受重视，但由于生存条件相对较差，他们的存活率很低。当小孩夭折后，就被装进一个陶罐或陶瓮中，上面倒扣一个陶盆或陶钵作为盖子，就像后来的棺材一样，因此，在民族学和考古学上被称为瓮棺。在瓮棺盖子的顶部通常还会打一个缺口，便于小孩灵魂出入。这种瓮棺被埋葬在居住区内房屋的旁边，反映了氏族成人对小孩的关爱和呵护，使他们的灵魂有归宿。而不少作为瓮棺盖的陶盆上都画有图案纹饰，这很可能反映了人们对小孩来生的祈盼，有着特殊的寓意。

半坡人制陶的工艺

在新石器时代遗址出土的众多遗物中，陶器大多都占有很大的比例，可想而知，对当时的人们来说，制陶已经不再是难事。半坡人也处于这样的时代，他们不仅有专门的练泥制陶的工具、设备，还掌握了熟练的制陶工艺。人面鱼纹盆就是在这群能工巧匠的手中幻化出神采的。

制作陶盆的第一步首先是和泥，半坡人就地取材，将当地的黏土和着水反复淘洗，去除杂质，再将和好的泥进一步加工以达到制作陶器的要求。然后，用双手搓出一根根的泥条，并将这些泥条自下而上一圈一圈地盘成需要的形状。接着，在陶坯上用陶拍、刮刀等工具进行拍打和修整，这样就可以使器形更加规整，器壁也相对薄厚均匀一些，整体也更紧实、光滑，最终得以成形。有的陶坯还会在转轮上做更加精细的修整。

陶坯在做好后需要放置在特定的地方阴干，这一步非常关键，它将决定接下来的其他步骤是否能顺利进行。工匠们会对半干的陶坯进行打磨，再修整，待它们干透后才开始彩绘并入窑烧制。他们需要把火候把控得刚刚好，才有了我们现在看到的这些史前艺术珍品。在口耳相传的工艺中，流露出原始人对生活的认识与理解，这也是留给我们后人的一条重要的远古密码。

人面鱼纹的神秘魅力

那么，人面鱼纹盆中的这个图案，究竟代表着什么呢？截至目前，学术界有 20 多种不同的观点。

其中，有一种观点认为，它反映了原始人的图腾崇拜意识。“图腾”一词来源于印第安语，意为“它的亲属”“它的标记”。不过，对一个氏族来说，图腾中的植物或者动物，都应该是禁止杀害和食用的，这是图腾禁忌的重要法则。只有在食物相当匮乏的情况下，这一禁忌才会有被打破的可能。但是，半坡遗址出土了多种捕鱼工具，还发现了吃鱼后剩下的鱼骨。另外，有些地窖里还发现了谷物堆积的痕迹，这就说明食物在当时并不算匮乏，而他们是一支吃鱼的部落。所以，“图腾说”显然不能很好地解释人面鱼纹。

还有人根据古籍记载的人鱼互变的神话，认为变形的鱼纹代表人格化的氏族保护神——鱼神，当时的人们通过绘制人面鱼纹来祈求渔猎丰收、生殖繁衍、人丁兴旺；还有学者认为鱼和人面都应该是巫师面具的组成部分，具有特殊的魔法；另外还有祖先形象说、权力象征说、日月崇拜说，甚至是天外来客说，等等。尽管这 20 多种说法代表了不同研究者的不同角度，但也让我们进一步感受到了人面鱼纹的神秘魅力。

当你近距离看这件人面鱼纹彩陶盆时，仔细观察它内壁的这组图案，会发现整体构图有着严谨而富于变化的对称关系。

陶盆口沿有一圈黑色的彩带，如果将它的俯视效果看成是一个圆形的话，那么，在这条黑色的圆形表面，有八个两两对称的箭头纹和直线纹彼此间隔，正好把这个圆划分为八等份。这些箭头纹和直线纹相互之间既有轴对称关系，又呈中心对称分布形态。

盆中的两个人面鱼纹图案和两个鱼纹也是彼此间隔，共同围绕盆底的圆心呈中心对称分布。也就是说，无论从什么角度观看，当您把陶盆水平旋转 180° 后，所看到的画面都和之前的画面是完全一样的。两个人面鱼纹图案四目相对，虽然闭着眼，但也表现出彼此之间有着某种特殊的联系。纵观这组彩陶图案，两条小

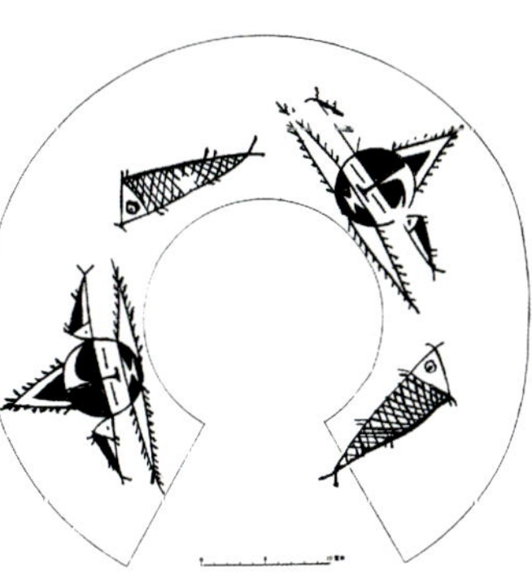

人面鱼纹展开示意图

纵观这组彩陶图案，两条小鱼循环往复、首尾相连地畅游在两个人脸附近，表现出人与鱼、自然和谐共处的美好画面。

鱼循环往复、首尾相连地畅游在两个人脸附近，表现出人与鱼、自然和谐共处的美好画面。**在一个小小的圆内既有整齐严谨的对称构图，又有朝向不同的灵动设计，虽然画面是有限的，但是留给人们想象的空间却是无限的。**

人面鱼纹代表了半坡先民绘画艺术的最高成就，它抽象、夸张，却充满美感；它的丰产、繁殖、祝福等美好含义直到今天仍受到人们的推崇。

您还记得2008年北京奥运会的吉祥物——中国福娃吧，它的创作灵感就来自人面鱼纹。那么，人面鱼纹与福娃之间究竟有何关联呢？原来，福娃主创者、清华大学美术学院的吴冠英教授在设计奥运会吉祥物时，就选取了人面鱼纹为原型，并对这个在全世界都具有很高认知度的独特图形进行了二次创作，由此设计出的五个吉祥物造型，正是着意体现中国悠久的历史与文化。这五个吉祥物分别叫作“金娃”“木娃”“水娃”“火娃”“土娃”，合称为“喜娃”。这一设计借用了中国古代思想家以五行观念来说明世界万物的起源和多样性的统一之意，喻示世界各国人民相互促进、相互依存的和谐关系。虽然后来几经修改才逐渐演变为我们在电视上看到的福娃形象，但它所蕴含的人与自然“天人合一”的和谐理念依然彰显无遗。

这件人面鱼纹彩陶盆作为仰韶文化中最具代表性的文物之一，不仅有着悠久的历史，更深藏着厚重的文化内涵。而陶盆上神秘的纹饰——人面鱼纹，则向我们展示了原始艺术粗犷、古朴却不乏灵动的艺术魅力，为我们认识和了解遥远的史前人类生活的历史打开了一扇窗。**就目前已有的考古研究结果来看，学术界还存在很多未解之谜。不过，未知的世界总是让人无限向往，总是能激发人们探索的热情。**

003

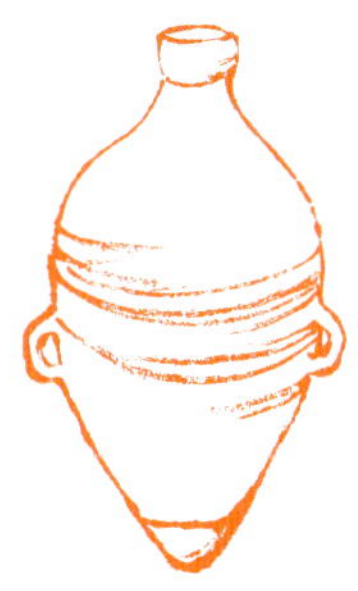

尖底瓶

又神秘又有趣的史前造物

国宝小档案

年代：新石器时代（距今 6000 多年）

尺寸：不详

出土地：陕西省西安市半坡遗址

馆藏地：西安半坡博物馆

供图：西安半坡博物馆

主讲人：朱振华

如果你到西安半坡博物馆参观过，那一定会对尖底瓶印象深刻。这件尖底瓶整体来看形状像一个橄榄，小小的口部、细细的脖子、鼓鼓的腹部、尖尖的底。腹部两侧对称地安着一对半圆形的、用来系绳的耳穿，在肩部装饰着细绳的印痕——绳纹。

很多人在第一次看到它的时候都会问：这样造型奇怪的器物在当时是做什么用的，它究竟蕴含着怎样的奥秘呢？

尖底瓶的用途

首先，我们来看它的外形设计。有人认为尖底瓶是半坡时期人们的汲水器，也就是用来从临近的浐河里取水的。尖底瓶鼓起的腹部造型是为了尽量多地装些水，一对耳穿位于腹部两侧比较对称的地方，如果为它系上绳子并将它提起，器身也可以保持受力的平衡。这样人们就可以把它提着、背着，或者抱在怀里都非常方便。在携带尖底瓶行走的时候，小巧的口部就发挥作用了，它可以确保水在运输的过程中不易被颠洒出来。

关于尖底瓶的尖底，有人曾提出如何放置它的问题。其实我们不妨想象一下，在遍地洪荒的史前时代，半坡人可以把尖底瓶随便悬挂在树上，或者倚靠在墙壁、树木上，甚至直接将它平稳地插在松软的土地中。

除了取水，尖底瓶还有一点更为神奇，就是有一些制作规矩的尖底瓶竟然能够自动打水。我们知道，即使在今天，日常生活中的平底水桶也必须借助手臂或者其他外力的晃动才能打上水，而尖底瓶一接触水面就会自动倾倒，待水灌到一定

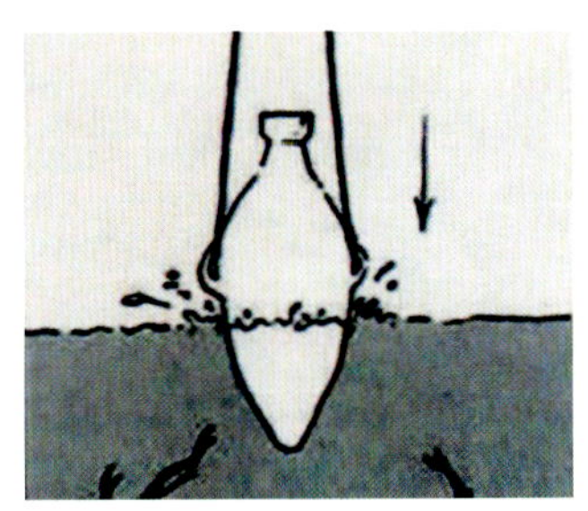

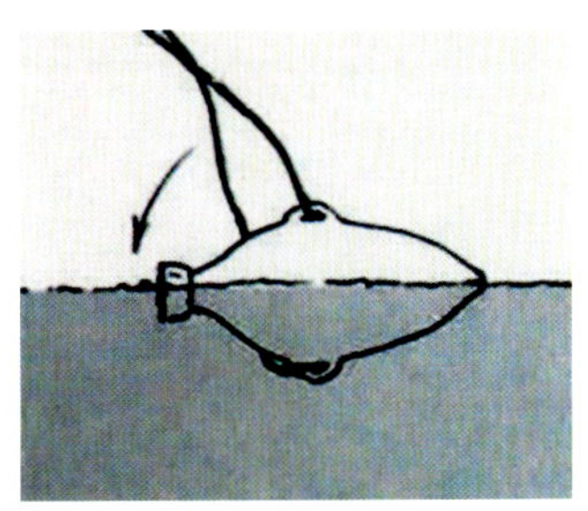

尖底瓶打水示意图

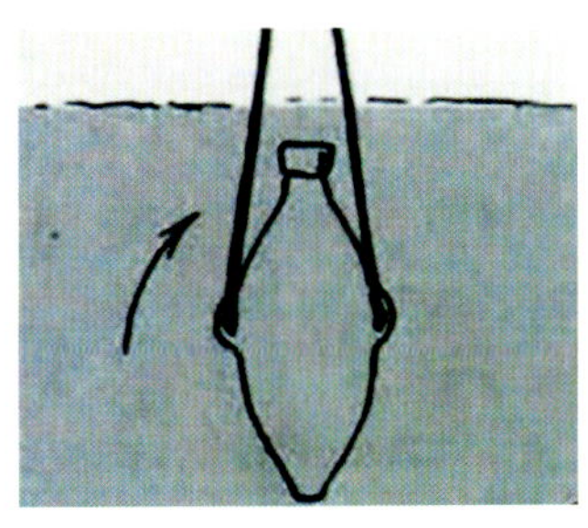

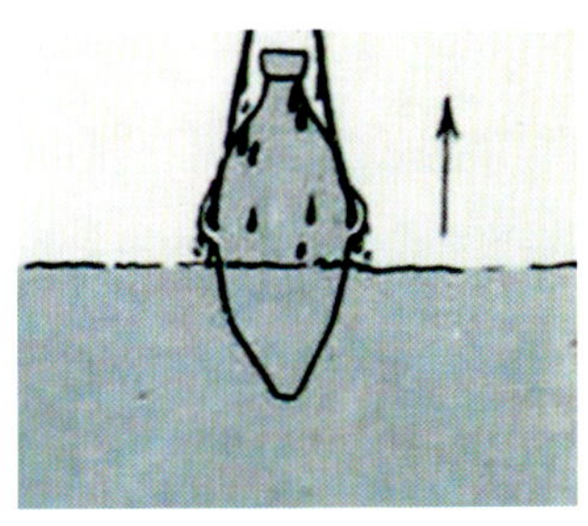

尖底瓶一接触水面就会自动倾倒，待水灌到一定程度后，又会自动直立。

程度后，又会自动直立。这种自动打水的功能正是近代物理学中重心原理的最早应用。这样说来，它简直可以算是一个“史前神器”啊！但是，它更应该是一个源于生活的伟大创造。

那么除了打水，它还有没有其他的用途呢？

就目前的考古发现来看，尖底瓶不仅在我国新石器时代仰韶文化遗址中被发现，还曾在古巴比伦、古埃及、古希腊、古罗马等地大量出土，时间上跨越了新石器时代、铜器时代和铁器时代。于是，有人对比国内外考古资料，找到了尖底瓶和酒文化之间的联系。比如，在国外的壁画和器物彩绘图案中，分明可以看到许多尖底瓶被用来盛放或运输美酒。而在中国3000年前的殷商甲骨文中，酒字右半部分的“酉”字，也和尖底瓶的器形非常相像，属于象形字。

还有一些学者提出，尖底瓶的主要功能是用来酿酒，小口是为了酿酒时便于将瓶子密封起来，它的尖底有利于集中沉淀杂质。这种造型特殊的器物竟然在不同地域、不同时代颇受人们的青睐，不知道这是巧合，还是它的实用性使然。虽然一时还很难找到这其中的联系，但不可否认，尖底瓶在多地出现，至少反映出人类对于器物造型的认识、理解、设计，往往与生活需要有着密切的关系。

尖底瓶是仰韶文化的一种代表性器物，但在这之后，它却不再被大量使用。那么，它是被其他器物取而代之了，还是逐渐转化成了新的器物，有了新的功能呢？对这个问题，有人从春秋战国时期的一件宥坐之器上找到了答案。

什么是“宥坐之器”？“宥坐之器”就是古人放在自己座位的右边，以时刻激励、警示或提醒自己的一种特殊器物。我们常说的“座右铭”就是从“宥坐之器”引申而来的。要说这件器物和尖底瓶的联系，那还得从一个小故事讲起。

据说，当年孔子到鲁桓公庙里去祭拜的时候，看到一件劝诫之物，叫作“欹器”，也就是前边提到的“宥坐之器”。这个“欹”字就是倾斜的意思。孔子曾听人说过，这种器物在空着的时候会保持倾斜状态，水灌到一半时就会直立起来，而当它完全灌满水之后，口又会朝下把水全部倒出。于是，孔子就让弟子取水做试验，果然是这样。孔子随即感慨道：“吁，哪有自满而不倾覆的道理啊！”并以此来教育他的学生们要谦虚为人，稳重求中。后来，虽然欹器失传了，但是它的象征意义受到统治阶级的重视。他们希望把它与当时的处世原则、哲学思想联系在一起，时刻提醒和劝诫自己。因此，历代很多能工巧匠都曾仿制欹器。如果尖底瓶真的演变成了欹器，那么，它可能对中国古代哲学思想的源头还产生过重要的影响呢！

尖底瓶的千古之谜

在这里要说明一点，研究人员曾对半坡出土的类似的尖底瓶进行测试，还通过计算机数据来模拟检测，发现它们大多都无法自动汲水。但是，有相当一部分尖底瓶却符合欹器“虚则欹、中则正、满则覆”的特性，可以作为生活用具或灌溉农田的器具；还有一部分尖底瓶高度约 60 厘米，腹部没有耳穿，这就很难将它们的功能归结为灌溉或打水了；此外，在一部分墓葬中，还发现了质地松软的小型尖底瓶，这说明它或许还与当时的灵魂观念有着某种联系。

由于没有文字记载，对人们来说，史前社会很神秘。那时的人们如何生活？他们吃什么、穿什么、用什么、住在哪里？这些有趣的问题让人百思不得其解。但是，随着沉睡了 6000 多年的半坡遗址被发现和发掘，里面丰富的遗存物表明，这里保存着一座黄河流域母系氏族繁荣时期的村落遗址，而尖底瓶这样的器具正在一点点地把古人的生活场景还原到我们的面前。

随着时间的流逝，尖底瓶的千古之谜，留给后人无限的想象。它所散发的古朴而耐人寻味的气息，无时无刻不在向我们展现着远古先民的智慧与创造力。当我们重新审视这件神奇的器物时会发现，6000 年前原始社会的人们烧造的小陶瓶，竟然蕴含着这么多有趣的奥秘，能让每一个见过它的人都印象深刻。甚至一些学者还提出它不仅具有实用性，还兼具强烈的艺术气息，比如：它橄榄状的器形，以及瓶体直径和瓶体高度之间的比例关系，被认为是陶制水器中最具美感的形制。

至于半坡人制作这种尖底瓶的灵感究竟来自哪里，目前还是一个难解之谜。但它至少体现了人们通过长期的劳动实践而获得了一种经验的选择，也许它是在神秘感和实用需要的驱使下创造的杰作，也许还渗透着半坡人“物有灵性”的原始宗教意识。

今天，我们已经很难揣测远古时期人们的内心世界了，但是，在物资匮乏的年代，很多物品的功能也许并不限于某一种，一器多用的现象在当时应该是比较普遍的，就像这件有趣的史前造物——尖底瓶一样。相信随着时代的发展、科技的进步，关于尖底瓶的疑问会得到更多、更客观、更科学的解释。

004

红陶兽形壶

大汶口文化的典型代表器物

国宝小档案

年代：新石器时代（距今 6100—4600 年）

尺寸：高 21.6 厘米

出土地：山东省泰安市大汶口遗址

馆藏地：山东博物馆

供图：山东博物馆

撰稿及主讲人：代雪晶

您好，今天我为您介绍一件外形很萌的史前陶器，携带着众多远古时期的信息，它就是山东博物馆珍藏的红陶兽形壶。

红陶兽形壶和大汶口文化

红陶兽形壶是一件盛酒的容器。壶的根部有一个筒形入水口，壶嘴可以往外倒水，鼓起的腹部加大了容积，四腿立着方便加热，背上还有一个提手。因为它的头部和肥壮的身体长得像猪，而四肢和上翘的尾巴又长得像狗，所以被称为“兽形壶”。整件器物采用陶塑的手法制成，通体挂红色陶衣，是一件极富情趣又不失实用价值的艺术品。

这件红陶兽形壶是大汶口文化[1]，即山东地区第三个新石器时代的文化创造的典型代表器物。新石器时代山东的土著居民是东夷人，他们创造了灿烂的史前文化，先后经历了后李文化、北辛文化、大汶口文化、龙山文化等不同的发展阶段，创造了完整的史前文化系统。这一文化序列具有先后承继的关系，脉络清晰，历史延绵。

新石器时代，山东的远古先民挥别了深山老林，来到了更加广阔、水草丰美的河畔海边，开始了长期的定居和生活；为了满足对储存用具、炊具和饮食用具的需求，先民们利用人工取火的方法，摸索出了用黏土烧造陶器的工艺，制作了锅碗瓢盆等生活必需品。在大汶口文化时期，制陶业得到了进一步发展，呈现出明显

[1] 大汶口文化，是山东地区距今6100—4600年的一种典型的考古学文化，因1959年首先发掘于泰安与宁阳交界的大汶口遗址而得名。

红陶兽形壶上，家猪圆圆的脑袋。

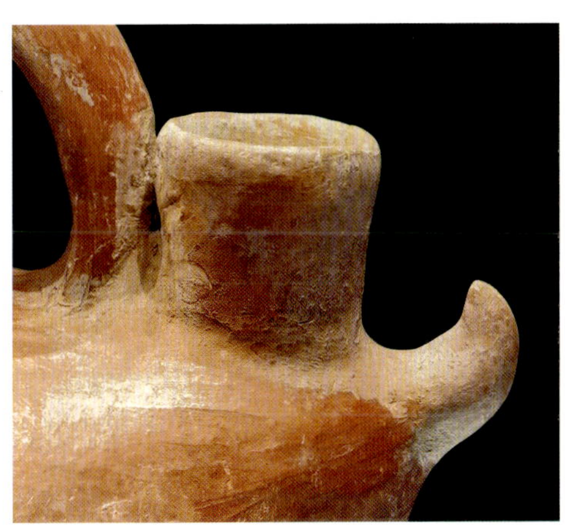

红陶兽形壶上，家狗上翘的尾巴。

的阶段性，具体分为三个时期：早期阶段以手制为主，烧造火候较低，陶色以红陶为主，黑陶、灰陶少见，器类不多，造型简单；中期阶段仍以手制为主，一般采用泥条盘筑法，开始使用轮制技术，烧造火候较高，红陶数量减少，灰褐陶比例上升；晚期阶段，快轮生产技术普及，陶色以灰褐陶为主，红陶罕见，新出现了白陶，器类增多，器形复杂。特别是晚期阶段的薄胎黑陶高柄杯，代表了当时制陶工艺的最高水平，为龙山文化蛋壳陶的生产准备了条件。

这件红陶兽形壶的陶塑手法展现了大汶口文化时期高超的制陶技术，而大汶口文化中的红陶是大汶口文化中产生时间最早、延续时间最长的一种陶器，色泽明丽，如血如火，反映着原始人对血与火的崇拜，是新石器时代陶器中最主要的品种。红陶的原料一般是黏土，在掺入沙粒和蚌壳粉末之后，既增加了器物的耐火性，又增强了器物的耐用性，使用这种方法制作而成的陶器被叫作“夹砂陶”。为了避免沙粒和蚌壳粉末形成粗糙的表面，智慧的先民们在胎体表面挂上了一层红色陶衣，然后磨光加工，让整件器物显得光润亮泽。而加工好的胎体制作完成后会被放入简陋的陶窑，经过900～1000℃的高温焙烧，黏土中所含的铁元素被转化为红色的三价铁，最后烧成的陶器会呈现红色，也就是我们现在看到的红陶。在远古时代，虽然先民们不一定掌握这样的化学反应原理，但这并不妨碍他们烧制出精美的红陶。红陶兽形壶就是这样烧制而成的。

先民们自由创作的仿生器

这件红陶兽形壶是仿照猪或狗等动物的造型制作而成的，因此，它也是一件标准的仿生器。人们仿照现在常见的动物造型来制作陶器，说明当时人们已经和猪、狗这两种与人类关系最密切的动物生活在一起了。随着农业的发展，人们普遍饲养猪、狗等家畜，又能细微地观察。因此，先民们发挥了创造力，便塑造出了这件由家猪肥壮的身体、圆圆的脑袋，与家狗乖巧上翘的尾巴组合而成的兽形器，将史前人类的原始艺术表达得淋漓尽致。

一般来说，人类的艺术创造是在劳动中产生的，新石器时代早期，陶器的造型比较接近自然的原始形态。**这件构思巧妙的实用器，充满了创造性的灵感，是新石器时代一件难得的陶器珍品，表明大汶口文化时期的先民们不但已经掌握了动物各个部位的比例结构和体形特征，而且陶器制作水平已经非常高超，已经进入可以突破写实，进行自由创作发挥的阶段，在造型艺术上取得了突出的成就。**陶器上点、线的组织，色、韵的谐和，与先民们生命情绪的表现交融组合成一种境界，浑然天成。先民们那朴实纯真的审美情趣和匠心独具的艺术构思，也不知不觉地融入其中了。

大汶口文化时期的家畜饲养业

最后，让我们一起透过这件兽形壶去窥探6000年前山东的家畜饲养业。据考古学家考证，大汶口文化时期的家畜饲养业已经有了一定的发展，人们开始饲养猪、狗、牛、羊、鸡等家畜，其中猪和狗是大汶口文化时期先民们饲养的最主要的两种家畜，**并且以猪为代表的家畜已经成为财富的象征，所以在墓葬中才会出现大量完整和部分猪骨随葬的现象。**考古发现表明，在大汶口文化遗址的墓葬中，三分之一以上有猪骨随葬，有的用半只猪架，有的用猪的下颌骨，最多的是完整的猪头。1956 年，在泰安大汶口墓地发现的 133 座墓葬中，有 43 座墓出土了 96 个猪头，最多的一座墓葬中出土了 14 个猪头。这充分体现了人们对猪有多么深厚的感情。

原始社会的人们喜欢猪、爱猪，从而在艺术上表现猪的形象，可见创造的火花就是在生活的不断撞击中爆发出来的。真可谓艺术创作的源泉来自生活！体味人生，感受生活，让我们随着这件小小的陶塑艺术品，一起去感悟先民们丰富多彩的艺术世界吧！

原始社会的人们喜欢猪、爱猪，从而要求在艺术上表现猪的形象，可见创造的火花就是在生活的不断撞击中爆发出来的。真可谓艺术创作的源泉来自生活！

005

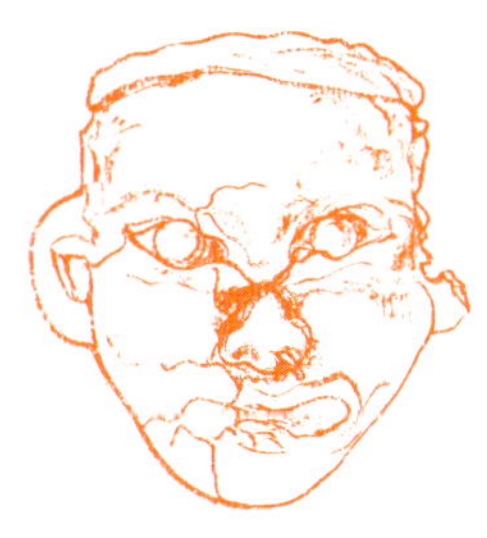

新石器时代

女神头像

5500 年前祖先的形象

国宝小档案

年代：新石器时代（距今 5500 年）

尺寸：高 22.5 厘米，宽 23.5 厘米

出土地：辽宁省凌源市牛河梁遗址女神庙主室西侧

馆藏地：辽宁省博物馆

供图：辽宁省博物馆

主讲人：王婉婷

在遥远的史前时期，它生动地描绘着我们祖先的样貌，承载着远古先民的期待与盼望，它就是红山文化的女神头像——一尊和真人一样大小的泥塑头像。

她的面部呈朱红色，眼珠用镶嵌玉石来表现，两眼间距较大，双目炯炯有神，仿佛有一种洞察万物的神力；眼睛斜立为“吊眼”，眼窝浅；突出的颧骨十分明显，这是蒙古人种的主要特征；鼻部的特征更为明显，鼻梁扁平，鼻孔稍微上翘，没有鼻钩，也具有蒙古人种鼻部的特征；双唇宽厚，其中上唇外露较为夸张，嘴角圆而上翘，使头像端庄、慈祥，又仿佛露出一丝若有若无的微笑。

学者们怎样断定头像所表现的是女性呢？主要由于她头像额部明显隆起，耳朵较小而纤细，面颊丰满圆润，而这些都是女性面部的明显特征；顶额的圆箍以上已残缺，可能有某种与女性装束有关的发饰。此外，在头像旁边发现人体的肩、手臂等残件，表面圆润，线条柔和，尤其是出土的几例女性乳房最能说明其女性身份。而且，到目前为止，还未发现有明显的男性特征的塑件。由此推定，这是一个女性塑像的头部。

女神头像和牛河梁女神庙

至于它为何会被称为“女神”，这就要从头像的出土地——牛河梁遗址说起了。牛河梁遗址坐落于辽宁省朝阳市建平县与凌源市的交界处，因缓缓流经山下的牤牛河而得名。1983 年，中国最早的神庙——牛河梁女神庙在这里重现于世，它位于牛河梁的主梁顶部，坐北朝南。在神庙北面 8 米处还有一座大型山台，占地 4 万平方米，凸显出庄严神秘的气氛。

头像额部明显隆起，耳朵较小而纤细，面颊丰满圆润，而这些都是女性面部的明显特征；顶额的圆箍以上已残缺，可能有某种与女性装束有关的发饰。

在牛河梁女神庙所处的50多平方公里的丘陵当中，规律地分布着神庙、祭坛和积石冢群。庙坛冢按南北轴线分布，排列得错落有致。这种格局和北京天坛、太庙、明十三陵非常相似，因此被誉为5000年前的“小北京”。先民就是在这里祭祀先祖、祭祀神灵。

牛河梁女神庙平面呈“亚”字形，半地穴式，神庙分为南北两个部分，刚才介绍的这件女性头像正是出土于主室的西侧，因此被称为“女神头像”，这座神庙也被称为“女神庙”。**其实，自旧石器晚期开始，女神雕像就在欧亚大陆各地广泛出现，被称作“大地母神的女神像”。她象征着生育和收获，受原始人的广泛崇拜，还被称为“维纳斯女神”。**

其实，与女神头像同时出土的还有女性雕塑的残块，小的与真人一样大，大的却是真人的3倍。您也许要问：为什么女神庙遗址中会出现这些大小不一的肢体残块呢？通过观察它们的雕塑技法判断出，女神头像并非单独的头部塑像，也并非半身像；从相伴出土的其他残件来看，它应该是一座全身人塑像的头部。因此学者推断，女神庙的中心位置供奉的是一尊主神，其余诸神众星捧月般地围绕在她周围，共同构成了这座神圣的庙堂。

由于牛河梁女神庙的内容非常丰富，还有动物塑像，即龙和禽类。有人以为这些神化了的动物与图腾崇拜有关，是女神庙属于自然崇拜的证据。不过，从牛河梁女神庙目前已发现情况看，人的塑像是主体，不仅数量多，而且分层次，处于庙的主要位置，而动物塑像也不止一类，且体形较大，但远不能与人的塑像相比，所处位置也在庙的边缘，明显处于附属地位，尤其是并未发现人兽合一的迹象。当然，这些动物神作为崇拜对象，进一步说明女神庙并非只进行祖先崇拜，而是既以祖先崇拜为主，又是与其他崇拜形式相结合的。[1]

我们可以想象，在5500年前，太阳将要西沉，风鼓动着松涛低吟，在牛河梁女神庙周围的山台地上，虔诚的族人们等待着部族首领走进女神庙，来进行一场人与神、天与地之间的交流，祈求风调雨顺、大地丰收和民族生命力的不断延续。

---

[1] 郭大顺. 龙出辽河源[M]. 天津：百花文艺出版社， 2001年版，94页

中华民族的共祖

苏秉琦先生于 1983 年牛河梁遗址刚发现时，在将坛庙冢的组合与古代帝王举行祭祀的“郊”“燎”“禘”相联系之后，1989 年在一篇名为《写在“中国文明曙光”放映之前》(载于《中国文物报》，1989 年 5 月 12 日）的短文中更明确地指出：“‘女神’是由五千五百年前的‘红山人’模拟真人塑造的神像（或女祖像），而不是由后人想象创造的‘神’，‘她’是红山人的女祖，也就是中华民族的共祖。”[1] “共祖”之说，是对牛河梁女神庙的精确定位，暗示着她在中华民族文化与文明起源中具有更深的含义。[2] 这也充分表明这座史前庙宇在中国文明历史上的重要性，在距今 5500 年前后的文明古国中，像牛河梁这样大规模的泥塑神像群，并无先例。红山文化牛河梁遗址群被评为“中国 20 世纪 100 项考古大发现”之一，它的发现具有重大的科学价值和意义，在国内外产生重大的社会影响，在中国考古学史上具有重要的地位和作用。这尊女神塑像群的宏大规模和艺术的极高水平，为我们了解中国上古宗教祭祀提供了宝贵的资料。

在中国人的传统观念中，一直认为黄河流域是中华文明的故乡，但辽宁牛河梁的重大考古发现说明了中华文明起源的多元化。文明之火犹如满天星斗。红山文化牛河梁遗址的重大考古发现，见证了在中华文明起源的过程中，辽西先行的一步。

总之，牛河梁女神庙出土的这些彩塑女神像，不仅艺术造型水平高，更重要的是它可以作为研究古代中华人种学和民族史的典型标本，让中华子孙第一次看见用黄土模拟真人塑造的5500年前祖先的形象，而且它也是中华文明起源多元论的重要佐证。

---

❶ 郭大顺. 龙出辽河源[M]. 天津：百花文艺出版社，2001年版，94页

❷ 同上。

新石器时代

006

十二节人面纹大玉琮

良渚文化时期神权的主要象征物

国宝小档案

年代：新石器时代（距今约 5300—4300 年）

尺寸：高 31.8 厘米，最大直径 7 厘米

出土地：常州郑陆镇寺墩遗址

馆藏地：常州博物馆

供图：常州博物馆

主讲人：姚眉清

20 世纪 70 年代，常州郑陆镇寺墩遗址出土了一大批良渚玉器。在出土的众多玉器中，良渚文化时期十二节人面纹大玉琮堪称精品，是国家一级文物。这件玉琮高 31.8 厘米，最大直径 7 厘米；墨绿色、有褐斑；长方柱形，外方内圆，上大下小；共分 12 节，每节刻有四组人面纹，中间的孔贯通。

玉琮的制作工艺

根据当时的工艺水平，这件玉琮制作起来十分困难。首先是切割，玉的硬度很高，在良渚文化[1]时期金属还未出现，所以工匠多采用柔性线切割的方式：用麻绳、马尾、皮条等柔性的线状物，从玉料的上端沿左右两侧向下往返拉动，还要搭配使用解玉砂（即矿砂），其硬度比玉高，有间接的摩擦作用。

切割的效率是很低的，而另一项制作同样费时。玉琮大体是中空的长方柱体，中部须钻孔琢通：用竹管（或者锥体的石器）和解玉砂持续转动，从上下两头对钻，这让我们联想到钻木取火，可想而知这个过程多费工夫。**所以，玉琮越高，钻孔花费的时间越长，这件 12 节的玉琮或许要加工数十年。**

再看纹饰，整件玉琮上共 48 组人面纹，分 12 节，每节四组。以玉琮的四角为中线，便会发现两边的纹饰正好构成完整的人面纹，其面孔由两条平行凸横棱、圆圈和凸横档组成。两条凸横棱象征人戴的羽冠，两个圆圈表示眼睛，凸横档表示鼻子或嘴巴。上面还刻有纤细的卷云纹。**当时，在没有先进工具的情况下，古**

[1] 良渚文化是分布在长江下游环太湖流域的新石器时代晚期文化，因最早发现于浙江余杭的良渚镇而得名，距今约5300—4300年，前后延续达千年之久，常州寺墩一带为其西北界。

以玉琮的四角为中线，便会发现两边的纹饰正好构成完整的人面纹，其面孔由两条平行凸横棱、圆圈和凸横档组成。两条凸横棱象征人戴的羽冠，两个圆圈表示眼睛，凸横档表示鼻子或嘴巴。上面还刻有纤细的卷云纹。

人能完成如此精细的线雕，实在是不可思议。

十二节玉琮的用途

玉琮是良渚文化的典型代表器物，从成形到纹饰的雕刻，每一步都耗时耗力。人们不免好奇，如此精美的玉琮到底有什么用？

宋代以后，史书才开始有玉琮的记载，不过没说明它的用途。之后清代乾隆皇帝曾为藏在宫中的玉琮题诗，并让工匠将诗句刻在玉琮的内壁上。但乾隆皇帝只是纯粹喜爱玉琮，却不知其用途。直至清代光绪年间，一位名叫吴大澂的学者对玉琮进行了详细考证，自此，它的神秘面纱才逐渐被揭开。

如今，大多数学者都认为玉琮主要有两个作用：一是祭祀天地，一是陪葬。

玉琮是良渚人原创的器形，全都被雕刻成外方内圆、上大下小的样子：外方内圆，与中国古代天圆地方的思想意识有关；上大下小，则是仰视所需要的视角。玉琮是良渚人世界观和宇宙观的投射。良渚人认为玉琮有沟通天地的作用，它身上的纹饰则是巫师作法时借助神力的象征。在祭祀时，玉琮会被套在圆形木柱的顶端，用来代表神灵或祖先，这也正是在一切都靠手工操作的原始社会，人们会制作如此复杂的玉琮的原因。

当时正处于新石器时代晚期，国家已具雏形，要想在良渚古城内完成一项由人工堆筑的超级国家工程，如果没有高度统一的精神信仰是无法支撑的，而这一信仰便由神来赋予。因此，人们耗工费时地削磨和雕琢的每一步，都倾注了心中满满的虔诚之意，也让当时的玉石工艺达到了人类史上前所未有的高度。

而玉琮的另一个作用就是做陪葬品，这与当时用玉殓葬的风俗有关。远古的先民认为，人去世后肉体虽然消亡了，但灵魂不灭，而玉不仅能通灵，还能保护人的灵魂。良渚文化时期，随着社会的发展，社会等级制度已经初步形成。生产力的提高，加速了贫富分化，以及社会阶层的分化。这种情况具体体现在人们生前居址与死后墓地（包括墓地的营建和规模、墓葬的葬制和礼仪）的差别上：平民的墓地大多建在平原上，而权贵不仅可以建在高台上，其规模也要大得多，另外，随葬品也不同。**一般情况下，玉琮都出土于墓葬规格高、随葬品丰富的墓中，其数量越多，代表墓主人的身份越显赫，地位越高。**

那么，到底是什么样的人死后才配享有玉琮，而且还是十二节大玉琮呢？专家分析，如此高规格的礼器，其拥有者应该是掌握部族或宗教权力的人，而这个人可能是“巫”。

在原始社会，由于人们对自然的不了解和敬畏，所以，巫术十分盛行，并成为人们实现丰收、战胜灾害的精神支柱。举行巫术活动的就是巫，他在当时的社会属于顶尖人才，需要具备与巫术相关的地理、生物、数理等知识，还要指导人们的生活。《左传》有云“国之大事，在祀与戎”。也就是说，一个国家最重要的两件事是祭祀和打仗，而这两件事在当时都由巫来负责。良渚文化时期，除了祭祀，

专家分析，如此高规格的礼器，其拥有者应该是掌握部族或宗教权力的人，而这个人可能是“巫”。

打仗也要听命于神的指挥。因此，交接人神、沟通天地的巫，不但掌握着神权，手中还握有军权和王权。

玉琮是良渚文化时期的礼器，是人们宗教信仰的重要载体，也是神权的主要象征物。玉琮上抽象的人面纹，很可能代表着神人的形象，它凝聚着古代人尊神事鬼的特性，显得辉煌肃穆，神圣不可侵犯，同时也给人一种神秘的美感，似乎在传递着古老的信息，不断诵念着神权政治的庄严旨意。

007

十节玉琮

3000 年前古蜀金沙人对外文化交往的重要物证

国宝小档案

年代：新石器时代（距今 3000 年）

尺寸：上端长 6.94 厘米，下端长 6.3 厘米，

上孔径 5.55 厘米，下孔径 5.14 厘米，高 22.2 厘米

出土地：四川省成都西郊金沙遗址

馆藏地：成都金沙遗址博物馆

供图：成都金沙遗址博物馆

主讲人：林晓琴

今天，我为大家介绍一件金沙遗址出土的极富传奇色彩的文物——十节玉琮。**这件文物与相隔了遥远时空的良渚遗址有一段“我住长江头，君住长江尾”的“千古奇缘”。**

玉琮的命名和用途

2001年，在成都西郊金沙遗址的考古现场出土了一件美玉，让考古专家们大为惊喜。这件美玉通高22.2厘米，形制外方内圆，内部呈筒形中空。从外形来看，学者们判断这件玉器应该就是古籍当中记载的一种叫作“琮”的礼器。

玉琮起源于新石器时代，最早出现于距今5000—6000年的马家浜文化中，在距今5300—4000年的良渚文化时期达到了鼎盛，到商周时期开始慢慢衰落，而在宋代又刮起了玉琮的复古之风，还曾出现过瓷器玉琮，到后来又慢慢消失。

关于“琮”的名称，当年还难住了酷爱收藏的乾隆皇帝。当时，乾隆从大臣进给他的众多古玩中第一次见到玉琮，他只是觉得这种玉器造型独特，品相高古，至于该怎么称呼它，还真是没有思路。后来他多方考证也没有查出这件宝贝叫什么。但是这样的奇珍异宝不能没有名字呀，最后乾隆皇帝干脆自己给它取了一个名字，叫“釭头”。**直到乾隆皇帝去世90多年以后，金石学家们才从古籍中考证出这种造型内圆外方、中间一孔贯通的玉器叫作“琮”。**

琮，作为一种年代久远的重要礼器，在许多经典古籍中都有关于它的记载。《周礼·春官·大宗伯》中就有“以玉作六器，以礼天地四方，以苍璧礼天，以黄琮礼地”的说法，在《周礼·春官·典瑞》中又有将璧琮等用于丧葬礼仪的说法，称为“疏璧琮以敛尸”。

而今天的学者们依据考古情况来看，对玉琮的用途和功能提出了很多看法。其中一种解释认为，玉琮外方内圆的形制特征，很可能跟古人的宇宙观有关。在远古时代，古代先民对天地宇宙万物都已经有了长久的观察，并且形成了初始的思维和想象。“天圆地方”“圜形象天”是古人的宇宙观，而沟通天地，与神对话，则成为祭祀文化中一个重要的主题。玉琮中空、上下相通的器形，很可能代表着这是一种能够贯通天地、人神相通的手段或者法器。

十节玉琮的形制和纹饰

金沙遗址现已出土玉琮 27 件，是目前我国除良渚文化出土玉琮最多的一处遗址。金沙工匠制作的玉琮大多为形制简单朴素且矮短的单节玉琮，玉材经鉴定也都为产自成都西北山区的本地玉料。而我们讲述的这件十节玉琮，不管是在选料，还是在形制、纹饰风格上都与其他玉琮有着很大区别。

首先，从材质来看，十节玉琮由古代工匠用青玉精心雕琢而成，玉质温润，呈半透明状，玉器材质明显区别于金沙遗址出土的其他玉器，经历千年埋藏，玉琮表面留下了一些灰白色的沁斑，显现出一种古老的美感。

再看形制、纹饰。这件十节玉琮通高 22.2 厘米，器形上大下小，全器分节分槽，共有 10 节。我们用放大镜仔细观察它，可以清楚地看到上面的纹饰：玉琮每节均以转角为中轴描刻了一个符号化的人面纹。这件玉琮共有 40 个角，也就是上面一共有 40 个人面纹，构成了整件艺术品的主体纹饰。除此之外，玉琮其中一面的上端，还刻画有一个精彩绝伦的人形符号：人形头戴长长的冠饰，双手平举，长袖飘逸，双脚叉开，好像是一个正在舞动的神人造型。学者们认为这可能就是当时祭祀场面的再现，而人形符号所表现的可能是氏族的祖先神，又或者是带领氏族成员祈福或驱邪的大巫师。

这样形制和纹饰风格的玉琮，金沙遗址只此一件，整个成都平原的考古中也唯

玉琮其中一面的上端，还刻画有一个精彩绝伦的人形符号：人形头戴长长的冠饰，双手平举，长袖飘逸，双脚叉开，好像是一个正在舞动的神人造型。学者们认为这可能就是当时祭祀场面的再现，而人形符号所表现的可能是氏族的祖先神，又或者是带领氏族成员祈福或驱邪的大巫师。

独发现了这一件，但考古学家们却对这种风格并不陌生。

我住长江头，君住长江尾

在距今 5300—4000 年的长江下游，环太湖流域一带，出现过一个有着发达的用玉文明的国度——良渚。良渚人制作的玉琮均以四面转角作为对称线，刻画兽面、神人的形象，而这些纹饰又经历了复杂的变化。早期为了展现图案的神秘

感，兽面纹被刻画得繁复精美，它们很可能在巫术活动中扮演着重要的角色。中期开始出现兽面与人面组合纹，纹饰的刻画也开始规范化，逐渐为统一的人的形象所代替。晚期则刻画人面纹。学者们认为人面纹很可能代表了良渚统治者的形象，说明当时这一地区已经出现了方国，这些玉琮上的纹饰可以被称作良渚方国的徽号。

在良渚文化中，玉琮的使用可以说是良渚人精神的一种凝聚，也是良渚文化中最具代表性和典型性的文物。金沙遗址出土的十节玉琮与本地制作的玉琮有着很大的区别，却带着典型的晚期良渚玉琮的风格。今天，几乎所有看过它的玉器专家都认为，这是一件来自长江下游的玉器。

如果金沙这件十节玉琮确实来自良渚，那么就会有一个问题：**位于长江上游的金沙遗址与位于长江下游的良渚地区相距1000多公里，而良渚文化晚期的年代距今也有4000多年，比金沙遗址的年代早了整整1000多年，这件玉琮是如何跨越时间与空间的距离，辗转流传到金沙的呢？**

今天，我们观察这件十节玉琮器表的纹饰已经变得有些模糊不清，应该是长期被人使用和把玩的结果，又或许是由于太过珍贵，它曾在祭祀活动中被反复多次使用，导致纹饰磨损比较严重。不过，这并不影响十节玉琮的文物价值，反而让我们对它的来历有了更多的猜想。

根据各地的考古发掘情况，考古专家们对玉琮的传播路线提出了各种可能性。虽然目前还没有确切的说法，但可以肯定地说，十节玉琮并不是良渚和古蜀这两个部族之间直接的、点对点的文化交流和馈赠，而是文化迁徙移动的结果。在距今4000年前后，位于长江下游，有着辉煌用玉文明的良渚文化开始走向了衰亡，良渚人带着自己的国之重器开始向四处迁徙移动，而其中的一支很可能就带着这件玉琮辗转千年走到了成都平原。他们不仅带来了这件玉琮，还带来了他们先进的制玉技术，更带来了他们关于神巫的信仰。相似的文化信仰最终让古蜀人接纳了这样一支外来文化，他们相互融合，并最终在金沙神圣的祭祀活动中，使用了这件外来的礼仪用品。

在金沙遗址已出土的27件玉琮当中，除了这件十节长琮，还有一件通高16.57厘米、重3918克的四节短琮，经鉴定，玉料应该是来自成都西北山区的透闪石软玉。这件四节玉琮制作规整，打磨光洁，每节雕刻有三组，总共九条平行直线纹，整体显示出了比较高的雕琢工艺水平。

把这件四节玉琮和来自良渚的十节玉琮对比，我们能明显看出它们的差异。一是玉石质地的不同，二是纹饰风格的差别。虽然在形态上，这件四节玉琮仍然保留了良渚文化晚期玉琮体形高大、分节分槽的特点，但其简洁的平行直线纹的纹饰，却是中原殷商时代玉器上比较常见的纹饰。这件四节玉琮的制作年代应该就是古蜀金沙人生活的商代，这是由当时的古蜀人仿照良渚文化玉琮，又加以创新发挥制作而成的一件具有古蜀地域特色的玉琮。或者还可以说，这是古蜀工匠集两

我们观察这件十节玉琮器表的纹饰已经变得有些模糊不清，应该是长期被人使用和把玩的结果，又或许是由于太过珍贵，它曾在祭祀活动中被反复多次使用，导致纹饰磨损比较严重。

地玉器文化之大成所创作出来的一件具有蜀地文化风格的作品。

今天，这两件玉琮都成为我们了解 3000 年前成都平原对外文化交往的重要物证。古蜀人对玉琮的偏爱，显然应该是受到来自长江下游良渚文化的影响，他们同样崇拜鸟，同样希望通过祭祀仪式和礼器实现贯通天地、人神相通的目的，同样崇尚神权。所以，古蜀人对来自良渚的玉琮产生了思想上的共鸣，不仅接纳了这种器物，更加以模仿，将它们用于古蜀族的祭祀活动中。

过去提到蜀地文化，我们脑海中常常会浮现李白的诗句“蜀道之难，难于上青天”，他还曾感叹“尔来四万八千岁，不与秦塞通人烟”。于是，长久以来，蜀地封闭就成为人们的刻板印象。**然而，玉琮在金沙的出现确实改变了我们过去的认知；或许应该说，玉琮为我们拉开了金沙文化帘幕的一角，让我们以此为契机，重新认识了 3000 年前的这个古代王国，以及那时生活在成都平原上的古蜀人。**

008

商
（公元前 1600—公元前 1046 年）

“太阳神鸟”金饰

古蜀人迷恋的圣物

国宝小档案

年代：商周（公元前 1600—公元前 256 年）

尺寸：外径 12.5 厘米，内径 5.29 厘米，厚 0.2 毫米，重 20 克

出土地：中国四川省成都市金沙村金沙遗址

馆藏地：成都金沙遗址博物馆

供图：成都金沙遗址博物馆

主讲人：方怡

曾去过成都的朋友，应该都会被一个图案深深吸引，它频繁出现在成都的大街小巷，甚至气势恢宏的秦始皇兵马俑或者金碧辉煌的北京故宫都会用它做标志（Logo）。那么，它又有何等的魅力能够搭载神舟六号宇宙飞船，参与中国第一次载人航天飞行，圆了古人千年来的飞天梦想呢？今天就为大家分享这个文物及其图案的故事，它就是“太阳神鸟”金饰。

它出土于成都金沙遗址，外径 12.5 厘米，内径 5.29 厘米；厚 0.2 毫米，就是一张纸那么薄，相当于我们两三根头发丝的厚度；重 20 克，含金量却是金沙遗址所有金器中最高的一件，高达 94.2%。**整件文物是用一整块砂金制作而成的，图案围合成圆形，分内外两层，内层图案是一个顺时针旋转的太阳，有 12 道镂空的太阳芒齿；外层则是四只等距分布的神鸟生生不息地围绕着中间的太阳，因此考古学家给它取了“太阳神鸟”这样一个动听的名字。**

四季轮回，生生不息

在遥远的 3000 多年前，蜀地先民为何要用最珍贵、稀有的金子再现太阳的光芒呢？**其实，从人类诞生之初，先人们就敬仰太阳、崇拜太阳，各大文明在早期无一例外都出现过太阳崇拜。**在古埃及，法老王陵金字塔的守卫者狮身人面像的朝向，正是每天太阳升起的地方；在希腊的神话传说中，阿波罗是太阳神的化身。传说每日黎明，阿波罗就会登上太阳金车，拉着缰绳，高举神鞭，巡视大地，为人类送来光明和温暖；在玛雅文化中，有巍峨壮观的太阳神庙，玛雅人更是根据太阳的运转创造了太阳历法；而在中国也广为流传着许多与太阳有关的故事，比如我们耳熟能详的“后羿射日”“夸父逐日”等。

理解了太阳崇拜，那么鸟又有何象征？太阳和鸟的图案组合又向我们传达怎样的远古密码呢？这要上溯到上古神话传说中的记载了。《山海经》中有“金乌负日”的故事，说的是远古时期有10只金乌，也就是太阳神鸟，它们驮着10个太阳栖息在世界东方的一棵名叫扶桑的神树上，每天早晨从东方飞向西方，这样周而复始保证了世间的白天和黑夜。而“太阳神鸟”金饰正是再现了“金乌负日”的故事。

其实，到过四川的朋友们都会有印象，这里常年多雾，日照少，几乎看不见太阳的影子，难得一个大晴天。成都平原初生的小狗看见太阳觉得稀奇，抬头对着太阳汪汪叫，于是便有了“蜀犬吠日”这个成语；还有一句四川名歌这样唱“太阳出来喜洋洋”，因为万事万物需要太阳的照射才能充满生机，太阳普照大地带给人类温暖和光明，有了太阳才有四季更替，五谷丰登。

再看太阳神鸟金饰上表现的太阳光芒的芒齿，不多不少正好12道金光。“12”这个数字在我们生活中很常见，比方说一年有12个月，一天有12个时辰，又或者12生肖，等等。但是，大多数学者都认为，我们应该把这里的12道金光理解为12个月。因为有了12个月，外层四只神鸟周而复始地围绕着太阳飞翔，宛如春夏秋冬四季的轮回。太阳照射着大地，特殊的地貌造成特殊的气象，古代先民从微妙的自然现象里，读懂太阳和季节运行的规律。

再从构图来看，中间的太阳呈顺时针方向旋转，而外层的四只神鸟则是逆时针方向飞翔，一正一反，让这个静态的图案充满动感。这里的正反，或许代表着古人知道阴阳。在中国都讲阴阳，有阴阳才有生命的生生不息。

一份埋藏了几千年的大礼

2001年2月，在中国四川省成都市金沙村的考古发掘现场，一堆堆散落的象牙旁围满了一脸惊讶的考古学家，没人知道这些支离破碎的象牙是用来做什么的，更没人想到。不久之后，这些破碎的象牙竟然揭开了一段古代文明的神秘面纱，并成为21世纪最重大的考古发现之一。据考古学家说，这次考古发掘的成果，足够很多考古学家用尽一生的精力去研究。

研究发现，金沙遗址距今已有3200—2600年，当时正值中国的商周时期，是古老先民在四川建立的一个都城。不过，关于这个国家的历史，在先秦时期的文献中没有详细的记载，我们只能从后来文献的只言片语中了解到，这个国家第一个称王的人叫“蚕丛”，他长相奇特，眼睛凸出，善于养蚕，教授了古代先民高超的养蚕技术。这也正是四川简称为“蜀”的缘由，蜀字上半部分是横着的目字，下面为一个虫字；他们建立的这个国家被专家学者们称为“古蜀国”。有关古蜀国的历史，史书中这样记载：“不晓文字，未有礼乐。”然而，考古发现却为我们呈现了这个文明的面貌。

当一处大型滨河祭祀场所被打开，呈现给后人的是一份埋藏了几千年的大礼。青铜器和玉器陆续被挖掘出来，紧接着，有一个金灿灿的东西进入了人们的视野——它被揉成皱巴巴的一团裹在泥土里，像极了一个纸团。考古人员把它从泥土里清理出来，再用药水浸泡，紧接着又用镊子轻轻地展开金块儿，终于，它露出了“真容”。

“太阳神鸟”金饰的制作

商周时期，在中原和北方地区，青铜制的“鼎”象征着国家的最高权力；然而，对古蜀人来说，这些像阳光一样散发着璀璨光芒的金器，仿佛才是他们最迷恋的圣物。除太阳神鸟金箔，很多古蜀国的重器，比如黄金面具、金冠带等都是用砂金制作而成。考古资料表明，在今天的岷江、青衣江的河水里都还有砂金。

古人在河边用竹篓筛去沙石，收集到砂金。紧接着，他们将淘来的砂金煅烧成圆形，反复锤揲，使金箔的厚度基本一致；再用剪切的方法去掉外圆参差不齐的部分，使它成为较为标准的圆形；最后，在圆形的金箔片内，刻画出镂空的12

道太阳芒饰和四只神鸟。但是，由于数千年前工具并不先进，要实现镂空的纹饰，古人必须反复刻画，而且每次刻画的线条与上次刻画的也不可能完全重叠，所以，每个太阳光芒的长短和神鸟的细部都有极小的差异，不过正是因为这样，“太阳神鸟”金饰才更具有动感和生命力。

在古代，太阳神鸟表达了古蜀人对太阳孜孜不倦的追求，对光明的向往；在现代，它代表了成都这座城市悠久的历史文化，已成为成都的形象标志。2005 年，它更是打动了所有专家，从中国 1600 多件文物中脱颖而出，被国家文物局选定为中国文化遗产标志，从此它也象征着中国人保护和传承中国文化遗产的信心和决心。

009

立鹿四足青铜甗

中华甗王

国宝小档案

年代：商（公元前 1600—公元前 1046 年）

尺寸：通高 115 厘米，口径 61.2 厘米，重 78.5 公斤

出土地：江西省新干县大洋洲遗址

馆藏地：江西省博物馆

供图：江西省博物馆

主讲人：祝艺华

今天，我想为您介绍一件3000年前人们使用过的蒸锅，这是目前我国发现的最大的青铜蒸锅，因此被誉为“中华甗王”，它就是商代立鹿四足青铜甗。

“甗”是古代蒸煮食物的炊器，上部叫“甑”，用于放置食物；下部是“鬲”，四足中空，用来盛水；中间有一层“箅”，箅上有各式的孔，便于蒸汽的通过；下面生火以加热。可以看出，当时蒸的方法和原理，和今天是相同的。大家都知道，蒸是保存食物营养最多、最健康的一种烹饪方法。那您知道吗？中国是最早掌握用蒸汽来加工食物的国家。早在6000多年前，我们的先民就已经用陶甗来加热和蒸煮食物了。于是，有专家说：“是中国人蒸熟了世界上的第一碗米饭。”

“中华甗王”的独特之处

甗最早出现于殷墟时代，大致可分为分体甗与连体甗两类。1976年，河南省安阳市殷墟妇好墓出土的三联青铜甗形体巨大，造型独特，是由并列的三个大圆甑和一个长方形承甑器组成的。而江西省新干县的大洋洲遗址出土的三件青铜甗中，这件立鹿四足青铜甗是连体的。

那么，立鹿四足青铜甗为何被誉为“中华甗王”，它又有什么特别之处呢？它是我国目前已发现的青铜甗中形体最大的一件，通高115厘米，口径61.2厘米，重78.5公斤。如此巨大的青铜甗，除耳朵上的两只鹿，竟是一次性浑铸[1]而成的。

[1] 浑铸是指一次性将整件器物浇铸而成。

立鹿四足青铜甗上分铸的两只栩栩如生的小鹿，一雄一雌，回眸相望，脉脉含情。

而分铸的两只栩栩如生的小鹿，一雄一雌，回眸相望，脉脉含情。在远古时代，鹿被认为是具有神性的动物，可以帮助巫沟通神灵。人们出于对鹿的崇拜，创造了各种鹿的艺术形象。更有专家认为，人们赋予鹿以神性，还源于人类对盐的崇拜。在赣江中游一带曾被发现有大型的盐矿，而鹿又被视为人们获取盐的有效中介，人们对盐的崇拜也促进了对鹿的神化。这件青铜甗上鹿的形象，是商代南方鹿神崇拜意识不断积淀的结果。而且鹿在以后儒道释以及民间信仰中，都是极受重视的动物，是人们心目中的灵兽，是美好愿望的象征。

通常我们看到的甗都是三足的，而这件大甗却是四足，目的是增强它的稳定性。这也是我国目前发现的唯一一件商代四足青铜甗。这件甗不仅造型独特，纹饰也十分精美。它的双耳外侧装饰有非常整齐的燕尾纹；器物上、下都装饰有浮雕的兽面纹，可以看到兽的眼睛，还有高高的鼻梁、宽宽的嘴，再仔细看，它还长着一对凸出的牛角，牛角上装饰有鳞片纹。兽面纹以变形的动物形象为符号，表现出一种狞厉的美感和神秘的威力，象征超越世间的权威神力，它具有保护社会，“协上下”“承天休”的功能，体现了一种原始的宗教情感。

这件甗上的装饰多是仿照中原殷商青铜风格铸造的，如兽面纹就常在殷墟出土的青铜器上看到；但它又颇具地方特色，如器物上的燕尾纹、连珠纹和耳上立的两只小鹿。有研究者认为，燕尾纹是当地先民从生活中提炼、抽象后创造的一种几何纹的图案化纹样，商代的江西先民生活在江南水乡，情感上会产生对鱼的依恋，意识上会形成对鱼的崇拜；同时，它是那种细致、写实鱼纹的简略变形，保留了侧视时鱼的头尖和尾鳍对称分叉后形成的基本轮廓。这说明，南方土著民族在学习中原先进文化的同时，没有生搬硬套，而是按照本民族的信仰崇拜和审美意识予以取舍。

谱写青铜文明新篇章

一件如此气势恢宏、铸工精美的青铜器是怎么重见天日的呢？时间要追溯到1989年9月20日，江西省新干县大洋洲乡的农民，在程家村劳背沙洲取沙时发现了10余件青铜器。新干县政府和有关部门得知后，立即采取保卫措施，并迅速追索流散到群众手中的文物。第二天，正在附近牛头城遗址进行考古发掘工作的江西省文物考古研究所的考古人员闻讯后到现场勘察，认定这是一极为重要的发现，立即打电话告知上级主管部门。省文物局、博物馆、考古研究所等部门及时制定了保护措施和抢救发掘方案，组成了发掘队伍。

在得到国家文物局批准后，考古人员开展的抢救性考古发掘带给人们一个惊世的发现：在江西省新干县大洋洲乡的这片沙地上，共出土青铜器475件、玉器754件、陶器139件，其中青铜器最引人注目，是江南地区出土商代青铜器数量最多、种类最丰富的一次，也是我国目前同一墓葬中出土商代青铜器最多的一次。除了出土此件最大的立鹿四足青铜甗，还有唯一的双面青铜头像、存世最大的青铜虎、最早的青铜镈、最重的青铜钺等，出土青铜器以其数量之多、造型之奇、纹饰之美、铸工之精被著名青铜专家马承源先生誉为“江南青铜王国”。该遗存被评为“七五”期间全国十大考古发现之一，列入“中国20世纪100项考古大发现”。也正是由于新干大洋洲青铜器的出土，使得商代中国青铜文明呈现出河南安阳、四川三星堆和江西大洋洲三足鼎立的格局。

1990 年 11 月 10 日，国家文物局、江西省人民政府在南昌召开大洋洲考古大发现新闻发布会时指出："新干商代大墓铜器群的空前发现，不仅是中国南方考古的一项重大突破，而且将为我国青铜文化研究揭开新的篇章。它所提出的种种发人深思的新问题和揭示的奥秘，必将对考古学、历史学、民族学乃至整个中国古代文明史的研究产生深远的影响。"

过去一般认为，商代发达的青铜文明，只限于王朝都城为核心的中原地区，而与长江以南无关。**新干大墓的发现，改变了人们对赣江流域的古代文明，乃至南方和整个商代文明图景的认识，不仅弥合了江南文明历史的断层，而且与四川盆地的三星堆青铜文化交相辉映，谱写了中国商周青铜文明的新篇章。**透过这件大甗，我们渐渐揭开了南方青铜时代的神秘面纱，这里不是人们所说的荒蛮之地，也不是人们所想的原始森林。3000 多年前，一群勤劳的人在这儿用双手建立了自己的家园，用勇敢开创了极具特色的江南文明！

010

商
（公元前 1600—公元前 1046 年）

亚醜钺

最壮观和精美的商代青铜钺

国宝小档案

年代：商（公元前 1600—公元前 1046 年）

尺寸：通长 32.7 厘米，刃部宽 34.5 厘米

出土地：1965 年山东青州东夏镇苏埠屯 1 号商墓出土

馆藏地：山东博物馆

供图：山东博物馆

撰稿及主讲人：代雪晶

今天，我想为您介绍的是山东博物馆的十大镇馆之宝之一，也是被孩子们戏称为“海绵宝宝”的商代青铜器——亚醜钺。

它出土于山东青州苏埠屯大墓，长度达 32.7 厘米，刃部宽度 34.5 厘米。器身透雕着一个张口怒目的人脸，眉毛、眼睛和鼻子都是凸出来的，嘴巴稍微凹下去，整体威猛庄严，极其生动传神。在人脸的正、反两面都刻着铭文“亚醜”两字，因此被称为“亚醜钺”。

亚醜钺和苏埠屯大墓

史籍记载，商朝建立以后，在今天的山东青州一代曾出现过一个经济发达、文化先进的薄姑氏部族，是商部族的重要同盟国。薄姑氏部族的族徽是亚醜，而这件亚醜钺就出自商代亚醜部族的一个大型墓葬。

商王朝对山东的统治经历了由西向东逐渐扩展的过程，但是，由于受到东方土著夷人的抵制，商王朝的势力从未越过青州。因此，在山东这片大地上，商人和土著夷人共生共长，创造了灿烂的文化。比如，青州苏埠屯、滕州前掌大和济南大辛庄都是当时的重要方国，商王朝就是依靠这些大大小小的方国来控制周边地区的。而我们这件亚醜钺就出自青州苏埠屯的大墓。

这个商代大墓位于青州市东北境内 12 公里的东夏镇苏埠屯村，占地面积达到 750 亩。1965 年和 1966 年，山东省博物馆在这里组织发掘了四座墓葬，其中一号大墓规模最大。这座墓呈长方形，南北长 15 米、东西宽 9.25 米；有四条墓道，其中南墓道最大，长 26 米、宽约 3 米；墓室中部有“亚”字形椁室，墓室附近有三个殉葬坑，共殉葬 48 人，体态多种多样；在棺材顶部的下方有一个跪姿人，这是当时流行的“顶棺葬”，即一种用活人顶棺材陪葬的葬俗。迄今为止，除河南安阳殷墟商代王陵，该墓是规模最大、规格最高的商代墓葬。墓中出土了大量的青铜器、陶器，最引人注目的是两件大型的铜钺，这里介绍的是其中一件，另外一件珍藏在中国国家博物馆。

亚醜钺的用途

钺指的是我们现在用的斧子，早在新石器时代晚期就已经出现了石质和玉质的钺，比如新石器时代大汶口文化出土的大量石质钺，在当时是人们用来耕地劳作的工具；龙山文化时期出现了体量较大、制作规整的玉质钺，这一时期的钺已经开始作为礼仪用具，出现在大型的祭祀活动中了。到了青铜时代，青铜钺取代了石质和玉质的钺，被作为随葬品以标志墓主人的身份。而这件随葬在墓主人身边的青铜钺，无疑表明了墓主人很可能是社会地位较高的王公贵族。经专家研究分析，目前商代青铜钺共发现了 40 多件，而这件青铜钺可以称得上是最壮观和精美的。

钺在古代有广泛的用途。首先，它是一种实用的作战武器，《史记 · 鲁周公世家》有记载：“周公把大钺，召公把小钺，以夹武王。”同时，钺还是一种刑具，《说文解字》：“钺，大斧也。”在商代的铭文中有用钺砍头的象形字。在河南安阳殷墟出土的甲骨文中，“王”字写法形如斧钺；在金文中，“王”字下面的一横如斧钺的刃部。由此可知，在征伐战争中，青铜钺作为一种生杀予夺的刑具让武士们忌惮和畏惧，而掌握生杀大权的国王正是用这样恩威并施的手段带领着武士们去开疆拓土、建功立业的。另外，钺还是权力的象征。《殷本纪》记载了周文王被商王授赐斧，然后才“使得征伐，为西伯”。这里的斧，指的就是钺。国王授钺给出征的将领，以作为军将帅的权力标志。纵观商时期，青铜钺作为刑具的功能逐渐减弱，进而演变为权力的象征物。

亚醜钺上装饰着幻化成的动物，采用的是人面纹，其圆睁的双眼以及龇牙咧嘴的神态，呈现出神秘的威力和狞厉的美感，传达了一种威严可怖的信息，与钺象征着王权的心理暗示是相符的。

亚醜钺的主人

这样一件国之重器，它的主人到底是谁呢？我们需要从它的铭文说起。关于带“亚醜”铭文的青铜器，自宋代起，在不少文献中都有记载，但是人们一直不清楚这种铜器出土于何地。在苏埠屯大墓发掘出土了“亚醜”铭文的器物后，基本确定了薄姑氏部族古老文明的遗存地应在青州一带，这对考证山东的历史具有重要意义。有专家推测，该墓葬很可能是亚醜部族族长的墓葬。

这件亚醜钺代表着墓主人高贵的身份地位，器身上的透雕纹饰更增加了它的神秘性。山东出土的商周时期的青铜器，遗留着大量与原始宗教礼仪甚至各类崇拜相关的风俗，既反映了明显的时代特征，也保存了浓郁的地域特色。**而商代的青铜器装饰纹样传承了史前的思想观念，更表现了对自然和猛兽的敬畏，它们都有一个共同的主题纹样，即怒目圆睁、形象可怖的兽面纹，俗称“饕餮纹”。**饕餮纹的纹样象征着古代传说中一种贪食的凶兽，其面形像牛头或者羊头纹，因而有人称它为“兽面饕餮纹”。亚醜钺上装饰着幻化成的动物，采用的是人面纹，其圆睁的双眼以及龇牙咧嘴的神态，呈现出神秘的威力和狞厉的美感，传达了一种威严可怖的信息，与钺象征着王权的心理暗示是相符的。

亚醜钺的由来

有关亚醜钺的由来，还有一个说法。殷商王朝统治时期，东部方国有一支叫作“鬼方”的部族，他们居住在现今东夷族地域。由于“鬼方”族人大多相貌丑陋，英勇好战，周武王灭商后便命令姜太公平定东夷部族的“鬼方”部落。《汉书·地理志》中记载，姜太公姜尚平定东夷部族后，为了统一管理这个部族的人群，便设立了一位长官。长官必须有一定的威严以便于管理，其手持斧钺的形象便象征着威仪。于是，这里的民众便会被壮观的威仪所震慑而不敢叛乱，那象征威严的青铜斧钺上就刻着獠牙威严的人面纹。这就是亚醜钺的由来了。

这件象征着征伐、王权的巨型铜钺，以沉稳、庄重的器物造型，极为成功地再现了那个进入奴隶时代的血与火的征伐年代，“有虔秉钺，如火烈烈”。无论是代表着王权，还是执行生杀予夺之权，钺在古代都是权力的化身，拥有着非凡的身份和让世人膜拜的崇高地位。如今亚醜钺所代表的礼制社会、文化的辉煌已十分久远，但是，中华民族的灿烂文化代代相传，亚醜钺就好像一部古老的法律，它告诉我们，从古代开始，我们就有用法制治理国家的传统。

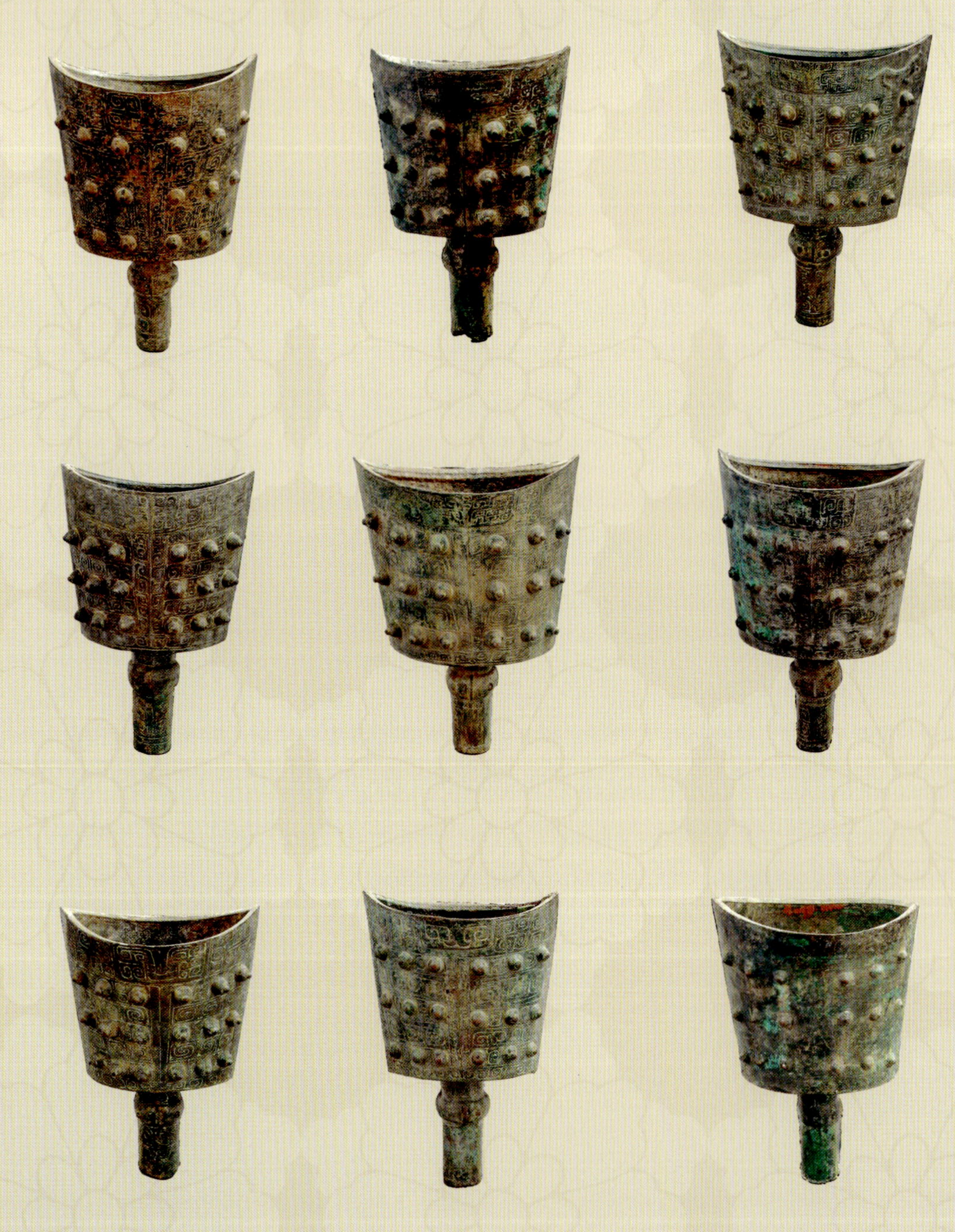

011

商代乳钉纹编铙

金石之音

国宝小档案

年代：商（公元前 1600—公元前 1046 年）

尺寸：通高 36.5~53.5 厘米，鼓间宽 18~28 厘米，重 9.5~31 千克

出土地：湖南省宁乡县老粮仓乡师古寨山

馆藏地：长沙市博物馆

供图：长沙市博物馆

主讲人：吴婉

您好，今天我想为您介绍一套跟音乐有关的文物——商代乳钉纹编铙。这组编铙形制、纹饰基本相同，但是大小相次，当为一组编铙。

编铙的出土

这一套编铙，甬作管形，内空通腔、外部有旋，钲部每面各有3排乳钉；各铙甬部、篆间、鼓部等多处饰有云雷纹。其中7号铙鼓部还饰有虎纹，老虎嘴部大张，昂首向前，尾部略卷，向后翘起，四脚微伏，有蓄力跳跃之姿，形象生动活泼，意趣盎然。

1993年6月7日，在宁乡县西南老粮仓乡师古寨山的西北坡上，当地农民发现了一个有古器物的土坑，之后上报上级文物部门进行发掘。

在这个椭圆形的土坑中，最终发掘了10件铜铙，其中的9件，也就是今天长沙市博物馆珍藏的这组编铙。与其他地方铜铙出土的情况一样，这个土坑中也没有其他文化遗物。坑口长1米，深1.5米，10件铜铙分四层平置，下面三层每层3件，最上层1件，距离地表仅0.5米。

编铙的出现

音乐发展有着悠久的历史。由云南元谋等地发现的古猿人化石可知，大约100万年以前，远古的人类就已经在中国的土地上劳动、生息、繁衍。当最早的人类开始制造原始工具并集体劳动的时候，原始音乐的幼芽便在他们的劳动节奏和劳动呼声中萌发了。

编铙作为编钟的前身，原是原始社会末期象征氏族贵族权力的礼乐器，用陶土制成。迄今为止所见的远古实物，是1955年在陕西长安客省庄出土的新石器时代陶铙，距今约4000多年。在中国青铜文化大发展的商代，青铜乐器大量增多，出现了铙、钲、鼓等不同的种类。“铙”，同时又被称为“钲”和“执钟”，主要用于军旅和祭祀活动中。《周礼》中有记载，“金铙以止鼓”，说明铙是军队中用来指挥进退的器具。

早在周代，据《周礼》记载，中国古代乐器分为八音，即金、石、土、革、丝、木、匏和竹，分别指的是钟、磬、埙、鼓、琴、笙、箫等。其中“金”指金属乐器，大多由铜或铜锡混合制成。商代出现了一种打击乐器“铙”，就是这类金属乐器。这种铜铸铙的横断面为扁形，铙边成棱形。先是单个，后来逐渐发展为大小不同、三五成组的编铙。

一铙双音，三度音程

从音律方面来看，这套编铙有着非常显著的“一铙双音，三度音程”的特征。一铙双音，指的是同一铙体发出“双音”的现象。当人们分别敲击铙体两旁的“侧鼓”部，便能发出两个不同的乐音，相互构成大三度音程。这里说到的三度音程是指“123、1——3”，即两音之间的关系。但是，敲击铙体正中的“正鼓”部时，却能发出一个十分和谐悦耳的大三度和声音程。而编铙的出现，意味着我国先秦时代的人们对音乐的认识和对青铜器的铸造都已经达到了相当高的水平。

很多人会好奇，同一铙体上如何发出双音？或者，如何确定两音之间的音程关系？其实，铸造者若想让铙发出他想要的乐音，不是一件容易的事情，铜铙的发展也经历了一个漫长的过程。

商代，人们在长期的音乐实践中发现了侧鼓音的存在，并且在编铙的铸造过程

长沙市博物馆“青铜之乡”展厅。
商周时期，中原文化南播，长沙地区进入青铜时代。20 世纪初以来，以宁乡县黄材镇为中心的区域相继出土了四羊方尊、人面纹方鼎等大批精美商周青铜器。文中所提的“象纹大铜铙”和“乳钉纹编铙”均陈列于此。

中，可能对正、侧鼓音之间的音程关系也经过了选择。另外，编铙的侧鼓部并不像西周时期的甬钟那样有特殊的标志，也没有明显的敲击痕迹。因此，据学者推测，当时人们对于侧鼓音还没有完全掌握，未能正式将它应用于音乐演奏中。因为正式使用侧鼓音，不仅需要经过反复试验、筛选和掌握的摸索过程，甚至要牵涉到更为复杂的音阶调式的问题。

从测音数据上看，可能是由于铜铙初现时的制作工艺所限，以及个别铜铙破损，音准效果并不理想。但是，各铙基本能奏出基音，勉强可以构成一组四、五声音阶。编铙的正鼓部位和侧鼓部位，有些均能测出大三度的音程，但是有些又能测出大二度、小三度的音程。而后来的编钟，利用调音槽就很好地解决了这一问题，双音的音高也更加准确。

上古时代的神秘乐音

联系到文献中曾经提及的殷商时期高度的音乐发展水平可知，这一时期铜铙的音乐性能还不是非常完善，偏高的音域使得它们可能在实际奏乐中很难担任主要旋律的角色。**铙体刻有的纹饰及铭文，强调了器主人的身份，这样的形制特征使编铙很有可能与其他青铜礼器一道，作为仪礼性器物供奉。**

其中有一类被称为“大铙”的青铜器，比一般铙要高大厚重，虽然看起来与西周之后甬钟完全相同，应是悬吊使用的，可是出土的时候并不在墓葬区，而是被埋在浅土坑中。铜铙大多单独出现，口经常朝上，其主体纹饰的正确位置也是朝上，因此，学者大都认为朝上是其摆设时的实际方向。长沙市博物馆还藏有一件象纹大铜铙，有专家称它为“铙乐之王”，重量达 221.5 公斤，若使用悬挂的方式，架子就要做得非常高大和坚牢，恐怕不容易做得出来，故认为它是竖立土中，或置于立架上使用的。由于不是随葬品，研究学者们认为这批铜铙是因祭祀山川或自然鬼神的礼仪需要而掩埋的。

最初，铙的礼仪特征更重，音乐特性次之。铜铙也是偶然出土于重要贵族墓

长沙市博物馆还藏有一件象纹大铜铙，有专家称它为“铙乐之王”，重量达 221.5 公斤。

葬中。但是随着时间的流逝，青铜器铸造技术的发展，编铙的优势逐渐显现出来。商铙的一钟两音，不仅扩大了该乐器的音阶，拓宽了音域，节省了制作材料，而且排列起来空间缩小，更加便于演奏，表现力更加丰富，音响更加美妙。编铙不但是具有固定音高的旋律乐器，而且也用于与编磬、埙的合奏。有了铙的标准音高，各种不同的乐器才得以相互校音，以保证合奏时的音准。

从目前发现的商代晚期的鼓、编磬、编铙和埙等乐器来看，我们可以推测其编制及配器方式应该是这样：埙负责高声部主旋律，编磬、编铙则各有一组用于演奏中声部调式框架的伴奏型，鼓则用于加强节奏重音以增强乐曲的表现力。

灿烂的先秦音乐文明，在商代中晚期的铙出现后达到一个较为完善的状态，从中原商文明传播到南方的铙，体积从小而大，编铙数目由少而多，俨然发展出了一脉堪比中原地区，又具有独特含义的音乐文化。3000 多年过去，成套双音编铙在宁乡起伏的山丘之中重见天日，为世人带来了来自上古时代的神秘乐音。

著名音乐家谭盾先生也将铙乐带入了张艺谋的电影《英雄》，影片中乐手在秦王宫殿中敲击编铙的情节，给观众留下深刻印象，让人们了解到这样一种有别于编钟，却又能敲出雄浑悠扬乐声的古代乐器。那远古传来的声声铙乐，它们承载的是一份虔诚与庄严。

012

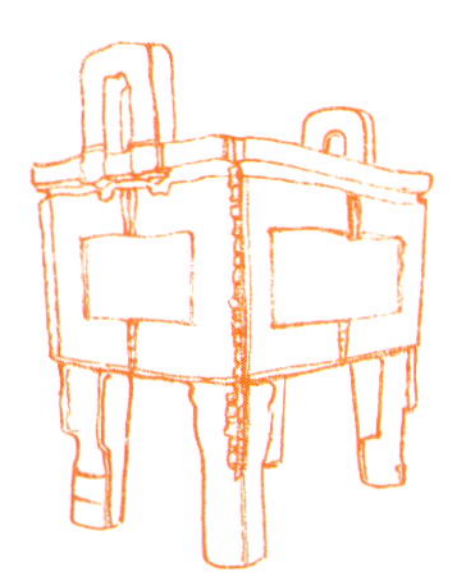

商
（公元前1600—公元前1046年）

后母戊鼎

当之无愧的国之重器

国宝小档案

年代：商（公元前1600—公元前1046年）

尺寸：通高133厘米，口长112厘米，口宽79.2厘米，重832.84公斤

出土地：河南安阳武官村

馆藏地：中国国家博物馆

主讲人：刘钰婷

您好，今天我为您介绍的这件文物，不仅是中国国家博物馆里的镇馆之宝，甚至还是有着“镇国之宝”美誉的国之重器。

翻开历史书，您一定对这件文物不陌生，它曾在书中反复被提到，名字叫“司母戊方鼎”。但是，2011 年 3 月 6 日，中央电视台《新闻 30 分》节目第一次给它改了名字，变成了“后母戊鼎”。那么，后母戊鼎为什么会被改名呢？我先从它的出身说起。

后母戊鼎的命名

鼎是中国古代的一种盛食器，相当于今天我们做饭的锅。在远古时期，鼎是陶烧制的，由釜、灶和支脚组成，下面可以点火，用来烧水煮菜。在商周甚至秦汉时期，我们吃的菜都是煮熟的，宋朝开始用油炒菜。

商代是青铜冶炼技术快速发展的时期，这时青铜鼎已出现，并在商代中晚期发展到了高峰。然而，鼎不再是简单的食物器具了，上层社会贵族开始用它烹饪肉食，祭祀天地和祖先。**使用者的地位和权力越大，使用鼎的规格越高，数量越大，鼎在此时就升级成为宗庙重器，代表了至高王权。**

后母戊鼎就是在这个时期被铸造的。它通高 133 厘米、口长 112 厘米、口宽 79.2 厘米。鼎腹内壁铸刻有铭文，从左上到右下，类似“司母戊”。下面的“母戊”二字，和现在的汉字差距很大；上面的“司”字最好识别，但偏偏就是这个字，引起了后母戊鼎长达近 70 年的命名争论。

您可能会问，明明是一个最容易辨认的字，为何那么多研究专家因它而争论不休呢？商代的文字是正反向通用的，不像我们现代的文字左右固定、正反固定。“司”字，反过来写就是“后”字，就像一张纸的正反两面一样。而且，商代人书写时还喜欢正反向的字并用，在现存的一块甲骨上，就同时刻着正反向的两个“司”字，也就是把“司”“后”两个字并用了。

司母戊鼎在 1939 年出土于河南安阳武官村，最初的报道对其鼎腹内壁铭文的释读是“后妻戊”，但是很快就被推翻。正式为它定名的人是郭沫若先生，他认为铭文上面的字读“司”，而不是“后”，因为“司”可以同义为“祭祀”，“司母戊”即为“祭祀母亲戊”，这个解释是行得通的。因为“戊”是商王祖庚和祖甲的母亲妇妌死后的庙号，所以这件大鼎应该是二位王铸造来怀念和追悼母亲的。

但是随着考古资料的增多，另一派支持铭文上面的字读“后”的专家却越来越多，并同样提出了几个可靠理论：第一，商代，无论是甲骨文还是金文，语法上都不采用动宾词语。祭祀是动词，母亲是宾语，“司母”这样的说法不符合当时文字的用法。第二，妇妌生前做过商王武丁的后妃，在夏商时期，“后”这个字代表的身份十分尊贵，比如我们熟知的成语“皇天后土”，便将天与地比作“皇”与“后”，表达的都是最高等级的敬语，所以铭文更应该是“后母戊”，意为“尊敬的母亲戊”。第三，1976 年在安阳殷墟妇好墓发掘了后母辛鼎，我们把后母戊鼎和后母辛鼎对比后，发现后者的形制、纹饰和铭文的风格都与后母戊鼎一致。而历史记载妇好是商王武丁的一个王后，所以由此断定出土后母戊鼎的墓主人也是武丁之妻，后母戊鼎是商王祖庚或祖甲为祭祀母亲戊而做的祭器。这样反推，铭文中的“司”应当是“后”。

后母戊鼎的形制和纹饰

后母戊鼎的形制雄伟，鼎身呈正方形，口沿很明显，立耳、方腹、四足中空。除了鼎身四面的中部是长方形素面，其余各处都有纹饰。鼎身四面以饕餮纹作为主要纹饰，四面交接处装饰的都是扉棱，也就是一条凸出的条状装饰。扉棱之上

鼎身四面以饕餮纹作为主要纹饰，四面交接处装饰的都是扉棱，也就是一条凸出的条状装饰。扉棱之上为牛首，扉棱之下为饕餮。鼎耳的外侧有鱼纹装饰，外廓还有两只猛虎相对，虎口还含有一个人头。鼎足装饰的玹纹上还有狰狞的兽面。

为牛首，扉棱之下为饕餮。鼎耳的外侧有鱼纹装饰，外廓还有两只猛虎相对，虎口还含有一个人头。鼎足装饰的玹纹上还有狰狞的兽面。

鼎身之上，有两种动物纹饰最为奇特：一种是虎纹，一种是饕餮纹。虎纹采用了平雕的手法，两只猛虎的虎口中间含有一个人头。这种纹饰被称为“虎食人”，在商周时期的器物上比较常见。对此，研究专家们有几种不同的解读：一些专家认为，人头代表的应该是主持占卜的贞人，他主动地将头伸入虎口中，目的是炫耀自己的胆量和法力，使世人臣服于自己的各种命令；另一些专家则认为，这应该是源于虎能吞噬恶害之鬼的传说，借以驱凶避害。另外一种奇异的动物纹饰为饕餮纹，是青铜器上最常见的奇异类动物纹饰。饕餮并不是一种具体的动物，它是人们融合了自然界各种猛兽的特征，再加上自己的想象而形成的传说中的怪兽，十分贪吃，可以一口气吞下一头牛。商周时期的饕餮纹类型很多，总体特征是双目凝视，巨口獠牙，额上有对立耳或大犄角，还有一对锋利的爪子。用作纹饰的时候，有的直接表现其头部，有的在兽面的两旁各有一段蜿蜒对称的躯体，有的则由其他装饰来陪衬。这种纹饰盛行于商代晚期和西周时期，到了春秋时期就仅作为器物足部的陪衬。战国以后，随着青铜时代的结束，饕餮纹逐渐退出了历史舞台。

然而，商代的青铜鼎众多，为什么后母戊鼎能成为国之重器呢？**它之所以能成为国之重器，有一个很重要的原因就在于它的重量。**准确测量后得知，后母戊鼎的重量达到了832.84公斤，相当于15个成年人或1辆小汽车的重量，是目前世界上出土最大、最重的青铜礼器。铸造这件800多公斤的青铜器，所需金属原料至少在1000公斤以上，而且必须有巨大的熔炉，铜水浇铸成型时也存在先期浇筑冷却凝固的问题。即使在科学技术很发达的今天，制造这样一件器物也非易事，那么，在距今3000多年前的商代，这个鼎是如何被铸造的呢？

后母戊鼎的铸造

多数专家认为，从鼎的铸痕来看，鼎身需要用八块外范，鼎足则需要三块外范。[1]鼎的支脚是空心的，上面的耳也是空心的。鼎身先铸好后，底部朝上，足部再与鼎身合铸在一起，耳也是单独铸造的，这种方法被称为“分铸法”。**据测算，这件大鼎需要同时用100多个坩埚熔化铜液，近千人相互协作才能完成浇铸。**这一方面充分反映了商代青铜铸造规模的宏大，以及青铜冶铸水平的高超；但另一方面，我们不禁要问，在生产力水平并不算高的3000多年前，为什么要花费如此多的人力、物力，并经历一个漫长的过程，铸造这样一件“超级工程”呢？这还要回到器物所处的时代。

殷商时期，商王不断地开疆拓土，其发动一场战争动辄就是成千上万人，从今天的考古发现中，我们能够看到战争的频繁与残酷。然而，在国家的运行与管理中，还有一件事情是可以与战争相提并论的，那就是祭祀。在那个时代，人们相

[1] 外范就是铸造的时候贴在模具外的泥片，把熔好的铜水浇铸在外范和内范制作的模具中，等成形后打开外范，挖空内范，鼎身就铸造好了。

信上天能给他们指示，无论是贵族还是平民，很多事情都需要占卜，祭祀这种向上天表示崇敬和祈求的活动，自然而然成为“国之大事”。

根据文献的记载，距今 4000 多年前，夏王朝用各诸侯国贡献的铜铸造了九个威武雄壮的大鼎，鼎上铸有全国九州的山川名物。从此，九鼎被视为国家政权的象征，谁拥有了九鼎，谁就拥有了天下。因此古代贵族用鼎就有了严格规定，比如：天子用九鼎八簋[1]，诸侯七鼎六簋、大夫五鼎四簋、普通的士则用三鼎二簋或者一鼎，这种制度被称为列鼎制度。

商周时期是鼎发展的高峰时期，主要用于祭祀天地和祖先。鼎在中国古代社会中占据着特殊的地位，不仅是宗庙重器，也是王权的象征。**这也就能帮助我们理解为何商王朝要投入如此多的人力、物力来完成铸造后母戊鼎这个超级工程，因为这是饱含敬畏与尊崇，献给天地神祇和祖先的器物，也是统治阶级身份的标志物，从这个层面上理解，就能感受到它的尊贵与不凡，是当之无愧的国之重器。**

后母戊鼎的出土和修缮

后母戊鼎的铸造过程相当复杂，它的出土和修缮过程也同样经历了复杂的历程与磨难。

后母戊鼎出土于河南安阳的武官村，1939 年 3 月的一天晚上，武官村的一位青年在村子的野地里探宝。当他把探杆钻到 10 多米深时，突然感觉碰到了硬的金属物，拔出钻头后发现探杆头上带有铜锈，于是立即回村找自己的堂兄吴培文商量。当晚，他们找了十几个村民，趁着夜色动工挖掘。当时的河南安阳被侵华日军占领，为了防止走漏风声被日本人发现，他们挖到天亮的时候，用原土封住了洞口。第二天晚上，挖掘队伍扩大到 40 多个村民，他们连续挖了三个晚上，才抬上来一个铜锈斑斑的庞然大物，它正是震惊后世的青铜器国宝“后母戊鼎”。

[1] 簋和鼎一样也是一种饮食器具。

铜鼎被拉回家后，吴培文将它埋在自家的院子里。为了防止大鼎被日本人夺走，他们决定将大鼎卖给古玩商肖寅卿。肖寅卿专程从北平来安阳看大鼎，看后出价 20 万大洋，相当于现在 2000 万元人民币。为了运输方便，不被日本人知道，肖寅卿要求吴培文将鼎切割成 10 块。吴培文按照肖寅卿的要求买来锯条进行切割，因为这尊鼎特别结实，锯条都断了也没实现切割，他们又试图用锤砸。在切割大鼎和砸大鼎的过程中，吴培文的内心十分不安和愧疚，于是，他决定阻止大家再砸下去，并决心把大鼎好好保护起来，让这尊大鼎逃过粉身碎骨的命运。

吴培文重新将鼎埋在地下。这时日本人也得到了消息，前后几次派军队包围吴家的院子进行搜索，但并无所获。吴培文深知日本人是不会善罢甘休的，他埋藏好了大鼎之后，只能背井离乡，四处漂泊。吴培文一走就是 10 年。在第 7 个年头也就是 1946 年时，国民党安阳政府获悉了藏鼎的准确位置后，将鼎挖出并放在了县政府。后来一位国民党军官将鼎运到南京，当作寿礼送给蒋介石后，被存放在当时国民党政府的中央博物馆。南京解放前夕，蒋介石企图将鼎运到台湾却被解放军截获。1959 年，中国历史博物馆新馆建成后，这尊鼎被存放在馆内。

新中国成立后，吴培文回到老家安居。1991 年，中国历史博物馆派人设法找到了吴培文，并了解了挖掘大鼎的经过。作为后母戊鼎的发掘见证人，吴培文开始被外界熟知。**一尊大鼎改变了吴培文一生的命运，既让他饱受颠沛流离之苦，也让他成为发掘护宝的名人，获取了他应得的荣誉。**如今，吴培文老人已走完了他 84 岁的生命路程，于 2006 年 12 月 16 日辞世。但这尊国宝却长留于天地之间，成为中国人民心中永远的骄傲。

如今，后母戊鼎静静矗立在国家博物馆的青铜展厅中，它无言自威，展现着曾经的辉煌、强大，也见证着历史的变迁。

013

四羊方尊

中国青铜器宝库中首屈一指的珍品

国宝小档案

年代：商（公元前 1600—公元前 1046 年）

尺寸：上口最大径 44.4 厘米，高 58.6 厘米，重 34.6 千克

出土地：湖南省宁乡县黄材镇

馆藏地：中国国家博物馆

主讲人：刘钰婷

您好，今天我为您介绍的这件器形为“尊”的青铜器，您一定从小就认识它，因为它曾出现在我们中小学的课本里，它就是四羊方尊。您还能回忆起它的样子吗？

四羊方尊的造型十分高大，是目前发现的商代最大的青铜方尊。让我们记忆最深刻的是，它的肩部装饰有四只向外伸出硕大卷曲羊角的羊头形象，羊的嘴微微张开，嘴角含笑，羊身与羊腿紧贴于器物的腹部及圈足之上。这件器物将羊的宁静和温驯表现得淋漓尽致。**羊具有独特的象征意义，有“跪乳”的习性，是一种善良知礼的动物，被后世演绎为孝敬父母的典范。而在古代，“羊”与“祥”是谐音，羊代表着吉祥，因此羊的造型经常被艺术化，用于器物的装饰。**

四羊方尊的纹饰繁缛瑰丽，表面布满纤细的云雷纹，颈部装饰有蕉叶纹、三角夔纹和兽面纹。肩部装饰的是蛇身，并有爪的龙纹。龙纹为高浮雕，从方尊的四边蜿蜒于前。每一面的龙纹中间，都有一个双角的龙头从方尊器身上探出来。方尊四角和四面中心线处，还装饰有扉棱。这么精美的方尊，当年是如何铸造的呢？这几道扉棱的设计，又起着什么样的作用呢？

四羊方尊的铸造

其实这是古代青铜器的一种铸造方法，叫作“接铸法”。在制作造型复杂的青铜器时，常常采用这种方法将器身与附件分别铸造，然后再进行接铸成为整器。四羊方尊就是采用接铸法铸成的。工匠先将羊角与龙头分别铸好，然后与器身进行接铸。如果没有高超的铸造技术，很难达到浑然一体的效果。然而，我们在四羊方尊上，看不到拼接的痕迹。这全靠器身上的扉棱，很好地掩盖了方尊在接铸时的痕迹，起到特殊的装饰效果。

四羊方尊采用了线雕、高浮雕和圆雕的综合技法，很好地把握了平面纹饰与立体雕塑之间的关系，以及动物造型与器物的结合，展现了高超的铸造水平，整件器物一气呵成，可谓匠心独运。生动繁复、寓动于静的纹饰，也给冰冷厚重的青铜器增添了端庄、典雅的神韵。

它的肩部装饰有四只向外伸出硕大卷曲羊角的羊头形象，羊的嘴微微张开，嘴角含笑，羊身与羊腿紧贴于器物的腹部及圈足之上。这件器物将羊的宁静和温驯表现得淋漓尽致。

四羊方尊作为礼器

四羊方尊不仅在制作工艺、结构造型上有独到之处，它也是一件重要的礼器。您可能读过很多关于“尊”的古诗词，比如“今夕少愉乐，起坐开清尊”“人生如梦，一尊还酹江月”，这里的“尊”经常和酒一同被提起，因为“尊”本来就是中国古代的一种盛酒器。在商周时期，青铜尊经常作为礼器出现在祭祀仪式上。**四羊方尊以四羊、四龙相对的造型，展示了酒礼器中的至尊气象，具有独特的象征意义。**

我们会发现商周时期的青铜器中，酒器占很大一部分，这与当时酿酒技术的发展不无关系。早在夏朝，酒文化就开始盛行，夏人善饮酒。考古学家在二里头遗址中，就发现了目前我国已知最早的青铜酒器“青铜爵”。到了商朝，酿酒业十分发达，青铜器制作技术也有很大的提高，酒器也达到了前所未有的繁荣。还出现了“长勺氏”和“尾勺氏”这种专门以制作酒具为生的氏族。当时饮酒的风气很盛，特别是贵族饮酒极为盛行。而我们熟知的还有纣王沉迷“酒池肉林”，最终众叛亲离，以致亡国的故事。

到了周代，统治者为了防止重蹈商朝覆辙，颁发了《酒诰》，大力倡导“酒礼”与“酒德”，严格限制饮酒，并把酒的主要用途限制在祭祀上，于是出现了“酒祭文化”。周代饮酒风气虽然不如商代，但酒器基本上还是沿袭了商代的风格，也出现了专门制作酒具的“梓人”。

商代繁多的青铜酒器

前面提到商代酒器的繁荣，目前发现的青铜酒器种类繁多，大体可分为三类：盛酒器、温酒器和饮酒器。

盛酒器中最著名的就是“尊”，即一种体形高而大的古代盛酒器，早期的酒尊为陶制，到了商代，青铜质地的酒尊开始出现。青铜尊在古代是一种十分重要的青铜礼器，被广泛应用于祭祀等重大礼仪活动。尊的特点是敞口，口径较大，长颈，看到它的外形也不难理解它是用来储藏酒的器具了。除了常见的圆形尊，还有少数的方形尊，比如我们今天说到的四羊方尊就是方形，此外，还有很萌的动物形状的鸟兽形尊。

鸟兽形尊和一种叫作“觥”的酒器外形上十分相似，成语中“觥筹交错”说的就是这种器物。那么觥和鸟兽尊有什么不一样呢？觥的盖子一般比尊大，整个器形的脊背部都是盖子，鸟兽尊的盖则比较小，往往只有脊背的一部分或者脑袋的一半。

还有一种盛酒器是“卣”，卣和其他类似的器物最大的区别是带有一个提梁把手。卣一般是用来装鬯酒的。[1]此外有“罍”“彝”“壶”等盛酒器。

商代在饮酒的时候，往往要把酒加热，所以还出土了很多用来温酒的青铜器，最著名的就是“爵”。爵的用途也有过争议，《说文解字》认为爵是用来饮酒的，但是爵上往往带有柱，也就是在它上面有凸起的地方，喝酒的话会触到眉毛，使用起来并不是很方便。于是专家们脑洞大开，有人认为爵是用来过滤酒的，双柱用来固定滤酒的茅草；也有人认为爵是用来加热酒的，柱是加热之后用来移动爵的抓手。直到之后考古发现，一些爵的底部有加热之后留下的积炭痕迹，由此确定爵是用来温酒的。

还有一件和爵长得很像的器物叫“斝”，斝和爵一样有三个足，口沿也大都有柱，但是斝没有爵那样突出整个器身的流和尾，而且个头也要比爵大一些。

盛酒温酒都有专门的器皿，那么喝酒用什么容器呢？

喝酒用的器物名叫“觚”，它的定名始于宋代，因为在它的腹、足都有四个棱，而棱在宋代又叫觚，因而得名。还有一种说法是这类器物从口到底呈弧线形，而觚就是弧的意思。在墓葬中，觚和前面说到的爵往往是“同框出镜”，是商代礼器的重要组合。所以也有研究专家认为觚和爵是一对需要配合使用的酒器。

[1] 鬯酒用郁金草酿黑黍而成，香气扑鼻，一般都是祭祀的时候使用。

四羊方尊的流转经历

刚刚我们说了一些常见的酒器，除此之外，目前存世的青铜器数量也并不在少数，但为什么偏偏是四羊方尊被提到了这么崇高的位置呢？**我认为这不仅因为它的铸造工艺巧夺天工，代表着中国古代文明的巅峰，还因为四羊方尊的流转经历也倒映着一个时代的动荡，承载着一个满怀赤忱的爱国故事。**

故事要从湖南省宁乡县说起。在中国古代青铜器历史上，宁乡的青铜器大名鼎鼎。宁乡有条河叫“沩水”，从 20 世纪 30 年代开始，这条河周围就总是出土青铜器，著名的四羊方尊、皿天全方罍、人面方鼎、象纹铙等都出土于这里，我们做过计算，在这里目前已经出土了 300 件左右的青铜器。青铜器是商王朝的产物，传统的观点认为，长江以南是蛮荒之地，是中原商文化鞭长莫及的地方。这里出土了这么多青铜器真是让人奇怪。更奇怪的是，挖出来的都是少见的非常精美的青铜器，像四羊方尊，绝对是中国青铜器宝库中首屈一指的珍品；象纹大铜铙重量为 221.5 公斤，堪称青铜器之王。宁乡出土的这么多、这么罕见的精美青铜器，只是巧合吗？

有人结合了历史材料后分析，大概在商周交替之际，有一批商人或受商文化影响的人群经鄂东南越过长江，溯湘江而上到达黄材盆地。这些人南来时，不仅带来了大量商代青铜器，而且带来了中原先进的铜器铸造技术，他们在沩水流域定居下来，建筑城池、铸造铜器，创造出了灿烂的炭河里文化和宁乡青铜器。这应该就是宁乡青铜器群来源之谜的谜底。

1938 年 4 月，湖南省宁乡县黄材镇的农民姜景舒、姜景桥、姜喜桥兄弟 3 人正在半山腰上栽种红薯，忽然锄头下发出当的一声金属碰撞的声音，一件硕大的金属器物出现在姜家兄弟眼前。他们不知道这个墨绿色、带有 4 只卷角羊头的东西是何物，更不清楚其价值，只猜想肯定是个宝贝。其中，姜景舒用工具敲敲打打，还一不小心敲下来一片手掌心大小的碎片。很快，姜景舒挖到宝贝的消息传开了。黄材镇万利山货号的老板当即开出了 400 大洋的价格要购买这件宝贝。那时姜景舒只有 17 岁，家里 10 多口人的生计就靠爷爷做豆腐、父亲做短工的微薄收入度日，听说这件东西能卖个好价钱，决定忍痛割爱以解决家里的生计。在经过当地保长、甲长和乡绅的层层盘剥后，最后到姜景舒手上就只剩下 248 块了。不过，姜景舒在卖掉宝贝时，还将当时敲下的那块碎片珍藏了起来。

四羊方尊在被黄材镇的古董商买进后，很快辗转到了长沙县靖港镇某商号。心怀不轨的商人打算以 20 万大洋的价格秘密贩卖宝物。当时长沙文物的盗掘走私现象十分严重，政府部门对出土文物走私也采取了严厉打击。为防止奸商贪利将国宝卖给外国人，长沙县政府立即派警员前去查处此事，并将四羊方尊没收，上交了湖南省政府。宝物充公之后，被放在了时任湖南省主席张治中的办公室里，四羊方尊作为笔筒，放在张治中几案之上长达 3 个月之久。

不久，日军进攻长沙后，四羊方尊被送到了湖南省银行保管。1938 年 11 月，国民党湖南省政府和省银行均迁往沅陵，四羊方尊在随湖南省银行内迁沅陵的途中遭到日机轰炸，被炸成了 20 多块碎片，之后这些碎片被存放在湖南省银行仓库的一只木箱内，无人问津。

1952 年，湖南省文物管理委员会专家蔡季襄在中国人民银行湖南省分行的仓库中，找到这个破碎的宝贝。两年后，修复家张欣如挑起了修复四羊方尊的重任，在他的细致修复下，四羊方尊已完全不见残破的痕迹，而遗憾的是，修复后的尊口沿处还缺一块残片。1976 年，湖南省博物馆原馆长高至喜远走宁乡县，千方百计寻找到姜家兄弟，姜家兄弟也将保存完好的残片捐出，至此，尊口上的云雷纹残片才终于完璧归赵，四羊方尊再次展现出 3000 年前的瑰丽身影。就这样，经过战火洗礼的四羊方尊才又得以重新面世，并成为我国国家特级文物。

如今，四羊方尊静穆地矗立于中国国家博物馆的展厅，展现着中华早期文明的辉煌风采，而其背后的身世坎坷、辗转流传与奇遇经历也诉说着一代代中国人为了保护历史文明所付出的代价。

014

青铜大立人像

世界考古史上发现的同时代最大的青铜人物雕像

国宝小档案

年代：商代晚期

尺寸：通高 2.62 米，重 180 公斤

出土地：四川广汉三星堆遗址二号祭祀坑

馆藏地：三星堆博物馆

供图：三星堆博物馆

主讲人：唐敏

您好！今天，我想为您介绍一件颇具神秘色彩的文物——青铜大立人像。

大立人的造型

这尊青铜大立人像整体高达2.62米，重达180公斤，是世界考古史上发现的同时代最大的青铜人物雕像！大立人像由底座和人像两部分组成：底座分为三部分——座基、座腿和座台面，座台面的四周装饰着精美的日晕纹和卷云纹，看起来就像一座神山或者神坛！人像的神情被塑造得栩栩如生，粗眉大眼、高鼻阔嘴、方颐大耳，显得庄严肃穆。他头戴花形高冠，最引人注目的是那双奇大无比的手。他的双手紧紧抱握成环状，左手低、右手高，从侧面看，两手一高一低的组合带有一定的弧度。

那么，大立人的双手究竟代表怎样的含义呢？学者们有截然不同的两种观点：第一种观点认为，他的双手握着某种法器。从手形上看，他手中拿的可能是沟通天地的玉琮，也有人认为拿的是至高无上的权杖，还有人认为拿的是大象牙。还有一种观点认为，他手里什么都没拿，这是一种特定的礼仪姿势——我们都能从这双巨大的手中感受到一种无穷的力量和一种唯我独尊的气势！

古蜀国的最高统治者

青铜大立人像的衣服上装饰着繁复精美的龙纹——有长长的犄角、飞腾的羽

人像的神情被塑造得栩栩如生，粗眉大眼、高鼻阔嘴、方颐大耳，显得庄严肃穆。他头戴花形高冠，最引人注目的是那双奇大无比的手。他的双手紧紧抱握成环状，左手低、右手高，从侧面看，两手一高一低的组合带有一定的弧度。

翅和蜷曲的身体，龙身从上到下排列着10个圆圈。仔细观察会发现，每两个圆圈为一组。

龙与太阳的组合图案，在湖南长沙马王堆的帛画《扶桑图》中也有发现。学者们认为，这是和太阳有关的“十日神话”，反映了古蜀人的太阳崇拜。《淮南子》中有“羲和驭日”的记载，屈原的《楚辞》中更进一步讲到羲和驾驶着龙车在天空中巡游，那么“羲和”是何许人也？古籍《山海经》里有记载，羲和为太阳的妈妈，是天神帝俊的妻子。她生有10个太阳挂在扶桑树上，并安排10个孩子轮流巡游天空。突然有一天，由于羲和的疏忽，10个太阳贪玩全部飞到了天上。大地被炙烤，田地的庄稼也燃烧了起来，以致民不聊生。正在人们一筹莫展的时候，一位叫后羿的人站了出来，他用手中的弓箭射下了天上的九个太阳，只留一个太阳在天上巡游。至此，大地又恢复了往日的平静。**因此，可以说大立人服饰上的龙纹和太阳的组合图案生动形象地体现了古蜀人对太阳的崇拜。**

人像的服饰图案除了龙纹，还有以虫纹、目纹、鸟纹等组成的兽面纹，这种奇特的衣服搭配和纹饰组合在中国服饰史上是独一无二的！有学者认为，大立人的服饰是古蜀国的最高统治者在特定的宗教祭祀场合中所穿的礼服。在中原地区，古代帝王及上公的礼服称为“衮服”。中国人自称为“华夏儿女”，华为章服之美，夏为礼仪之邦。华丽的服装上出现了精美的章纹，这样的服饰即“华服”。

根据古文献记载，一国之君在重大场合中穿的华服上，纹饰足足有 12 种，被称为“十二章纹”。有关“十二章纹”的记载很多，其中最早、最全面的记载当数《尚书·益稷》，文中写道：“予欲观古人之象，日、月、星辰、山、龙、华虫，作会（绘）。宗彝、藻、火、粉米、黼、黻，絺绣，以五彩彰施于五色，作服。”这段文字详细记载了“十二章纹”所囊括的具体内容，周代天子的礼服纹饰大概就是这种模样。与周代天子所穿的“十二章纹”衮服不同，三星堆大立人像所穿服饰的主纹饰以龙纹为主，配以虫纹、目纹、鸟纹……从视觉上来看，这些纹饰不像是作绘上去的，更像是采用刺绣工艺制作而成。结合青铜大立人的纹饰以龙纹为主，因此有学者提出，与其说大立人的服饰是古蜀国当地大祭司独有的“衮服”，不如说这是中国历史上最早的“龙袍”。

那么，青铜大立人像表现的是什么人呢？学者认为，这件青铜大立人像的服饰应是三星堆古蜀国的最高首领在祭祖通神时所穿的法服。**在神巫色彩浓厚的殷商时代，大立人所代表的是古蜀国政教合一体制下神、巫、王三者于一体的最高统治者。**以青铜大立人为代表的大量青铜人物雕像群的出土，有力地证明了神话传说中的古蜀国是真实存在的，并且已经发展成为一个高于氏族部落的、独立的、稳定的、具有高度发达青铜文明的政治实体。

在华夏历史的长河中，殷商时代是青铜器最鼎盛的时代。这个时代的人们有一种普遍的信仰即“万物有灵”。殷商时代的统治者们迷信鬼神崇拜，他们把自己塑造成能与神灵沟通的特殊群体；同时，铸造了大量用于宗教祭祀活动的青铜重器用于人与神、鬼之间的沟通。这些在祭祀活动中使用的青铜器，被称为“尊彝”。你的脑海里可能会浮现出那一件件耳熟能详的青铜“尊彝”——“司母戊方鼎”“四羊方尊”“大禾人面鼎”，这几件青铜器都是响当当的国宝文物，很早就被写入我国中学历史的课本。这几件青铜重器出土于我国的黄河流域地区及长江中游地区，说明早在 3000 年前黄河流域地区与长江中游地区就有着文化交流。

沉睡千年的古蜀国

“蚕丛及鱼凫，开国何茫然。尔来四万八千岁，不与秦塞通人烟。”这是唐代大诗人李白在《蜀道难》中对蜀地神秘的历史发出的感叹。20 世纪 80 年代，随着三星堆古遗址的发掘和两座大型商代祭祀坑中众多器物的出土，沉睡千年的古蜀国的大门终于被叩开了。

1986 年，骄阳似火的 8 月，在四川广汉三星堆遗址的考古现场，当地的砖厂工人们在距离一号祭祀坑东南方约 30 米处取土烧砖时，无意间竟将埋藏于地下 3000 年的宝库打开，这就是二号祭祀坑。随后，考古人员开始进行抢救性发掘，自 8 月 20 日开始到 9 月 17 日结束。二号祭祀坑为长方形土坑，长 5.3 米、宽 2.3 米，坑内堆放的遗物分上、中、下三层。最上面一层是 60 多枚象牙，底层是一些小型青铜器、饰件、铜铃、金箔等，而中层全部为大型青铜器。其中青铜大立人和青铜神树属于罕见的珍品。坑内文物均有被砸碎和焚烧的痕迹，大立人出土时并非完整，而是被拦腰砸断平躺在坑内。

据考古人员统计，二号祭祀坑出土文物 1300 余件，其中青铜器 735 件、金器 61 件、玉器 486 件、绿松石 3 件、石器 15 件，另外还出土象牙器残片 4 片，象牙珠 120 颗、虎牙 3 枚、象牙 67 枚、海贝 4600 枚。一、二号祭祀坑的发现和大批精美器物的出土震惊了全世界。特别是以青铜大立人为代表的古蜀青铜人物雕像的出土，让世人不得不重新审视古代中国的青铜文明进程。

总之，三星堆青铜大立人像浓缩了一个神秘古国的沧桑背影，勾勒出一部雄奇壮阔的史诗。**以青铜大立人像为代表的这种三星堆古蜀青铜文化是长江中上游古代青铜文明的杰出代表，是中华古代文明的重要组成部分，也是世界文化遗产的宝贵财富！**

015

商代晚期

青铜纵目面具

三星堆面具的典型代表

国宝小档案

年代：商代晚期

尺寸：两眼外凸 16 厘米，通高 65 厘米，宽 138 厘米，重 70 公斤

出土地：四川广汉三星堆遗址

馆藏地：三星堆博物馆

供图：三星堆博物馆

主讲人：唐敏

无论您是否参观过三星堆博物馆，提到三星堆青铜面具，恐怕多数人对它们的第一印象都是大大的眼睛和那对“招风耳”。

今天我要为您介绍的这件青铜纵目面具更是三星堆面具的典型代表。**它通高65厘米，重达70公斤，两眼呈柱状外凸达16厘米，耳朵向面颊两侧伸展开来，两耳间宽足有138厘米。**它的体形硕大，在世界同期各地出土的青铜器中也极为罕见。

第一代蜀王“蚕丛”

很多人不禁要问，为什么它会有如此独特而夸张的造型呢？**学者们结合古文献的记载，认为这件面具与传说中的古蜀国的第一代蜀王“蚕丛”有着千丝万缕的联系。**

这要从古蜀国说起。蜀地文明自岷江上游兴起，从原始氏族部落开始，后来经过长期的发展和融合，逐步建立了国家。

第一代蜀王名为“蚕丛”，在《路史前纪》中有记载，“蜀山氏，其始祖蚕丛，纵目，王瞿上”。无论是“纵目”“瞿上”或者“蜀山氏”，从字形上看，这些文字都与“目”字，也就是与眼睛相关，着重突出眼睛的特征。

这里提到蚕丛“纵目”，是否能让您联想到这件青铜纵目面具呢？“纵目”的“纵”字，也就是平时人们常说的“纵横四海”“纵横交错”等成语中的“纵”，有广泛之意，“纵目”一词有放眼远望的含义。

而蚕丛称王的地方在“瞿上”，“瞿”字指的是鹰、雕、隼等大型飞禽鸟类注

古蜀人崇拜“眼睛”，渴望透过一双“纵目”去看得更高、更远，去了解这个世界。

视的样子，两个“目”字仿佛是两只眼睛，位于“隹”的正上方，意为鸟类在上方的天空飞翔，俯视下方的地面，所以称“天目”，指视线广阔。

那么，“瞿上”位于何处呢？当代学者结合古籍考证认为“瞿上”的方位应在今双流县南 18 里的牧马山上。20 世纪 40 年代初，著名史学家顾颉刚专程到双流，对瞿上城古遗址进行实地考察，他说：“《华阳国志》说杜宇‘或治瞿上’，是因为古人建国必凭险阻，方好自守。牧马山是成都平原西部第一座山，仿佛城垣一般，防守极便，立国在这里，可以控制平原。山上又好耕种，足以自给。假使我是当时的王者，走到这个形胜所在，也不肯把它放弃的。我敢臆断，牧马山定是一块好地方，蚕丛和杜宇的都城遗址有寻得的可能。”**由此可见，古蜀人选择在“瞿上”建都，是看中该地视野辽阔。**无论是防备敌患，登高望远观测周边的人和事物，还是出于农业需要，观测自然来确定农时，这里都是再合适不过的选择。

我们再来看“蜀”字。在甲骨文中，字的上方都有一个大大的眼睛。甲骨文是商朝人的文字，或许正是商朝人在和古蜀人打交道时，蜀人那双极目远眺的“眼睛”给他们留下了深刻的印象，因此他们才在造字的时候像煞有介事地做了强调。

古蜀人开眼看世界

古蜀人崇拜“眼睛”，渴望透过一双“纵目”去看得更高、更远，去了解这个世界。那么，当时的古蜀人对世界的认知又有多少呢？这里我们不得不提古蜀国与中原文明的交流与互鉴。

虽然，唐代诗人李白曾在《蜀道难》中说蜀国闭关锁国：“尔来四万八千岁，不与秦塞通人烟。”但是，事实却并非如此。

在中原的神话系统中，华夏部落第一位首领“黄帝”的妻子“嫘祖”就来自古蜀国，相传嫘祖是“种桑养蚕之法”的发明者，而种桑养蚕之法正是古蜀人的特长。在古蜀国的神话系统中，第一代蜀王蚕丛“衣青衣，劝农桑，创石棺”，在古蜀人心目中有崇高的地位。在他的领导下，蜀人学会了驯养野蚕抽丝的技术，发展成为一个善于养蚕的部族。远嫁中原黄帝的嫘祖，很可能就来自这个拥有先进桑蚕养殖技术的部族，并将古蜀的“种桑养蚕之法”远播到华夏中原。

另外，在四川广汉三星堆遗址、成都金沙遗址中都出土了大量的玉璋、玉琮，以及尊和罍。而这些器物也都是中原及长江中下游地区文明系统的礼器：璋是极具中原华夏文明色彩的玉器，琮是极具良渚文化色彩的玉器，而尊、罍这类青铜器也与三星堆青铜面具、青铜人像、青铜兽像和青铜树这些青铜器的造型很不一样。**璋、琮、尊、罍这些器物，就成为古蜀与中原及长江中下游地区“人烟相通”的有力物证。**

若说古蜀与华夏部族之间有人烟相通，或许还不难想象。然而，如果说早在3000多年前，古蜀就与遥远的印度洋部族有贸易往来，就有些令人难以置信了吧。从目前的考古发现来看，古蜀的确与其西南方向印度洋沿岸的部族有直接或间接的商贸往来。

在三星堆出土了数千枚海贝，其中大部分是一种产自印度洋深海水域的白色齿贝。南亚次大陆地区的居民常用齿贝做货币。三星堆出土的齿贝，大多背部磨平、形成穿孔，可见也是便于串系，用于货币交易。

公元前129年，出使西域的张骞到达大夏，也就是今天的阿富汗境内。他惊讶地发现这里的市场上竟然有蜀布，便询问何处得来，大夏国人说是从身毒国也就是如今的印度转卖过来的。张骞这才知道，原来早在他通往西域之前，就有一条从四川盆地出发，通往中亚、西亚的商路。

回到长安之后，张骞及时报道了与西北诸国往来的可能性，雄才大略又好大喜功的汉武帝听后十分惊喜，决心不惜一切代价打通从西南到大夏的官道，由官方直接主导商业贸易，并且扩大疆土。然而，历经 10 余年的斗争，汉王朝仅打通了从成都到洱海地区的道路，官方使者始终未能超过大理至保山一带，汉族只能通过各部族、印度做中介与大夏商人间接贸易。

其实，在更早的古蜀时期，蜀人就在崇山峻岭中开辟了一条通向南亚次大陆及中南半岛的民间贸易通道。这条中国最古老的道路使四川盆地成为古蜀人“开眼看世界”的前沿哨所，驮着蜀布、丝绸和漆器的古蜀人的马队，从蜀地出发越过高黎贡山后，抵达腾冲、瑞丽出境至缅甸后，通往印度与当地商人交换商品。印度和中亚的玻璃、宝石、海贝也随着返回的马帮，进入始终被中原认为是蛮荒之地的西南夷地区。

此前，中国的史学界一直认为四川盆地是一个封闭性的地区，古蜀亦是一个保守的文明古国，**直到三星堆的发现才打破了这种认识，三星堆为我们呈现了兼容并蓄、自成系统的古蜀文明，彰显着古蜀人开拓进取、包容自觉的精神，让我们知道 3000 年前的古蜀人对于了解这个世界的渴望。**

三星堆青铜神坛（复制品）

商代晚期

016

三星堆青铜神坛

承载古蜀人宇宙观念的祭祀重器

国宝小档案

年代：商代晚期

尺寸：通高 53 厘米

出土地：四川省广汉市南兴镇北三星堆遗址

馆藏地：三星堆博物馆

供图：三星堆博物馆

主讲人：唐敏

您好！今天我想和您一起来看看这件充满神秘色彩的青铜重器——三星堆青铜神坛。

三星堆遗址位于四川省广汉市南兴镇北，这里有一条古河道叫“马牧河”。河道北岸的阶地形似月牙，人们便给它起了个美丽的名字叫“月亮湾”。**而河道的南岸有三个大土堆，传说玉皇大帝撒下了三把土，落在广汉的湔江边，成为在大平原上的三座突兀黄土堆，这三个黄土堆起伏相连，呈现东西排列，分布在一条直线上，看上去宛如天空的星辰，所以当地人称之为“三星堆”。**三星堆的含义有广义和狭义之分，狭义的三星堆指的是这三个小土堆，广义的三星堆指的是考古发掘的三星堆古城遗址。

古蜀国都邑的发现

三星堆遗址最初的发现，是非常偶然的。1929 年 2 月的一天，家住广汉市太平镇月亮湾的燕氏父子在浇灌农田时，用锄头挖到了一块石板，他们撬开石板，发现了里面竟是些光彩夺目的玉石器！燕氏父子趁着深夜偷偷将这 300 多件玉石器取出并搬回家中后，惶惶不可终日，一年后见周围邻里并无任何异常反应，于是，他们为了牟利便将这些玉石器携带到古董市场贩卖。如此多且罕见的宝贝涌入市场，一时间把古董商和古玩家的圈子炒得沸沸扬扬，大批“淘金者”闻讯后蜂拥而至，都为寻觅宝物。

燕氏父子在卖出那些玉石器的同时，也带了一些“孝敬”给当地驻军旅长陶宗凯。此人乃一介武夫，对古董一无所知，但他找到了当时在华西大学任教的葛维汉先生，请他帮助鉴别。葛维汉先生来自美国，对中国古董颇有研究，他看到这些玉石器后，眼前为之一亮，他没想到如此精美的玉石器也会出现在西南地区，并初步认定这些玉器属于周代礼器，是稀世珍宝。

上个世纪三十年代，葛维汉先生与同为华西大学教授的林名均先生、戴谦和先生等人组成了三星堆遗址的考古发掘队。他们在月亮湾的燕家院子旁进行了首次考古发掘工作，发现了一些玉石器和陶器残片。由于当时社会局势不稳定，发掘工作没有维持多久就终止了。

直到20世纪50年代初期，为配合宝成铁路的建设，考古学家们又一次来到月亮湾进行考古调查，根据初步考证，他们确定该遗址可能是西周时期的古遗址。1963年，四川大学历史系考古学教授冯汉骥带领他的学生来到月亮湾的高地上，极目远眺，顿感这是一个不凡之地，他认为这里极有可能是古代蜀人的“都城”。

1986年7—9月，三星堆先后发现了两个祭祀坑，证明了冯汉骥的预言是正确的。**祭祀坑所处的年代约相当于中原商代晚期，出土了大量文物，包括各种金器、青铜器、玉石器、骨器、陶器和象牙等1300余件。**其中青铜器不仅数量众多，而且造型怪异，神奇瑰丽，与中原商文化的青铜文明有着很大的差异。考古在此发现了规模宏大的古城址，说明这里曾是古蜀国的都邑。

青铜神坛的修复

我们今天要说的这件青铜神坛正是1986年这次考古的重要发现。青铜神坛的造型复杂，包含的历史信息丰富，但由于它在被掩埋前曾遭遇重物击压和烈火焚烧，不仅构件离散，有的还被烧熔变形，给修缮复原造成了极大的困难。那么，文物修复师面对这些复杂的残存部件，又是从何处着手的呢？

首先，需要分析现有的部件，在理解每个形象所代表的含义后，再进行归纳组合。在青铜神坛的残件中，人像分为三组：首先是两个双手举在胸前的立人，他们的手空心握拳，原本应该握有些什么；第二组是四名头戴冠帽的站立人像，手握“法器”呈祭拜的模样，仿佛在进行祭拜的仪式；第三组人像就更神秘了，五个戴着面具的站立人像为一排，双手持抱拳状，共有四排，分别装饰于一个方斗形的神

青铜神坛的造型复杂，包含的历史信息丰富，但由于它在被掩埋前曾遭遇重物击压和烈火焚烧，不仅构件离散，有的还被烧熔变形，给修缮复原造成了极大的困难。

殿建筑物的四面。另外，在方斗形建筑物的四个角上各站立着一只神鸟。兽形部件中，有两只较大的神兽，造型怪异，集猪鼻、狗耳、马蹄、鹰眼、羽翼于一身。此外，还有四片像山峰形状的半圆片，以及两个圆盘。

目前学术界普遍的观点是：神坛的造型反映的是古蜀人“天人地合一”的宇宙观念，因此，青铜神坛也由下到上，依据地、人、天三层的顺序进行修复。

如今，我们看到的神坛总高度为 53 厘米，底层代表“地”，有两名立人脚踩在象征大地的圆形底座上，身旁一正一反呈顺时针方向站立着两头神兽，有专家推测，立人手中原本握着的是牵住神兽的绳子。为什么神兽是一正一反站立呢？除了可以根据断裂处的接口来推测，如若仔细看神兽的腿部，会发现它左腿纹饰从内向外呈逆时针方向旋转，右腿纹从内向外呈顺时针方向旋转，其纹饰反映出一种古老的阴阳思维和宇宙运转的规律。

中间层为四名站立的戴冠人像，让人联想到《山海经》、甲骨卜辞中记载的负责掌管一年四季变化的“四风之神”。传说中四神的描述都与蛇有关，它们手里拿着蛇或脚上踩着蛇，暗示着太阳周天的运行轨迹。那么，这四名人像手里拿着的器物又有何意义呢？这一长一短的“法器”，长的器物下端弯曲呈C形，短的器物为曲柄。结合三星堆出土的持璋小人像来看，持璋小人像手里的璋分丫开叉的射端是朝上的，对应天；而这里的器物分叉端朝下，则有可能与大地和农业生产紧密相关。四名站立的人像象征着人界，代表着古蜀国巫祭集团的高级祭司，他们与天上的“神人”动作相似，似乎寓意着人神共鸣。再往上看，是四片包围着的山峰，象征着通往“天”界的天梯。

最上层是方斗形的神殿建筑物，象征着“天”。在方形建筑每一面的五人像的正上方，都刻画着一个人面鸟身的神人像，其面部露出神秘的微笑；在建筑物的四角上各站立着一只神鸟，昂首挺立，做展翅飞翔状。“天”界住着“人面鸟身神”“太阳神鸟”和“神人”，由此可知，当时人们对太阳和神鸟的崇拜。

青铜神坛的意义

整体来看，神坛顶层的方形建筑与圆形大地，呈现出一种“天圆地方”的视觉效果。山峰之上住着“神”，山峰之下、大地之上住着人，大地之下住着神兽。古蜀的高级祭司们正通过特定的祭祀动作，向苍天里住的“神”与大地里住的神兽进行祷告，祈求苍天、大地的庇护。**人在天地间承上启下，是阴阳的结合体，人类通过内心与天地交感，以达“天地人合一”的最高境界。**

三星堆遗址重现在世人面前，它的社会影响和学术意义是十分重大的。英国《独立报》曾以《中国青铜像无与伦比》为题发表文章，称三星堆青铜像是“古代最杰出的艺术制品”，而这件青铜神坛的发现，让我们感受到了一个高度发达的早期蜀王国文明，以及古蜀人“天地人合一”的宇宙观散发出的无穷魅力。

西周
（公元前 1046—公元前 771 年）

017

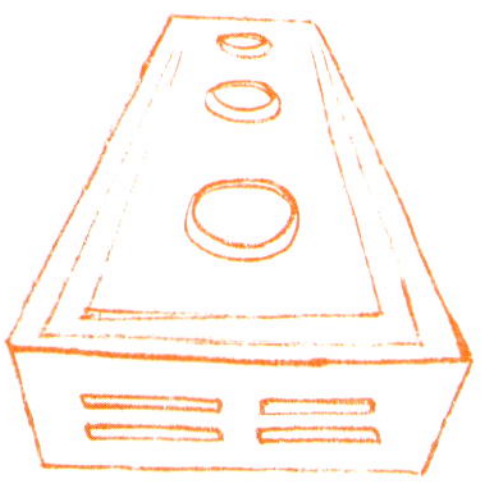

夔纹铜禁

“青铜器之乡”出土的体形最大的铜禁

国宝小档案

年代：西周（公元前 1046—公元前 771 年）

尺寸：高 0.23 米，长约 1.2 米，宽约 0.5 米

出土地：陕西省宝鸡县戴家湾地区

馆藏地：天津博物馆

主讲人：张舒怡

您好，今天我想为您介绍的是，我馆收藏的一件非常独特的青铜器——夔纹铜禁。

青铜禁的用途

“禁”是西周时期特有的一种礼器，它是西周贵族在祭祀和宴飨的时候用来放置酒具的一种几案，也就是一种酒桌。为什么古人要把酒桌叫作“禁”呢？这就要从武王灭商开始说起。

据史书记载，商朝人酷爱饮酒，商纣王更是嗜酒成风，奢靡无度，甚至在王宫中修建了“酒池肉林”。在这种荒淫腐化的风气下，荒于政事的纣王迎来了亡国的命运。武王灭商后建周，按照周人的想法，自己的族群之所以能够打败商朝，不得不感谢美酒的帮助，若不是商人嗜酒如命，其国家的根基根本不会动摇，但得益于酒，不见得也要和商人一样推崇酒。为了不重蹈商人的覆辙，周王颁布了中国最早的禁酒令《酒诰》。在《酒诰》中，周王告诫子孙平日一概要戒酒行德，只有祭祀时才可以饮酒，对于那些没事就聚众饮酒的人要格杀勿论。

为了更有效地督促民众禁酒，当时的统治者便将盛放酒具的几案称之为“禁”。**古人说，“名之为禁者，因为酒戒也”，也就是说，在古文中“禁”字就是戒酒的意思。古人就是用这种方式来提醒人们喝酒要有度。**

这件夔纹铜禁的造型非常特别，体积很大，高0.23米，长约1.2米，宽约0.5米。整体呈扁平状的长方体，中间镂空，没有底面。在表面上方有三个椭圆形的大孔，这些槽孔就是古人当时用来摆放酒具的，如“觚”“卣”“尊”等古人储酒的

铜禁四周装饰有夔纹。夔是古代神话中的一种神兽，是龙的九子之一，多为一角、一足、口张开、尾上卷，长相很凶猛、很吓人。

用具。铜禁前后两面各有两排、十六个长方形的孔，左右两面各有两排、四个长方形孔，这些孔除了做装饰，还有一个小小的功能就是散热。古人一般喜欢喝温酒，所以通常会在铜禁下面点火热酒，留出来的孔能散去一些热量。

铜禁四周装饰有夔纹。夔是古代神话中的一种神兽，是龙的九子之一，多为一角、一足、口张开、尾上卷，长相很凶猛、很吓人。古人认为它能驱邪、避凶、保平安，所以夔纹就成了帝王使用的青铜器上常见的一种装饰。

青铜器是中国古代最具有代表性的一种器物，从最早的实用性器具，到之后的传国重器，历经了1600多年的岁月。商周时期正是青铜器发展的鼎盛时期，因此也被称为“青铜时代”。这一时期，青铜禁作为一种大型礼器被使用，是权力和地位的象征；同时，它的使用也有严格的要求和规定，一般只有王室才可以使用。而目前发现的西周铜禁数量极为稀少，从资料来看，现出土的铜禁有四件，而这四件都出自被誉为“青铜器之乡”的陕西宝鸡。其中，天津博物馆收藏的，是其中体形最大的一件。

近代中国历史的见证

那么，出土于陕西的青铜器为何会被收藏在数千公里之外的天津博物馆呢？这其中还有一段非常离奇曲折的国宝流传经历。

首先要从一起盗宝事件说起。1925 年秋天，一批军人来到陕西省宝鸡县的戴家湾地区，他们用武器压着几百名农民到村子后面，并强迫他们到处挖宝。很快，一件件青铜器、陶器和金银器就被挖掘出来了。那么，究竟是谁敢这样明目张胆地进行如此大规模的盗宝行动呢？领头盗宝的是当时在陕西臭名昭著的军阀党玉琨。

当时中国正处于军阀混战时期，各地大小军阀各自为政。国民党政府无力支付他们的军饷，更无法约束他们的行动，他们为了扩充势力都挖空心思，不择手段，党玉琨便是其中之一。那么，党玉琨为何会选择戴家湾这样一个不知名的小村庄进行盗宝呢？**陕西宝鸡是建立西周王朝的周人发祥地，在古代称陈仓。它不仅是周代重要的城邑，也是秦国初年的都城。**据史料记载，这里有秦国王室贵族的古墓，每次大雨过后，会有很多宝物被冲刷出来。所以，党玉琨便选择在这里开始他的盗宝行动。

宝鸡不愧是周秦故地，很快他们就挖出了一件方方正正、体形硕大的青铜器。党玉琨立刻命人将这件青铜器送到了自己的家中。深夜，党玉琨在家中对这件青铜器进行研究时发现，无论从造型上，还是纹饰上来看，这件青铜器都极有可能是当时帝王使用过的器物。他又在翻阅古籍后惊讶地发现，原来这件像方桌一样的青铜器竟然是一件罕见的宝贝。他一边收藏好这件宝物，一边更加疯狂地进行盗掘。

据统计，党玉琨在宝鸡共盗出青铜器 1500 多件，他如此疯狂的盗宝行为让当时的民众感到激愤，并且引起了时任国民革命军第二集团总司令冯玉祥的注意。

1928 年初，冯玉祥命令第四方面军总指挥宋哲元率领 3 万人马围剿在凤翔城驻扎的党玉琨，并收缴党玉琨所盗得的大量珍宝。当时的凤翔城易守难攻，宋哲元久久不能将城池攻下，所以决定挖坑道炸城，最后城墙被炸毁，宋哲元一举夺得凤翔城，而党玉琨被击毙。士兵们在清理党玉琨的住所时，发现了一处铁门紧锁的屋子，宋哲元命人将门撬开后发现，里面摆放了大大小小 100 多个箱子，箱子里有许多的珍贵文物和大量的金银珠宝，这些都是党玉琨盗掘古墓而得。之后，宋哲元把这些珍宝运到了西安，将其中一部分送给了他的上司冯玉祥，还将自己喜欢的一些留在家中，而这件夔纹铜禁正是他留下的珍宝之一。

1937 年 7 月，抗日战争爆发，宋哲元的军队在平津抗战中被日军击溃。之后，日军查抄了宋哲元在英租界内的公馆，夔纹铜禁等大批珍贵文物落到了日本人手中。宋哲元的三弟宋慧泉得知这个消息后，立即花重金带人四处疏通关系，最终从日本人手中要回了夔纹铜禁等部分被扣押的文物。宋家人对于这批失而复得的宝物更是极为珍惜。由于铜禁的体积较大，为了掩人耳目，宋家人故意将它放在屋里走廊的一个破旧的木箱里，还在铜禁里放了很多杂物，外人即使打开木箱也不会发现什么，时间久了，连宋家人自己都忘了铜禁的事。就这样，铜禁在宋家平稳地度过了 20 多年。

直到 20 世纪 60 年代，人们无意中发现了这件铜禁，但已是一堆碎片。天津的文物工作者得到消息后，立即来到宋家，见铜禁已破裂成 50 多块碎片，完全看不出原来的模样。1972 年，这些青铜碎片被送往北京进行修复，专家们小心翼翼地将其一块块拼接起来，令人遗憾的是，这件青铜禁竟然少了一块。据宋家人回忆，20 世纪 50 年代，这件青铜禁的一角被家人当废铜卖掉了。文物专家们听到这个消息，立刻赶到天津各大废品收购站，在如山的废品中仔细翻看，可惜一无所获。正当文物工作者以为找寻无望时，突然有人想到所有的铜制品最终都要送到市里的一家电解铜厂，于是大家立刻赶往这家铜厂，最终找到了这件铜禁碎片。后来文物专家经过一年多的精细修复，才将它完好如初地展示在人们眼前。

这件夔纹铜禁惊现于乱世，几经转手，历经坎坷，铜禁上的一道道裂痕仿佛在诉说曾经的种种，而它也成为跌宕起伏的近代中国历史的见证！

018

西周
（公元前 1046—公元前 771 年）

晋侯鸟尊

晋国诞生的最佳见证

国宝小档案

年代：西周（公元前 1046—公元前 771 年）

尺寸：高 39 厘米，长 30.5 厘米，宽 17.5 厘米

出土地：2000 年曲沃县北赵村晋侯墓地 114 号墓出土

馆藏地：山西博物院

供图：山西博物院

主讲人：李惠

您好，今天我要为您介绍的这件文物，作为山西博物院的标志（LOGO）形象常常出现在山西大地，它就是我院的镇馆之宝——晋侯鸟尊。

山西简称“晋”，在两周时期，曾属于中原地区最强大、最辉煌的诸侯国“晋国”。它从西周初期一个方圆百里的小诸侯国，不断地发展壮大，一跃成为春秋时期中原的霸主。在当时的春秋五霸里，晋国的文公重耳可谓赫赫有名。他因骊姬之乱，被迫在外流亡 19 年，最终在 62 岁时回到晋国，登上国君之位。之后他任贤选能，晋国的国力进一步增强，历经城濮之战、践土之盟后，成就了他的霸业。晋国当时的实力有多强大呢？晋文公甚至可以用周天子的命令来指挥其他诸侯。

晋国的霸业持续了近 150 年。晋文公之后，又经历了晋襄公接霸、晋景公失霸、晋悼公复霸。虽然有起有落，但晋国始终牢牢占据着中原霸主的位置，就连之后一统中原的大秦也是在晋国覆灭以后才逐渐壮大起来的。孟子曾经说过，当时的晋国“天下莫强焉”。可以说，强大的晋国无论是在当时，还是对后世，都有着非常深远的影响。而今天我要为您介绍的晋侯鸟尊，正是晋国诞生的最佳见证。

古代青铜器中罕见的珍品

晋侯鸟尊是一件以凤鸟回眸为主体造型的青铜礼器。它高 39 厘米，长 30.5 厘米，身形健硕而饱满，凤首微微上昂，高冠直立，翅膀上卷，尾巴下垂。凤鸟背部有盖，器盖的捉手巧妙地铸成了一只小鸟形状，与凤鸟呼应。凤鸟身上装饰有细密的鳞纹，翅膀和足部装饰卷云纹，尾部是华美的羽翎纹。在凤鸟的尾部下方，一只可爱的大象探出了脑袋，长长的象鼻子下垂，并向内卷起，与凤鸟的双足

凤鸟背部有盖，器盖的捉手巧妙地铸成了一只小鸟形状，与凤鸟呼应。凤鸟身上装饰有细密的鳞纹，翅膀和足部装饰卷云纹，尾部是华美的羽翎纹。

在凤鸟的尾部下方，一只可爱的大象探出了脑袋，长长的象鼻子下垂，并向内卷起，与凤鸟的双足形成稳定的三点支撑。

形成稳定的三点支撑。如此精美的青铜器，我们今天看来也是一件非常完美的艺术品。

那么，也许您会问：凤鸟和大象这两种动物形象有特殊的含义吗？大象是从哪里来的呢？

古代的气候与今天有很大的不同。实际上，3000 多年前的商代，山西这一带的气候比较温暖湿润，植被也很茂密，有点像今天的长江流域。那时候，山西及周边地区生活着很多大象，甚至还有犀牛、河马等现在只能在热带、亚热带地区看到的动物。而且除了山西，河南也是这样。河南简称“豫”，豫字的右半边就是“象”字，左半边是给予的“予”字，而“予”字在古代也通“邑”，代表城市的意思。所以，在古代，河南也被称为“有大象的城市，或有大象的地方”。文献中还有记载，“商人服象，为虐于东夷”，意思是 3000 多年前的商朝人就已经能驯服大象了。商代青铜器中的大象形象还是比较多的，而且都是憨态可掬的幼年象。

接着再来介绍凤鸟，在西周时期凤鸟又被认为是神鸟、祥瑞。关于周族的兴起有一个凤鸣岐山的传说。《国语 · 周语》记载，“周之兴也，鸑鷟鸣于岐山”，“鸑鷟”（音“越灼”）就是紫色的小凤凰。至今，陕西宝鸡一代还有凤县、凤翔县这样的地名。**所以，一个是商朝人喜爱的大象，一个是周朝人尊崇的凤鸟，晋侯鸟尊将这两种动物形象组合于一体，构思巧妙，是中国古代青铜艺术宝库中罕见的珍品。**

鸟尊与晋国、晋侯

那么这件鸟尊的拥有者是谁？它到底与晋国和晋侯有什么关系呢？

公元前 1046 年前后，周武王联合众多方国，经历牧野之战后，消灭了荒淫无道的商纣王，建立了周朝，成为当时的天下共主。因为当时周王朝的都城镐京，在今天陕西省西安市附近，史称西周。晋国是西周初期分封的诸侯国之一。它的分封和建立，则要从一个有趣的故事讲起。周武王去世后，他年幼的儿子周成王

在其器盖和器内腹部两个位置都发现了一模一样的两行九个字铭文“晋侯作向太室宝尊彝”，这就清楚地告诉我们：鸟尊是当时晋侯在宗庙祭祀时所用的重要礼器。

继位。一天，成王与弟弟叔虞在庭院里玩耍时，随手捡起一片梧桐叶，把它剪成玉圭的样子，递给弟弟叔虞，然后像“天子分封诸侯”似的说：“我要把唐国封给你。”虽然这是一场“过家家”的儿戏，但在周公和史官“君无戏言”的教育和建议下，周成王正式将叔虞分封到了“河汾之东”的古唐国。这个故事就是司马迁在《史记》中记载的“桐叶封弟”。叔虞去世之后，他的儿子燮父继位，将国号改唐为晋，晋国就这么诞生了。

关于晋国最初的分封地“唐”和“晋”到底在什么地方，学术界一直众说纷纭，有的说在太原，有的说在晋南。直到 1992 年，山西省曲沃县北赵村晋侯墓地的发现，为我们研究晋国早期历史提供了大量珍贵的实物资料，基本澄清了史学界长期争论的晋国早期都城的确切位置——应该是在今天的山西南部临汾一带。并且，根据出土的铸有晋侯名号的青铜器，结合历史文献，能够清晰地排列出晋国早期 9 代晋侯的世系，为我们研究中国西周史提供了珍贵的史料。

这件精美的青铜礼器“晋侯鸟尊”的主人正是晋国的开创者——第一代晋侯“燮父”。在其器盖和器内腹部两个位置都发现了一模一样的两行九个字铭文“晋侯作向太室宝尊彝”，这就清楚地告诉我们：鸟尊是当时晋侯在宗庙祭祀时所用的重要礼器。

太室，就是宗庙、祠堂。就像今天我们祭祖时一样要准备祭品供奉，尊和彝是祭祀祖先和神灵时用来盛放美酒的青铜容器，献祭给祖先、神灵，希望得到护佑。《左传》有记载：“国之大事，在祀与戎。”意思是对于一个国家来说，最重要的两件事是祭祀和战争。祭祀是稳定国家社会、调和内部矛盾、规范等级制度等的重要手段，而战争是决定一个国家生死存亡发展的大事。由此可见，这件鸟尊的意义非凡。

我们再来说说铭文中的“晋”字。汉代许慎的《说文解字》中是这样解释的：“晋，进也。”晋侯鸟尊上的“晋”字，上半部像是两支箭插在箭靶上，下半部为“日”，即太阳。它们结合在一起的意思就是：像箭追着太阳一样上进。所以，“晋”最本来的含义为“上进”，所以才会有我们现在的“晋升”“晋级”。还有一种说法，晋国地处多山林，出产檀木，是制作弓箭的好木材，这里的人擅长制作弓箭，也擅长射猎。据古史记载，唐叔虞曾用弓箭射杀青色的犀牛，可见当时晋国贵族的勇武英姿。从中我们也许可以体味，晋侯燮父“改唐为晋”的初心。

晋侯鸟尊的发现，还为学术界研究晋国的建国纲领“启以夏政，疆以戎索”提供了侧面依据。

叔虞被封的古唐国，原来是夏族人的故土，当时夏族人土著还生活在这里，同时周边还有众多戎、狄等非华夏族群存在。如果不处理好与这些夏人、戎狄的关系，国家生存、发展就面临着很大的困难。所以，当叔虞被封唐的时候，周天子就颁布诰令，为他规划了“启以夏政，疆以戎索”的建国方略，意思是既要发扬夏民族的文化传统，又要尊重少数民族的习惯、法规。这样因地制宜、因事而异地针对不同文化采用不同的政策予以治理，能够保证稳定、和平发展，这也形成了独特的晋文化面貌——华夏为根，兼容并蓄。**因此，鸟尊的这种凤鸟回眸的造型应该是来源于北方草原文化，大象的造型来源是西周和晋国所继承的中原地区的商文化。**

惊世之器重现人间

这件晋侯鸟尊现在看起来非常精美，但它在2002年刚出土的时候，可不是我们现在看到的样子。因为这座墓葬曾惨遭爆破式盗掘，很多珍贵文物被破坏。鸟尊因为距离爆破点最近，成为碎片散落，更是近乎粉末状。考古工作者将墓室北端残余的两堆“青铜渣”整体打包到实验室进一步清理，经过辨认，在“铜渣”堆里发现一些纹饰特殊的残片，推测应该是同一件器物的碎片。经过仔细收集，总共获得了100多块碎片，在此后一年半的时间里，经过反复拼对、修补、去锈，这件惊世之器才得以重现人间。

考古发现往往是惊喜伴随着失望、遗憾！鸟尊的故事也是如此。“浴火重生的凤鸟”仍略有缺憾，所以您现在看到大象鼻子靠下部没有纹饰的那一小段，当时并没有找到。庆幸的是，2018年传来了一个喜讯——在考古工作者持续进行出土文物整理和修复工作的过程中，他们发现了疑似鸟尊尾部的残片，通过与鸟尊原物比对，基本确认了残片应该就是鸟尊后部象鼻子的缺失部分。晋侯鸟尊终于能够以最完整华丽的样貌展现在世人面前了！

当你面对这件姿态昂扬、健硕有力的晋侯鸟尊时，肯定能从中感受到一种蓬勃向上的活力，还有当年唐叔虞和燮父等九代晋侯励精图治的壮志雄心。一个“河汾之东，方百里”的小国最终能够“砥砺前行”逐渐强盛，并在战乱纷争、强国林立的春秋时期，称霸中原百余年，深刻地影响着中国历史、文化的发展进程。

这件精彩绝伦的鸟尊无疑是浓缩着三晋文明之魂，也正因为“晋侯鸟尊”具有特别重要的历史、文化和艺术价值，它被评定为了国家一级文物，永久禁止出境展览，也成为山西博物院的“镇馆之宝”！

019

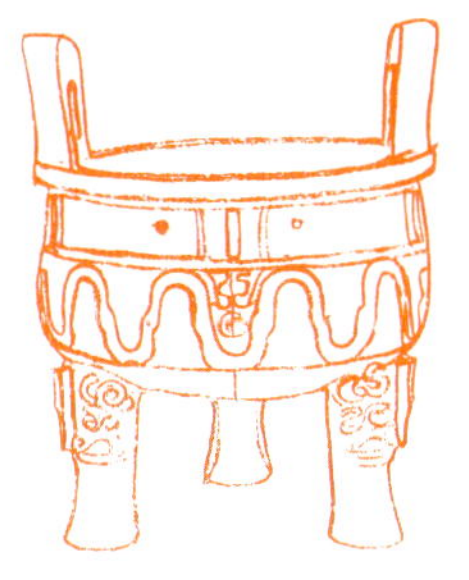

大克鼎

晚清“海内青铜器三宝”之一

西周
（公元前1046—公元前771年）

国宝小档案

年代：西周孝王时期（公元前 891—公元前 884 年）

尺寸：高 93.1 厘米，口径 75.6 厘米，重 201.5 公斤

出土地：陕西省扶风县法门镇任村

馆藏地：上海博物馆

供图：上海博物馆

主讲人：赵雪

您好，今天我为您介绍的这件文物是**上海博物馆青铜馆里名声最响、分量最重的一件镇馆之宝——大克鼎。**2017 年，一个名为《国家宝藏》的文博类综艺节目火遍大江南北，上海博物馆作为第一季受邀的博物馆之一，为大家带来了三件精品文物，其中就有这件大克鼎。它与中国国家博物馆的大盂鼎，台北故宫博物院的毛公鼎，共同被誉为晚清“海内青铜器三宝”。

大克鼎的名字从何而来呢？**对于青铜器，我们一般会将铭文内容、装饰纹样、器形功能及器物大小等特征组合起来加以命名，所以从青铜器的名字中，我们就能解读出不少信息。**

这件文物名字里的最后一个“鼎”字，介绍了它的器形，也告诉我们它的功能。鼎是中国器物造型中最早的器形之一，其渊源可以上溯到新石器时代。大克鼎为双立耳、圆腹，底部有三个圆足，便于直接支在火堆上加热，是生活中常用的炊、煮食器。进入青铜时代，鼎更是作为祭祀和宴飨等礼仪场合中重要的食器，具有盛放肉食的功能。

器物名称第一个字“大”，介绍了它的体形。大克鼎高 93.1 厘米，口径 75.6 厘米，重量达到 201.5 公斤。现藏于中国国家博物馆的后母戊鼎是一件商代的方鼎，重达 800 多公斤，不过，大克鼎作为一件西周时期刻有长篇铭文的圆鼎，同样至为尊贵。其实，除了体量大，大克鼎外表的纹饰也值得大家研究。商代及西周早期青铜器纹饰多以威严神秘、狰狞可怖的兽面纹为主，一般是以独体对称的形式，将动物的面部装饰于青铜器的主体部分，创造出庄重肃穆的宗教气氛。**但大克鼎腹部所装饰的波曲纹却与众不同，它的出现打破了兽面纹的对称规律，像山脉一样连绵起伏的设计，摆脱了长期以来青铜器纹饰的静态装饰。波曲纹连续反复，产生一种韵律感，给人一种活泼舒畅的感受，并成为西周中、晚期的青铜器上非常**

流行的装饰主体。

而器物名称中间一个字“克”，则是铸器者的名字。我们从大克鼎内壁中的铭文里，解读出铸造这件青铜器的人，是一位叫作“克”的膳夫，器名随主，故而有了“克”这个字。

大克鼎内壁的长篇铭文

大克鼎能成为一件国宝重器，离不开它的长篇铭文，它记录了那个遥远时代的很多重要信息。铸刻在青铜器上的文字被称为金文，是中国目前所见最早的有系统的成熟文字之一。在汉字发展的历史上，金文具有承前启后的重要地位。西周时期是青铜器铭文大发展的时期，不仅铸铭器物骤然增多，最为突出的是长篇铭文的增加。

大克鼎内壁上的铭文，总计 28 行 290 字，分为两段。从铭文中得知，这是一件西周孝王时期的青铜器。在第一段铭文中，克赞扬了他的祖父师华父具有谦逊美好的品德，尽心辅佐周王室。因此，周王感念他祖父师华父的功绩，任命师华父的孙子，也就是克担任“膳夫”这一官职。我们可能会认为膳夫是一个掌管王饮食的官员，并不是那么重要。但是，铭文中对膳夫这一官职的描述，用了“出内（纳）王令”的字句，也就是说他能够传递王的命令，由此可见膳夫这一官职的重要地位。

除了在铭文中可以解读出这一信息，我们在与大克鼎一同出土的七个小克鼎中也能窥见端倪。自西周中期以来，鼎的使用渐渐制度化，通常以奇数的组合，按照使用者的等级地位规定其使用的数量。据东汉何休对《春秋·公羊传》的注释：“天子用九鼎，诸侯七鼎，卿大夫五鼎，士三鼎或一鼎，必须恪守法度，不能逾越。”生前如此，死后埋葬亦是如此。因此，我们可见膳夫克的地位在当时和诸侯是一致的，能享有七个鼎的规格，表明其地位之高、官职之重。

在铭文的第二段中，则详细记载了周王册命克的仪式以及赏赐的内容。仪式是在宗周的穆庙中举行的，赞礼官引导克进入宫廷，周王命尹氏册命膳夫克。在册命词中，周王重申了对克的任命，并赏赐以礼服、土地和奴隶。周王还命令克要日夜谨敬地执行自己的任务，而不能忘记他的命令。于是，克跪拜叩头，称颂天子的美德，并铸造了这件鼎来祭祀其祖父师华父。

这 290 个字所记述的内容翔实具体，历来被认为是研究西周奴隶制的重要史料。从中我们不难看出，西周时期的官职授受采用的是世袭制，就如同克一般。因此，青铜器铭文中往往可见长篇赞美祖先功绩的文字，这种习惯既是出于礼仪的要求，亦是宣扬其继承资格，表达其效法祖先，继续尊奉王室的决心。贵族的官职虽然出于世袭，但必须经过天子重新郑重地册命，以显示王权的威严。

另外，**大克鼎内壁铭文还被公认为是西周中期书法之典范。其字体大，字形方整，行列整齐。**仔细看铭文的前半部分，我们还能找到在字的旁边有整齐的长方形格子，每个字都在格子所划分的范围内布局严谨、书写规范。

大克鼎的曲折经历

大克鼎自 1952 年上海博物馆开馆以后，便成为上海博物馆引以为豪的镇馆之宝，常年在一楼青铜陈列室展出。可是，在来到上海博物馆之前，大克鼎经历了哪些曲折，又是如何跨越了数千公里，从出土地陕西辗转到上海的呢？这其中还有一段感人的故事。

大克鼎出土于陕西省扶风县法门镇任村，是一个任姓村民挖土时偶然得到的。当时出土的不止大克鼎一件器物，还有小克鼎 7 件、克钟 5 件、仲义父𦉜等青铜器，共计 120 余件。这批器物品种丰富、纹饰精美，属于窖藏出土。窖藏意思就是古人在地下挖了大坑，把许多青铜器都一起埋入深坑中。可是，为什么要把原本作为礼器的青铜器埋在深坑中呢？学者们认为，很可能是因为西周末年犬戎入侵导致西周灭亡，直到周平王东迁洛阳，在周原这一带发生了严重的战乱。西周的贵族在逃离的时候，无法把沉重的青铜器一并带走，只好选择就地挖坑掩埋，等有朝一日回到家园时再将其挖出。然而，他们却再也没能回来，直到 2000 多年以后，被后人发现。

大克鼎出土不久就被晚清最著名的金石收藏家潘祖荫收藏。潘祖荫是苏州潘氏家族人，在清代，潘氏是苏州的望族。李鸿章在担任江苏巡抚时，曾给潘家送过一块匾，上书“祖孙、父子、叔侄、兄弟翰林之家”，可见潘家能人辈出。潘祖荫 23 岁时高中探花，一生在京为官，担任过工部尚书、军机大臣等要职，他本人非常热衷金石文物和古籍善本的收藏与研究。后有学者推算他收藏青铜器的总量预计应有 600 多件，可见其收藏规模之大，大克鼎便是他最为珍贵的收藏之一。1890 年，潘祖荫辞世，其弟潘祖年深知官场险恶，举家携收藏回迁故乡苏州，并定下了“谨守护持，绝不示人”的家规。1925 年春潘祖年过世后，保护大克鼎等国宝文物的历史重任落到其孙媳妇潘达于的肩上。她带着一双过继的年幼子女，借住在苏州城里南石子街“老二房”的旧宅里，曾多次拒绝觊觎两鼎，意图重金购买的海外来人。1937 年抗日战争爆发，在日军攻入苏州之前，潘氏家族决定外出避难。当时，潘达于面临着和 2000 多年前器物最初的拥有者一样的困境：如何保护大克鼎这类的青铜重器？她做了和古人一样的选择，将大克鼎埋藏地下。她叫木匠打造了结实的木箱，在庭院里挖了深坑，将大克鼎及其他小件青铜器一起埋下，铺好方砖，安然躲过了日军先后 7 次的搜查。1944 年，埋在地下的木箱出现腐烂，造成木箱顶上的方砖垮塌。于是，潘达于命人将大克鼎挖出，用旧家具在上方堆满，再把房间隔断不让他人进入，一直将大克鼎保护至中华人民共和国成立。

1951 年 7 月 6 日，潘达于有感于“有全国影响的重要文物只有置之博物馆才能充分发挥其价值”，由女儿潘家华代笔致信上海华东军政委员会文化部，要求捐献大克鼎。1951 年 10 月 9 日，大克鼎落户上海，上海市文管会举行了隆重的授奖典礼，向潘达于颁发了文化部褒奖状并给予现金奖励。潘达于慨然谢绝奖金，将其捐献为抗美援朝所用。1952 年，大克鼎被上海博物馆收藏并展出。因此，我们现在到青铜陈列室内欣赏大克鼎时，会发现下方的说明牌中，除了文物信息，还有“潘达于女士捐赠”的文字信息，以表示对她的谢意和尊重。同样，她的名字也被永远镌刻在了上海博物馆大厅中的捐赠者名录上，潘家数代爱国护宝的故事也将和大克鼎一起永载史册。

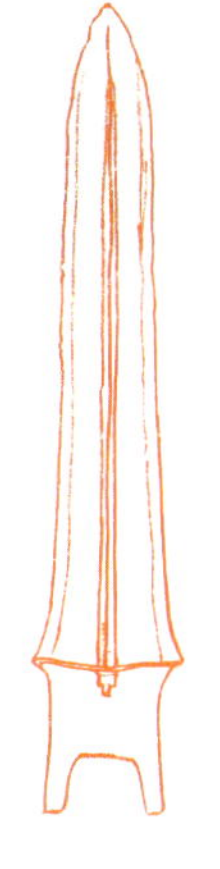

020

吴王夫差矛

古代兵器带给我们的最大启示

春秋
（公元前 770—公元前 476 年）

国宝小档案

年代：春秋（公元前 770—公元前 476 年）

尺寸：全长 29.5 厘米，最宽 5.5 厘米

出土地：江陵马山 5 号楚墓

馆藏地：湖北省博物馆

供图：湖北省博物馆

主讲人：魏来

在湖北省博物馆珍藏的青铜兵器中，除了驰名中外的越王勾践剑，还有一件青铜兵器格外引人注目，它就是吴王夫差矛。

吴王夫差和越王勾践的生死故事

说起吴王夫差和越王勾践，他们二位大概是中国历史上最著名的一对死对头了，关于他们之间的恩怨纷争和生死较量也被广为流传。人们常说不是冤家不聚头，吴王夫差和越王勾践的兵器，现在再度聚首于湖北省博物馆。每次看到这两件兵器，都会让人想起 2500 年前，这对冤家对手所上演的那段惊心动魄的王者之战。

春秋末年，诸侯争霸。处于长江中下游的吴、越两国，曾为了各自的利益进行过长期的激烈战争。吴国建都于今天的江苏苏州，越国建都于今天的浙江绍兴。公元前 496 年，越王允常去世，吴王阖闾趁着越国国丧之际出兵攻城，新王勾践无奈之下派出大量死囚来到阵前集体自杀，场面极为血腥。而吴国士兵由于从没见过这样的场面，一时间乱了阵脚，于是越国乘机发动了猛攻。冲杀中，吴王阖闾中箭身负重伤，回去后不久就去世了；其子夫差继承王位后，再度率军攻打越国一雪前耻，最后越国惨败沦为吴国的属国，越王勾践也沦为人质。

三年后，勾践又重回越国，终日过着卧薪尝胆、发愤图强的生活，并利用了 10 年时间让越国休养生息后，又重新强大起来。而夫差自从战胜了勾践后，渐渐放松了对越国的警惕，一心想着北进争霸；他征调人力，开通了贯穿长江、淮河两大河流的南北大运河，并在当年率军从都城乘舟出发，一路北上，抵达河南黄池大会诸侯，与晋国争做盟主，成为春秋五霸之一。公元前482年，吴王夫差率领大军北上，与齐国、晋国争雄，而后方空虚，于是越王勾践便趁这个机会反攻吴国，还俘虏了吴国太子。

随后，吴国和越国在长江两岸对峙，开展了最终对决。在越国的猛攻下，吴国三战三败只好退守国都。经过连年的围战，公元前473年，夫差派人向勾践求和，表示愿意归附越国，被勾践拒绝后，他只好自尽，吴国就这样走向了灭亡。

在矛身上还铸有两行八字错金铭文，其中“吴王夫差”的字迹依旧清晰可见。

吴王夫差矛的出土

1983年，在距离越王勾践剑出土地约2公里的江陵马山5号楚墓，发现了这件青铜矛兵器——吴王夫差矛。它全长29.5厘米，最宽的地方5.5厘米，形状与短剑相似，尾部中空，出土时墓里还残留着一些竹柲。

吴王夫差矛通身铸有与越王勾践剑相似的菱形几何花纹，线条平滑，中部纵向凸起一道血槽，血槽后端各铸有一个浮雕的兽头。另外，在矛身上还铸有两行八字错金铭文，其中“吴王夫差”的字迹依旧清晰可见。矛的锋刃锐利，虽然经过了2000多年，依然寒光闪闪，锈蚀部分相对较少。

青铜长矛的演变

在古代的冷兵器里，我们对矛应该不陌生。与“矛”相关的成语有很多，例如自相矛盾、操矛入室、亡戟得矛……矛是中国古代常见的一种兵器，也是中国最早出现、使用时间最长的冷兵器之一。矛的起源可以追溯到旧石器时代，雏形就是削尖的木棒，当时矛头有石质、骨质、木材等多种材质，通常会在木棍上劈出一条缝，然后将矛头插入，再用绳索将矛头和木柄扎紧。进入青铜时代后，人们便开始使用青铜造矛。

早期的青铜矛，与石器时代的矛头造型相似，外观像柳叶。一直到商代早期，柳叶形矛头仍是矛的主要形制，外形尖锐，但矛身略显单薄，很容易被折断；到了商代中期，柳叶矛的下半部分变宽，矛身整体呈等腰三角形，这样虽不易被折断，但由于矛体宽大，杀伤力就相对较弱了；商代末期，等腰三角矛保留了宽叶特点，同时前段收锋，使矛头整体呈圭首形，这样既保证了穿刺力，又不易被折断。**春秋战国时期，使用最多的青铜矛仍是各种柳叶形的矛头，其中吴越地区的矛头与众不同，它有一个显著的特征，即銎口普遍内凹，有的甚至深凹成燕尾状，吴王夫差矛就具备这个典型特征。**

据《周礼》记载，周代有“五兵”，分别是戈、戟、殳、酋矛、夷矛。其中“夷矛”指的是长杆的矛，“酋矛”则指的是相对较短的矛。春秋战国时期，长杆的矛是极为常见的，而且长度通常都有 2 ~ 3 米，最长的可达 5 米多。而吴王夫差矛在出土时，矛杆已腐烂，只发现了全长为 29.5 厘米的矛头，但是它可能属于长矛。那么，当时的矛为何这么长呢？这可能和当时的作战方式有关。先秦时期，车战一直都是当时的主要作战方式，为了适应车战，除了弓、矢等远射兵器以外，使用较多的就是长柄兵器，而矛作为直而尖形的刺杀兵器则占据很大优势。试想一下，当两辆战车相距较远的时候，士兵只有站在车上使用长杆的矛才更容易击倒对方，这就印证了古代的一句老话：“一寸长一寸强。”不过自从秦国的弩箭发明以后，长矛这种武器的作用就不是很大了，于是逐渐被淘汰。

止戈为武

每次在博物馆看到这些久经沙场的古代兵器，我们似乎都可以感受到当时国家军事力量的强大和军事战争的残酷，但是我们更应当记住的是春秋五霸之一楚庄王的名话："止戈为武。"公元前 597 年，楚国与晋国之间发生了著名的邲之战，楚国大败晋国，晋国的伤亡非常大。当时有一位楚国大夫潘党劝说楚庄王把这些伤亡的晋国军人的尸体堆积起来，筑成一座大"骨骼台"，作为战胜的纪念物留给子孙后代看，以炫耀楚国的武力，威慑诸侯。**但是楚庄王制止了这种行为，他说，"武"是由"止"和"戈"两个字合成的，战争不是为了宣扬武功，而是为了禁止强暴，停止动武，给百姓带来安定的生活。**

其实，我们今天发展军事和国防，并不是为了战争，更不是为了称霸，而是为了维护国家领土和主权的完整，维护世界的和平。这才是古代战争或者古代兵器带给我们最大的启示吧！

参考文献

① 湖北省博物馆. 绽放荆楚传承文明：走进湖北省博物馆[M]. 武汉：湖北美术出版社，2017：59.
② 肖梦龙. 试论吴越青铜兵器[J]. 考古与文物：1996（11）：17-18.
③ 杨英杰. 先秦车战述略[J]. 辽宁师范大学学报：1985（10）：74-75.

021

越王勾践剑

天下第一剑

国宝小档案

年代：春秋（公元前 770—公元前 476 年）

尺寸：通高 55.6 厘米，宽 5 厘米

出土地：湖北省荆州市江陵县望山楚墓群 1 号墓

馆藏地：湖北省博物馆

供图：湖北省博物馆

主讲人：魏来

您好，今天我为您介绍的这件文物，曾经多次登上《国家宝藏》等国宝类的节目，它就是“越王勾践剑”。

勾践，中国历史上最具有传奇色彩的人物之一，他的名字家喻户晓。作为一代春秋霸主，他在称霸之前的一段卧薪尝胆的故事也是彪炳史册：春秋时期，吴越两国战争不断。公元前 496 年，吴王夫差率精兵攻打越国大获全胜，越王勾践沦为阶下囚。为了实现复国大计，勾践忍辱负重为夫差劈柴喂马，经历了整整三年的败将之辱后返回越国。从此他励精图治，用艰苦的生活来磨炼意志，夜里睡在柴堆上，意志消沉时，就尝一尝苦胆来提醒自己不能懈怠。经过了十年休养生息，越国的国力由弱转强。最终勾践率军灭掉了吴国，迫使夫差自尽，成就了越国的霸业。

越王鸠浅，自作用剑

今天介绍的这把剑就是故事的主人公勾践之物。那么，我们是怎么判断它就是越王勾践的佩剑呢?

这要从 1965 年的秋天说起。当时湖北省荆州地区正在修建漳河水库，工人们在楚国郢都纪南城西北方向的望山和沙塚一带发现了一大片地下墓葬。之后湖北省博物馆文物考古队又陆续发现了 25 个长满荒草的大土堆，专家们推断这些土堆应该是楚国的王陵所在。随着发掘的深入，人们在这些土堆下共挖出了八座墓葬。其中，最让考古队员期待的当数望山 1 号墓，不仅因为它是其中规模最大的，而且它丝毫没有被盗墓贼光顾过的痕迹。

剑首向外翻卷呈圆盘形，内铸有 11 道精细的同心圆，肉眼很难数清，经准确测量，其中有两道同心圆的间隔仅仅只有 0.2 毫米！

这把剑上的鸟篆铭文是“越王鸠浅，自作用剑”。

1965 年 12 月底，考古队队长谭维四先生和他的队员们开始对这座墓葬进行清理，当时发现了很多珍贵的礼器、日常用品和大量的兵器。当清理到棺室的时候，发现有一把剑紧紧挨在已经腐朽的墓主人的身边。在场的专家学者推测这把剑一定很受墓主人的重视，大家也迫不及待地想要一睹这把剑的风采。他们的期待没有落空，在拔剑出鞘的那一刻，这把剑完好的现状与精美的铸造工艺让在场的所有人都发出惊叹：剑首向外翻卷呈圆盘形，内铸有 11 道精细的同心圆，肉眼很难数清，经准确测量，其中有两道同心圆的间隔仅仅只有 0.2 毫米！相当于我们日常用的尺子上最小一格的五分之一！剑格的正面镶嵌有蓝色的琉璃，反面镶嵌有绿松石，可惜经过漫长的岁月，有些宝石已经脱落。然而，更令人称绝的是，在布满黑色菱形花纹的剑身上，居然找不到一丝半点锈蚀的痕迹，这把剑看上去高贵而典雅！

一般来说，考古研究人员通常是根据墓葬形制、陪葬器物等判断墓葬的时期和墓主人的身份，但是如果出土的文物上有文字的记载，那就为鉴定研究提供了至关重要的依据，而考古人员在这把剑上就找到了这样的依据！

在剑身的正面靠近剑格处依稀可见两行八字的鸟篆铭文。鸟篆，其实是一种艺术字体，流行于东周时期的楚、吴、越、蔡等国，由于鸟篆的写法诡异多变，辨识困难，专家们费了很大的劲儿才辨认出“越王”和“自作用剑”这六个字。但是这位越王究竟是谁？却让他们百思不得其解。这个疑惑很快传遍了全国，来自东南西北的考古专家、文字专家都以书信的形式纷纷提出自己的看法。在经过了热火朝天的考古学术讨论之后，终于得出定论：这把剑上的鸟篆铭文是“越王鸠浅，自作用剑”。在古越语中，“鸠浅”就是“勾践”，两者属于通假字，也就是说，这两行八字的铭文向我们表明了这把王者之剑的主人正是春秋时期赫赫有名的霸主——越王勾践!

大家可能会疑问，这是越王的佩剑，为什么会在一个楚墓中被发现呢?

的确，我们都知道越国在历史上的疆域主要分布在江浙一带，而这把越王的剑却出现在了千里之外的楚国墓葬中，这个问题到现在依然是一个未解之谜。不过目前围绕这个谜团，专家认为有两种解释比较可靠：第一种解释认为，这把剑是一件陪嫁品，根据文献记载，勾践的女儿是当时楚国昭王的宠姬，那么这把剑很有可能作为一件媵器，在越国和楚国联姻时陪嫁过来了；另一种解释认为，这与当时越国为了抗击吴国所采取的一种外交策略有关，这把剑作为一件礼品被赠送给楚国，希望得到楚国的帮助和结盟。这两种说法都是目前学术界比较认可的，不过没有定论，还有待专家做进一步考证。我个人比较倾向于陪嫁品这个说法。

吹毛断发，削铁如泥

我国上古三代，也就是夏商周的青铜器，若论礼乐重器，当数中原地区铸造的最好；但谈及兵器，最精良的莫过于吴越之地。《考工记》上说：“吴越之剑，迁乎其地而弗能为良，地气然也。”意思就是吴越这个地方很特别，在其他地方使用同样的配方就做不出来这么好的剑，原因就是地气。吴越地区自古水网纵横，开阔的平原较少，盛行于中原地区的战车作战方式在这里很少有用武之地，所以步兵才是吴越军队的主力。步兵所需要的是适合近身作战的既轻便又锋利的武器，恰好剑就具备了这些特点。同时，吴地又富藏铜、锡，这也为铸造宝剑提供了资源上的保障。

我们再来仔细看这件文物，剑通高 55.6 厘米、宽 5 厘米。每次为观众介绍这把剑的时候，观众也会发出感叹：“原来越王勾践剑这么短啊!”**其实，这把剑应**

该不是一件用于作战的兵器，而是一把挂在腰间的佩剑，作为体现身份和地位的一件艺术品。另外，它虽然短，锋利程度却超乎你的想象。这把青铜剑深埋在地下已有 2500 多年，至今依然寒光闪闪，没有生锈。据当时的考古人员回忆说，当时有一位工作人员想试一下它的锋利程度，结果一不小心就划破了手指，血流不止。后来，北京科教电影制片厂拍了一部名为《古剑》的影片，片中谭维四先生手拿着越王勾践剑轻轻一划，就划破了二十几层纸。这把剑非常锋利，用“吹毛断发”“削铁如泥”来形容它也不过分。

千年不锈，千年不腐

您可能会问我，为什么这把剑能够“千年不锈”“千年不腐”，还能如此锐利呢？

首先，剑本身的选材用料好。专家通过科学仪器测定，越王勾践剑的剑身为青铜一体铸造，采用的是经过多次提纯和提炼的上等铜料，因此它的纯度很高，含杂质极低。

除了剑本身的因素，良好的环境也为勾践剑的保存提供了保障。这柄剑出土于楚国墓葬，楚墓有深埋密封的风俗，尽管南方雨水充沛，但是经过土壤的层层渗透和过滤，进入墓葬中的中性水对剑有保护的作用，很好地隔绝了氧气。正如谚语所说：“干千年，湿万年，不干不湿仅半年。”所以墓葬环境好，便是第二个原因。

而最后一个原因是，它出土时带有剑鞘，而漆木剑鞘起到了双重保护的作用。

这把越王勾践剑出土已有 50 余年了，如今，它被安静地摆放在湖北省博物馆“凤舞九天——楚文物精品展”的展厅里，成为湖北省博物馆最受欢迎的“明星文物”之一。每天都有大量的观众慕名而来，只为站在这把宝剑面前，透过玻璃感受它来自几千年前中华文明的强大与力量。

越王勾践剑见证了春秋末年的纷繁乱世，也承载了中国古代先进、灿烂的文明，所以把它称作“天下第一剑”或“王者之剑”实属当之无愧和实至名归。

022

战国水晶杯

国宝——绝对的国宝

战国
（公元前 475—公元前 221 年）

国宝小档案

年代：战国（公元前 475—公元前 221 年）

尺寸：高 15.4 厘米，口径 7.8 厘米，底径 5.4 厘米

出土地：杭州半山镇石塘村

馆藏地：杭州博物馆

供图：杭州博物馆

主讲人：高媛

今天，我为您介绍的这件文物不简单，您看到它不禁会疑惑：这个世界上是不是真的有穿越这回事？每一个看过它的人，不管是看到了实物，还是只看过图片，几乎都会说：“这个杯子一定是从现代穿越过去的。”因为它实在太像现代的玻璃杯了。杯子高 15.4 厘米，上宽下窄，口径 7.8 厘米，底径 5.4 厘米，整体呈淡淡的琥珀色，即非常浅的棕黄色。

这个杯子名叫“战国水晶杯”，顾名思义也就是战国时期用水晶做的杯子。**杯子的中部和底部有一些棉絮状的物体，即水晶的自然结晶，和玻璃制品截然不同。**你可能不禁又开始疑惑，这真的是 2000 多年前的水晶制品吗？如果不是从现代穿越过去的，那它究竟是来自何处呢？

战国水晶杯的发掘

这要从 1990 年的一场文物失窃案说起。1990 年的一天，在杭州半山镇石塘村附近的砖瓦厂，几个工人在取土烧砖时突然挖到了一些东西，经过仔细清理和辨认，发现是一些陶瓷制编钟类的古物。工人们不清楚这些东西到底是什么，但是偷偷把它们藏了起来并于次日卖给了古董商。他们自以为做得神不知鬼不觉，没想到却被附近的村民看到后报了警。警察调查后，迅速找到了那些贩卖文物的人，随后顺藤摸瓜获取了古董商的消息，追回来了大部分被卖出的文物，这其中就有一套原始瓷镈。镈是一种打击乐器，周代的贵族在举行宴会或者祭祀时，常常将镈同编钟、编磬配合使用，曾侯乙编钟最下面一排中部平口的器物就是镈，是青铜铸造而成的。

而原始瓷镈就是用原始瓷[1]仿造青铜镈的造型制作而成的陪葬品，一般只有贵族才会拥有。那么，在这里出土了原始瓷镈，就说明这里非常有可能是一个贵族墓葬。

杭州的文物部门立刻申报，获得审批后，便开始对发现原始瓷镈出土的地方进行抢救性发掘。1990 年 10 月的一天，秋高气爽，阳光灿烂，考古队的领队杜正贤正在现场小心翼翼地寻找着，突然，他感觉有东西在眼前闪了一下，仔细一看，还是亮晶晶的。于是他好奇地朝着发光的地方挖掘，当器物表面的土都被清理后，一个杯子的轮廓显现了。整个杯子横躺在地上，通体平素，造型简洁，像是家用的普通玻璃杯。所有看到杯子的考古队员第一反应都是："难道这座墓曾经被盗过吗？而这个杯子是盗墓贼不小心留下的？"很快，领队杜正贤就否定了这一猜测。这里长期有砖瓦厂的拖拉机来来回回经过，墓葬表面的泥土被碾压得非常坚硬，在挖掘过程中也没有发现盗墓的痕迹，所以，这里应该没有遭遇过现代人的盗掘。随后，考古队员根据出土的原始瓷器和墓葬的形制，初步判断这座墓葬属于战国墓。之后他们对墓葬中的木炭做了碳－14 检测，又把杯子上附着的泥土拿去做孢粉分析，最后测定的年代都是战国时期。同时，这只杯子也就被确认为战国时期的器物。

那么，这只杯子的材质又是如何被确认的呢？在考古队员们的心中有一个猜测，但为了进一步确认，杜正贤和同事非常小心地将它带到了北京中国社会科学院考古研究所。20 世纪 90 年代，交通远没有现在这么方便，乘坐绿皮火车从杭州到北京，需要花费十几个小时。这一路上，他们战战兢兢，一刻也不敢放松。到北京之后，接待他们的是当时考古界的泰斗苏秉琦先生。苏先生将杯子捧在手里，看了很长时间，说："国宝，绝对的国宝。"随后，杜正贤又回到杭州，在浙江省地矿厅确认了这只杯子的材质——高纯度的天然水晶。

[1] 原始瓷就是比较原始的瓷器，是陶器向瓷器过渡阶段的产物。

战国水晶杯的制作

天然水晶现在是一种很常见的矿物，中国也是水晶的主产地之一，不过，通常出产的都是中低档水晶矿。战国水晶杯使用的水晶，纯度高，品质好，现在在国内都很难找到这样一块高纯度的水晶。水晶杯上宽下窄，呈喇叭状，杯壁斜直，底部外撇。杯子外壁的弧面很光滑，没有凹凸不平的地方，就连内壁也十分光滑，这说明工匠不仅把杯子的内芯完好无损地从水晶料上掏了出来，还细致地做了抛光打磨。那么，这件水晶的硬度如何呢？它的硬度为摩氏 7 度[1]，这在宝玉石中算是硬度较高的，相当于钢铁制锉刀的硬度。试想一下，若要从这么硬的水晶料上掏出一个杯子的内芯，还要整体抛光打磨，其难度该有多高。**2000 多年前，在没有现代机械工具的情况下，单纯靠人工制作这样一只水晶杯，简直不可思议。**

那战国水晶杯究竟是如何被制作出来的呢？有人说，它与玉器一样，都使用了管钻打孔的制作方法；也有人说，它是工匠用金刚砂一点一点磨出来的。但这都只是猜测，至于它真实的制作方法，既没有文献记载，也没有任何制作工具的出土，所以，现在依旧是一个未解之谜。

战国水晶杯的用途

那么，又是怎样的人物才能拥有这样一只做工不易的水晶杯呢？它到底是一件礼仪用器，还是装水和酒的日常实用器呢？

杭州地区在春秋末期，是两个诸侯国的交接地带，一个是吴国，一个是越国，这两个国家经常打仗。到了战国时期，越国和长江中游地区的楚国发生战争，楚

[1] 19世纪初，德国一个叫“摩氏”的矿物学家制定了一套鉴别矿物硬度的标准，从1～10进行划分。摩氏1度是最软的，也是最容易刻画出痕迹的，比如滑石的硬度就是摩氏1度，你用指甲就能在滑石上留下刻痕。摩氏10度是最硬的，比较典型的是金刚石，那是目前地球上发现的众多天然存在中最坚硬的物质。

王率领大军攻打越国，杀了当时的越王无疆，获得了越国的领土。之后楚王便委派官员，前往吴越之地施行政令，驻军抚民。我们从半山战国墓中能看到很多带有楚国文化特质的器物和纹饰，再加上墓葬的形制和规格，基本可以推测，墓主人应该是楚灭越以后，楚国派到杭州地区的最高长官。而水晶杯虽然非常珍贵，但它表面光素，没有任何花纹，用来喝水、喝酒的可能性比较大，也就是说，这很可能就是一件实用器物。

2002 年，国家文物局公布了首批 64 件禁止出国（境）展览的文物，战国水晶杯便是其中之一。这些年来，我们国家也陆续发现了不少古代水晶制品，但水晶杯始终是独一无二的存在。**年代久远的水晶制品，体积都比较小，远远比不上战国水晶杯的体量；体形大的水晶制品，原材料品质一般，比不上水晶杯的纯度；水晶纯度高的水晶制品，年代大都比较近，比不上水晶杯距今 2000 多年的历史。**由此可见，战国水晶杯的重要性，不可比拟。

023

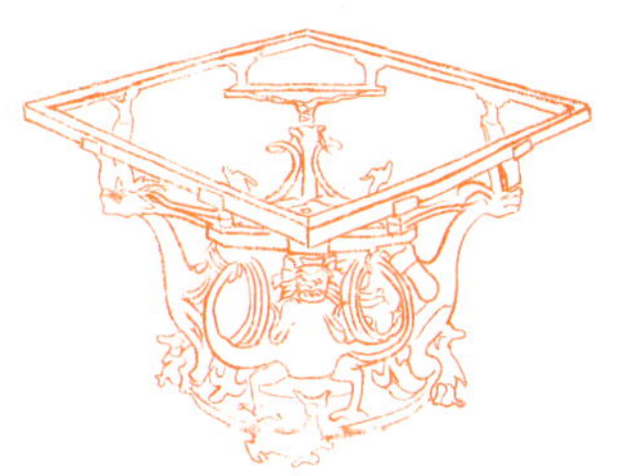

错金银四龙四凤铜方案座

战国时期青铜技艺的巅峰之作

国宝小档案

年代：战国（公元前 475—公元前 221 年）

尺寸：案座边长 47.5 厘米

出土地：河北省平山县三汲村战国中山国王?墓的东库室

馆藏地：河北博物院

供图：河北博物院

主讲人：刘蕴泽

大家好，今天我想为大家介绍一件神秘的中山古国珍宝——错金银四龙四凤铜方案座。

“中山国”这个名字，屡见于上古文献中，但所记载的相关史实非常零碎，且大多穿插于那些大国历史的字里行间，很难串联成一段明晰完整的历史，显得遥远而神秘。

20 世纪 70 年代，考古人员发现了中山国都城和王陵，在此出土的大量珍贵文物，为我们揭开了战国时期中山国的神秘面纱。在这些精美奇巧的文物之中，有一件造型独特的方案座，堪称战国时期青铜技艺的巅峰之作，它凝聚着古中山国的历史风云，也为我们揭示了神秘中山的灿烂文明，它就是错金银四龙四凤铜方案座。2002 年，这件方案座成为首批被国家文物局列入禁止出境文物目录的珍贵国宝，那么，它到底有何精妙之处呢？

外张内敛，疏密适宜

案，是古人席地而坐时使用的小桌子，也是中国古代最古老的家具品种之一。错金银四龙四凤铜方案座由底座、方形案框和案面组成，出土时漆制案面已经腐朽。

它的主体是四条龙、四只凤扭结缠绕形成的半球状的镂空状结构。四条神龙挺胸昂首，分向四方，与案角形成一条弧形内收的轮廓线。龙的双翼向中间聚拢呈半球形，龙的双尾向左右两侧环绕，反钩住头上的双角。龙身自颈部到尾部均有纹饰，舒展而自然。在龙尾盘环纠结之处，四面各有一只凤鸟展翅欲飞，凤身饰羽毛纹饰，生动华丽。龙和凤是中华民族的象征，具有美好的寓意。四龙四凤

昂首挺立，英姿勃发，整体呈现的像是它们共同配合默契的艺术之舞，张弛有度、动静相宜，姿态优雅、精致细腻。

它的底座为圆环形，由四只梅花鹿托起，分别是两只雄鹿和两只雌鹿。鹿身装饰着斑纹，神态温驯，惟妙惟肖。鹿因美丽的外形和温驯的性格，被看作善灵之兽，也被视为祥瑞。可见古人在制作这件铜案时便赋予了它美好的祝愿。

整件器物上有四龙、四凤、四鹿，共 12 只动物造型巧妙连接，疏密适宜，外张内敛，主次分明。

巧夺天工，浑然天成

大家也许会好奇，在 2000 多年前的战国时期，如此复杂、精美的错金银四龙四凤铜方案座是如何制作出来的呢？**其实，它的各部件是分别铸造后，再连接为一体的。虽然它是分铸而成，但各部件通过精妙的铸造工艺连接后浑然一体，丝毫看不出缝隙。**比如，梅花小鹿与圆形底座之间采用了铆焊连接，就是把铆钉从环座内部穿入鹿的胸腔，然后将铆钉两头焊死。这样，既从它的外观上看不出接痕，也起到了稳固的作用；还有，铜案中部最复杂的四龙四凤的铸造。四条神龙站立在环形座上，龙足与环座的连接处都有一个小孔，孔内用镴[1]焊连接固定。而龙与凤互相扭结缠绕的结构则使用了多种方法连接。龙的头尾之间，凤的头部和身体之间，都是用嵌铸连到一起的，为了连接牢固，它们的颈腔内还灌有镴。凤的腿部与身体之间的连接方式，是将腿部的上端插入体腔内，再用镴焊接，避免发生动摇。龙的顶部与蜀柱的连接为榫卯结构，蜀柱下端有椭圆形榫，龙的顶部有长方形榫槽，将榫插入槽后，再浇入焊镴固定。

四龙四凤铜方案座不仅造型精美，纹饰和工艺也很有特色。**它的所有纹饰都采用了战国时期非常流行的错金银工艺，显得富丽优雅。**错金银工艺，即在器物

[1] 镴是一种专门用来焊接金属的铅锡合金。

表面镶嵌金属，是春秋战国青铜器纹饰制作常用的方法：首先，一般作范时，先在母范上预刻纹饰的凹槽，有些精细如发的纹饰，则是铸成器之后在器物表面依照花纹刻出槽；其次，将金属丝、片截成所需的大小和形状，用火适当加温，嵌入槽内后捶打压实；最后，用磨石将嵌入金属片后不平整的器物表面磨平，达到严丝合缝，再用木炭蘸清水打磨器物表面，使之光滑平整。总之，正是错金银工艺的装饰让这件方案更加光灿夺目。

这件铜案的结构繁复而严谨，彰显了中山国工匠卓绝的工艺构思和技巧。在铸造工艺上，其分铸、焊接、错金银等多种技法的综合应用，体现了中山国金属制造业的上乘水平。它的精美工艺，不仅标志着中山国的金属铸造业相当发达，还是中山国文化独特性的重要体现。

另外，细心的您可能会发现，这件铜案的底座是圆形，四条独首双尾的神龙结构也形成了圆形，但是，最上方案框却是方形。中山国的工匠又是怎么做到的呢？**这是因为每条龙的头上都有一个特殊的构件——斗拱。聪明的工匠正是通过它巧妙地完成了由圆形底座到方形案框的过渡。**那么，斗拱又是什么呢？斗拱是我国古代建筑特有的一种结构，是“斗”和“拱”的合称，通常为木质，直接承重的斗形方木称“斗”，架在斗上的弓形横木称“拱”。斗拱在中国古代建筑中十分重要，不仅可以承重传力，起减震抗震的作用，还可以承托挑檐，使建筑更加优美壮观。以斗拱承托案框，是模仿了当时木构建筑挑檐结构中最常见的一斗二升的形式，此外还有一斗三升的形式。这件铜案第一次以实物生动再现了战国时期斗拱的造型，非常难得。

那么，如此精美的四龙四凤铜方案座，具体是何时制作出来的，出自何人之手呢？古代青铜器上大多刻有铭文，用来记录器物的基本信息，这件工艺卓绝的铜案也不例外。在方形案框某一边的沿口上刻有 12 字铭文，大意是这件案座是在中山王嚳十四年时制作的，负责制器的部门是“右使库”，负责人叫“痙”，制作工匠叫“疥”。这短短 12 个字，为我们提供了案座的制作时间、制作部门、负责人和工匠的名字等信息。**正是由于他们的技艺巧夺天工，才让四龙四凤铜方案座多达 78 个部件，近百个焊接、焊铸点浑然天成，让它无论是造型设计上，还是铸造**

工艺上，都成为商周以来青铜器制造工艺的集大成者，堪称战国青铜器工艺的巅峰作品。

幸存的随葬品

您可能还会疑问，这样工艺精湛的器物，它的主人究竟是谁呢？

四龙四凤铜方案座出土于中山国王䂵的墓葬。根据䂵墓出土的其他青铜器的铭文，我们了解到䂵是一位非常有作为的君主。他的父王很早就去世了，䂵在继承王位时年龄不超过 10 岁。但在师长的指导下，他承担起了治国重任，励精图治，将中山国的国力推向鼎盛，并在公元前 323 年，与“战国七雄”中的韩、魏、燕、赵共同称王，史称“五国相王”。**䂵在位时，正值中山国最鼎盛的时期，他的墓葬也是目前已发掘的五座中山国王族墓中规模最大、出土随葬品最丰富的一座。**

䂵墓在历史上曾被大规模盗掘过，但之后仍然出土了众多精美绝伦的随葬品，这又是为什么呢？原来，在发掘䂵墓的时候，考古工作者发现䂵墓设有三个库室，这在战国大墓中是非常罕见的，不过盗墓贼并没有发现这三个特殊的仓库。于是，它们里面的随葬品就被幸运地保留下来了，这件工艺绝伦的四龙四凤铜方案座就是在墓的东库室里被发现的。

故事就分享到这里，欢迎您来河北博物院亲眼看看这件精美的文物。

024

鹰形金冠饰

匈奴最高统治者的佩戴之物

战国
（公元前 475—公元前 221 年）

国宝小档案

年代：战国（公元前 475—公元前 221 年）

尺寸：冠顶高 7.1 厘米，额圈直径 16.5 厘米，重 1211.5 克

出土地：内蒙古自治区鄂尔多斯市杭锦旗阿鲁柴登的匈奴墓葬

馆藏地：内蒙古博物院

供图：内蒙古博物院

主讲人：布和朝鲁

您好，今天我为您介绍的文物，是一件 2000 多年前的匈奴首领所佩戴之物，它就是国宝“鹰形金冠饰”。

内蒙古博物院是自治区首家“国家一级博物馆”，是浓缩了中国北方亿万年生态变迁、几千年草原文明史话和当代内蒙古发展的一部“百科全书”。在 15 万余件馆藏文物中，这件 2000 多年前的“胡冠”最令人震撼。它 1972 年出土于内蒙古自治区鄂尔多斯市杭锦旗阿鲁柴登的匈奴墓葬，整体由冠顶和额圈部分组成：冠顶高 7.1 厘米，额圈直径 16.5 厘米，是由纯金打造而成的。

冠顶的中央是一只展翅欲飞的雄鹰，鹰身由金片做成，鹰首、鹰颈由绿松石做成，晶莹剔透；鹰身中空，内部有一根金丝将鹰首与鹰尾相连。当冠饰被佩戴时，其头尾可上下摆动，栩栩如生。在鹰爪下方半球形的区域之上，对称浮雕着四只狼和四只盘角羊组成的咬斗图案。

额圈也称“冠带”，由三条半圆形的绳索式金带组成，并通过榫卯结构巧妙结合。三条金带的末端，用浅浮雕工艺分别刻有卧虎、卧羊、卧马造型。

从冠顶到额圈出现了大量的动物纹饰，展示了草原雄鹰翱翔于天地之间、俯瞰草原万物生灵的景象。

胡冠上的动物纹饰

金冠饰也被称为“胡冠”，那么，“胡”究竟指谁呢？让我们把历史追溯到 2000 多年前战国时期中国北方的草原。当时的草原上部落星罗棋布，为了适应草原的生态环境，他们四季迁徙，过着逐水草而居的生活。为了获取足够充足的生存物资，他们还会集结成部落联盟，进而聚合成了统一的匈奴政权。《汉书·匈奴传》中记载："南有大汉，北有强胡，胡者，天之骄子也。"充分说明了"胡"就是匈奴人的自称。那么，"胡冠"就是匈奴的最高统治者"单于"所佩戴的冠饰。

那么，大家可能会有疑问："为何胡冠上会有如此多的动物纹饰呢？"这与匈奴人的生活方式有紧密的联系。司马迁编写的《史记·匈奴列传》中记载："匈奴其俗，宽则随畜，因射猎禽兽为生业，急则人习战攻以侵伐，其天性也。"也就是说，匈奴人在没有战事的时候，随着牲畜游牧，同时还会从事狩猎；当有战事的时候全民皆兵，所有部众都会策马弯弓，骑马打仗对他们来说似乎是与生俱来的本能。这样的生活方式将匈奴人与大自然紧密联系在一起。匈奴人观察、驯养草原上的动物，并赋予它们丰富的象征意义。如果您走进我国北方草原的深处，首先看到的一定是鹰。它性情凶猛，没有天敌，作为草原上的大型猛禽翱翔于天地之间，仿佛草原的王者，超越了草原的其他生灵。因此，冠饰的最上方是一只展翅欲飞的雄鹰，它俯瞰着草原万物，象征着匈奴单于广阔的视野和至高无上的权力。

因此，冠饰的最上方是一只展翅欲飞的雄鹰，它俯瞰着草原万物，象征着匈奴单于广阔的视野和至高无上的权力。

胡冠之上鹰的脚下是四幅一组、对称分布的狼羊咬斗图案。仔细观察其中的任意一幅图案会看到，一只狼正在偷袭羊的后腿处，它张开血盆大口咬住羊的腹部，而羊明显受到了惊吓，慌张地回望、惊恐地看着对手，时间在此刻凝固，形成了紧张对峙的一幕。但工匠就此打住，羊狼之争结果到底如何，给我们留下充分的想象空间。其实，在北方草原上，几乎每天都会上演狼羊博弈的场景。众所周知，狼是一种典型的草原群聚动物，在草原上凭借团队合作捕猎食草动物。它们在捕猎时会形成一个口袋似的包围圈，并逐渐缩小包围圈，让体魄健壮的个体逃出去，以保证草原生态的平衡。游牧民族观察狼、学习狼，并将狼独特的生存智慧吸收到生产和生活中。因此，他们在艺术创作中直接取材于自然界的动物，以此来表现草原游牧民族的文化价值观。

胡冠下半部分的黄金冠带由三条半圆形金条组合而成。在冠带的前部有上下两条金条，它们的末端有榫铆插合；冠带的后部有一条金条，其两端与冠带前部下方的金条用榫铆互相连接，形成圆形。在冠带的左右两边，即每条金条的两端，也就是胡冠被佩戴时靠近人耳的部分，分别作半浮雕的虎、盘羊、马的形态，而冠带的主体部分为绳索纹。**值得注意的是，虎、盘羊、马三种动物都做跪卧状，它们和顶部的鹰形成呼应，似乎是在向鹰跪拜，更加凸显了鹰至高无上的皇权。**

学者认为，胡冠的纹饰类型与阿尔泰地区斯基泰文化的风格比较接近，由于出现了大量写实的动物形象，被相关专家称为“野兽风”装饰艺术。除胡冠顶部的鹰形冠饰上出现的鹰、虎、羊、马、狼等形象，鹿、牛、鸟、神兽等形象均在考古过程中大量出现于贵族的装饰艺术中，这就说明早在青铜器时代中国北方与欧亚草原之间交流密切。正是在大宗商品交换和中西文化的碰撞交流中，蒙古草原地带最终形成了沟通欧亚大陆的商贸大通道——草原丝绸之路[1]。据史料考证，2500 年前，就有游牧民族在阿尔泰地区开采黄金，所制成的黄金饰品深得游牧民族喜爱，由此促进了草原地带贵金属冶炼技术的发展。而随着匈奴的扩张，位于草原丝绸之路东端的鄂尔多斯地区逐渐成为文化的中心，而以鹰形金冠饰为代表的鄂尔多斯

[1] 草原丝绸之路是我国丝绸之路的重要组成部分，主要路线由中原地区向北越过古阴山（今大青山）、燕山一带长城沿线，西北穿越蒙古高原、中西亚北部，直达地中海欧洲地区。这条贸易通路与其他丝绸丝路相比，纬度更高，地势更为平坦，贸易路途更短，交通更便利。

青铜器成为我国青铜器史上的一个重要分支。

草原文化和中原文化互动的见证

“匈奴”也曾是长期悬在中原王朝心头的一大隐忧，这个民族的起源众说纷纭，传说是夏王朝遗民。但是，它出现在我们史书中的时间却很晚，直到战国时期才有记载，其后便风卷残云般统一了整个北方草原，建立起强大的帝国。考古专家通过金冠饰出土地的动物化石和人骨化石得知，它正是匈奴力量逐渐崛起时的产物。此时中原的赵武灵王在胡服骑射改革之后，也将这种“胡冠”引入中原。正如内蒙古博物院陈永志院长所说：“胡冠被引入中原的背后，其实是中原对匈奴文化的部分认同。”**中国古代的历史就是这样，中原农耕地带与草原游牧地带产生了漫长的互动，最终形成了包含草原文化和中原文化的中华文明，鹰形金冠饰就是这种互动早期的见证。**

相信您通过了解鹰形金冠饰的历史价值、艺术价值和工艺水平，会加深对我国古代北方草原民族的理解。整个金冠饰既体现了完整的草原自然生态结构，又彰显了奇特的构思，其制作精湛，纹饰精美，是一件极具中国北方游牧民族——匈奴族文化特点的代表作。

这件草原瑰宝“鹰形金冠饰”，如今就静静地陈列在内蒙古博物院展厅内，欢迎您到内蒙古博物院亲身感受它所带来的震撼。

025

羽人竞渡纹铜钺

越文化的典型之器

国宝小档案

年代：战国（公元前 475—公元前 221 年）

尺寸：通高 9.8 厘米，刃宽 12.1 厘米

出土地：浙江省宁波市鄞州区云龙镇甲村公社郑家埭石秃山

馆藏地：宁波博物馆

图片：李安宁摄

主讲人：陈宁

宁波博物馆珍藏的这件羽人竞渡纹铜钺，是 1976 年 12 月鄞县（今鄞州区）甲村公社郑家埭第十三生产队社员在开挖河道时，于石秃山旁边农田中发现的，同时出土的还有青铜剑、青铜矛和一些陶器。

铜钺出土时，色呈黄色，闪闪发亮。它通高 9.8 厘米，刃宽 12.1 厘米，长方形銎，刃部两角向上外侈，锋利如新。器身一面朴素无纹，另一面铸有一个边框，框内上方为龙纹，双龙昂首相向，前肢弯曲，尾向内卷；下部以弧形边框线为舟，上坐四人成一字形排列，均上身前倾、双手持桨做奋力划船状，他们头上所戴的高高的羽毛状冠，似乎迎着风向后微微弯曲。铜钺的大小与成年女子的手掌差不多，但其纹饰所包含的历史信息和文化内涵却非常丰富。

铜钺的纹饰

“羽人”一词在传世文献中最早见于《楚辞·远游》中“仍羽人于丹丘兮，留不死之旧乡”的记载，东汉王逸《楚辞章句》注曰，“人得道，身生毛羽也”；南宋洪兴祖《楚辞补注》进一步阐释为：“羽人，飞仙也。”这里“羽人”指的是身长羽毛或披羽毛外衣能飞翔的人，寓意多与“得道升天”“羽化登仙”的道家思想联系在一起。学者们认为，“其思想则可能根源于战国中晚期楚地渐兴的长生久视之道、神仙不死之术”[1]，在汉代画像石、壁画、铜镜上常见与日月云气、祥禽瑞兽、西王母或东王公等神仙题材共存。

而“羽人竞渡纹”中的“羽人”图像，则是“用羽毛做装饰的人像，这些舞蹈的羽人不是一般人，而是武士或巫师”[2]等特殊身份。此类“羽人”图像主题的纹饰流行于战国秦汉时期越人的铜礼乐器上。**据考古学家研究：“羽人竞渡纹”中头饰羽冠的“羽人”图像起源于江浙地区，其根源可能与7000年前的河姆渡文化以鸟为图腾或是鸟崇拜有关，是越文化系统的产物**[3]**，宁波博物馆收藏的“羽人竞渡纹铜钺”是目前我国发现的最早的实物例证。**

从远古而至春秋战国的羽人图案，绵延不绝的文化基因起着非常重要的作用，在春秋战国时期随着越人的迁徙而逐步向华南乃至东南亚流传开来。《汉书·地理志》注引臣瓒曰：“自交趾至会稽七八千里，百越杂处，各有种姓。”也就是说从今江苏南部沿着东南沿海的上海、浙江、福建、广东、海南、广西及越南北部这一长达七八千里的半月圈内，是古越族人最集中的分布地区。而当时活跃于宁波地区的是百越的一支“于越”。

---

❶ 贺西林：《汉代艺术中的羽人及其象征意义》，《文物》2010年第7期。

❷ 梁志明、郑翠英：《论东南亚古代铜鼓文化及其在东南亚文化发展史上的意义》，《东南亚研究》2001年第5期。

❸ 张强禄：《羽人竞渡纹”源流考》，《考古》2018年第9期。

文献记载，于越人“断发文身[1]，餐稻羹鱼[2]、以舟作马[3]”的生活方式，与中原地区形成鲜明的文化差异。越地多水，于越民族很早就有了先进的造船业和航海能力。古越地造船业的历史十分悠久。无论是杭州萧山跨湖桥遗址出土的距今8000年的独木舟，还是河姆渡文化遗址中多次发现的形式各异的船桨和夹炭黑陶质的独木舟模型，都证实了越地造船业悠久的历史和辉煌的成就。于越先民在三次海侵的过程中，逐渐积累了漂洋过海的技术，他们的足迹遍及澎湖、中国台湾、琉球、日本、中南半岛、南洋群岛及其他太平洋岛屿，而这一点已经被现代遗传学家的DNA分析所证实。可以说于越民族是最早面向海洋的民族。

钺，是由石斧等工具演变而来，古人认为，小者为斧，大者为钺。

专家在研究中还发现，这件羽人竞渡纹铜钺是目前为止发现最早的有描绘越人以舟代车的生活传统的纹饰，而后来像这样的羽人竞渡的纹饰在百越地区很是普遍。在现在的中南半岛上，也就是今天的越南，以及我国的云南、贵州、广西这一带发现的汉代铜鼓上，都有羽人竞渡纹饰，象征精神信仰和宗教仪式的“羽人竞渡纹”随着越民族的扩散，被传播到了整个百越地区。而这些区域恰恰是我们后来盛

❶ 郭庆藩辑：《庄子集释》卷一上，北京，中华书局，1981年，第31页。

❷ ［汉］司马迁：《史记》卷一百二十九《货殖列传》，北京，中华书局，1963年，第3270页。

❸ ［汉］袁康：《越绝书》卷八，上海，上海古籍出版社，1985年，第58页。

行龙舟竞赛的主要区域。而出土这件铜钺的宁波云龙镇也被誉为“龙舟之乡”，“羽人竞渡纹”表现了百越民族龙腾虎跃、劈波飞渡的奋发精神，是一件极有象征意义的典型之器。

铜钺的器形

接下来我们再来看它的器形。钺，是由石斧等工具演变而来，古人认为：小者为斧，大者为钺。钺既是刑具，也是兵器。

商周时期开始以青铜钺制作，形态多样，制作精良，钺逐步演变为象征权力和威严的礼仪用物，有着重要的地位。春秋战国时期，由于作战方式和兵器的演化，钺已渐渐失去作战兵器和权力象征的性质，成为仪仗饰品及明堂礼乐舞蹈用器，因而发现较多。

铜钺的意义

据司马迁《史记》记载，武王伐纣，纣王战败自焚，周武王“遂入，至纣死所。武王自射之，三发而后下车，以轻剑击之，以黄钺斩纣头，县大白之旗”。就是说，武王先射了三箭，然后下了车，用黄色铜钺砍下了商纣王的头颅。因此，铜钺也被赋予了权力和刑罚的象征，在当时以青铜铸造的钺也作为陪葬品随葬在成年贵族墓葬中。

现在珍藏在各地博物馆中的一些铜钺形体较大，造型奇特，纹饰华美，堪称瑰宝。而出土于河南商代遗址的铁刃铜钺，因为采用陨铁铸造，作为中国人最早使用铁器的物证也广为人知。当我们在看一件历史器物的时候能总结出许多丰富的内涵，这就是文物的神秘之处。

❷ ❸
❶

❹

银卧鹿共有5只，其中1、2、3号为雌鹿，4号为雄鹿，还有1件雄鹿借展于陕西历史博物馆。

026

银卧鹿

匈奴王族雕刻工艺的杰作

战国
（公元前 475—公元前 221 年）

国宝小档案

年代：战国（公元前 475—公元前 221 年）

尺寸：通高 8.5 厘米，长 10 厘米

出土地：陕西省神木市大保当镇纳林高兔村战国匈奴王族墓

馆藏地：神木市博物馆

供图：神木市博物馆

主讲人：王娜

银卧鹿共有五只，三雌两雄，通高 8.5 厘米，长 10 厘米，制作使用了圆雕手法。它们昂首前视，两耳竖立，四肢屈曲跪地，尖尖的蹄子很突出，形状如柳叶一般。其中两只雄鹿的头部都长有弯曲状的双角，并向身后倾斜；每只角都分为五叉，是单独铸造好之后再插入鹿的头部。它们出土于陕西省神木市大保当镇纳林高兔村战国晚期的匈奴王族墓中，同时被发现的还有鹰嘴金怪兽、银虎、铜虎牌饰、刺猬头杆饰等，都是国家一级文物。

“鹿身”承载的文化寓意

这组银卧鹿，不仅造型优美流畅、锻造手法高超，同时还融入了深刻的文化寓意及内涵。在古人的文化体系中，鹿一直有着丰富的文化寓意。我们比较熟悉的是，鹿象征着爱情，曾作为一种与婚姻相关的礼物。而古人早有婚礼纳徵，用鹿皮为贽的风俗。同时，鹿在中国古人的日常生活，甚至社会政治活动中都占有重要的地位。在《管子》一书中有记载：齐桓公八年，管仲请示齐桓公说：“‘诸侯之礼，令齐以豹皮往，小侯以鹿皮报。齐以马往，小侯以犬报。’桓公许诺，行之。管仲又请赏于国，以及诸侯。”这表明在春秋时期，鹿皮甚至是国家与诸侯之间交往的重要礼物。既然鹿皮在上层阶级的政治活动中都能够作为礼品被用于馈赠，那么它在民间婚礼中作为礼物出现，自然是极隆重和贵重的。

现代学者经过研究还发现，早在远古时代，鹿已成为人们崇拜的对象。《山海经·南山经》中记载了名为“鹿蜀”的马形虎纹、白头赤尾，鸣声如歌谣的怪兽，人们佩戴它的皮毛可繁衍子孙。这种原始的鹿崇拜进一步表明，古人之所以会有

婚礼纳徵，用鹿皮为贽的风俗，除了鹿皮珍贵、实用，还与鹿所具有的可以繁衍子孙的象征性意义有着极大的关系。

鹿还是“德音”的象征。鹿是一种温驯可爱的动物，现在人们形容女孩子温顺可爱时，还会说“这女孩像一只温驯的小鹿”。古人也早就发现鹿有胆小易惊的习性，因此创造出“鹿骇”这个词，用来形容人的惊惶纷扰之态。《诗经·小雅·鹿鸣》中有言：“呦呦鹿鸣，食野之苹。我有嘉宾，鼓瑟吹笙……”便是从鹿的温驯可爱、喜欢群聚着眼，以“呦呦鹿鸣”起兴，引出下文宴饮“嘉宾”之事，其诗旨意味深长。

鹿在古人心目中的美好形象，也表现在古代风俗文化的许多方面。古籍中记载的四灵之一“麒麟”，实际上就是从鹿演化而来。“麒麟”这两个字均“从鹿”，《说文解字·鹿部》记载：“凡鹿之属皆从鹿。”又这样记载麒：“麒，大牡鹿也。”也就是说“麒”是大公鹿。另外，《公羊传》中又称：“麒麟，仁兽也。”可见，从春秋战国时期开始，一直到汉代，鹿早已在人们心目中形成了吉祥美好的形象。从自然界的生灵到“信而应礼”“思诚发乎中”的“仁兽”，鹿在古代文化中的寓意不断丰富和发展；同时，由于远古时代就出现了鹿崇拜，许多民族都崇拜白鹿，因鹿的皮毛是白色而被认为是瑞兽神畜。以至后来发展到崇拜神仙时，白鹿也一直是仙家的神畜。

其实，鹿还是权力的象征。在石器时代，乃至青铜武器出现之后的很长一段时期里，拥有鹿角这类武器的多少，就决定着战争的胜负。因此，在战争之前，各部落往往都要先去追逐鹿群，得到鹿群就得到了武器，失去鹿群就相当于失去了武器的来源，那么帝位、政权就难保。史学家司马迁在《史记·淮阴侯列传》说：“秦失其鹿，天下共逐之。”这里“鹿”的原意，即武器；元代张晏注解“鹿喻帝位”，大家耳熟能详的成语“逐鹿中原”中表达的也都是这个意思；唐朝宰相魏徵在《述怀》一诗中也提到“中原初逐鹿，投笔事戎轩”，这里的“鹿”字比喻帝位、政权。“鹿”也作俸禄的“禄”解，象征着仕途、权力，比如大家所熟知的“俸禄”“进禄加官”等。

从一开始鹿作为被追逐捕猎的对象，直到成为权力的象征，鹿的文化寓意的演变经历了漫长的过程。距今约7000—4000年前，在长江中游地区的新石器时代文化——石家河文化遗址中，便发现了大量鹿的遗骸。此后，鹿更是人们日常生活中不可或缺的动物。古人透过日常生活中经常发生的事情、经常接触的对象，发现了社会政治生活中某些共同的事理。由

于鹿是人们在日常生活中经常追逐捕猎的对象，当人们目睹统治阶级对权力的追逐时，便很自然地联想到日常生活中对鹿的追逐，并以鹿作为喻体，同时也让鹿具有了象征的意义。至此，“鹿死谁手”中的“鹿”，指的不再是一只自然中的鹿，而成了政治权力的代名词。正如修辞学原理所说的那样：一切巧妙的修辞都来自人们对现实生活的认识和感悟。鹿与古代人的关系如此密切，因此，也很自然地融入了古代的文化。

雄鹿的头部都长有弯曲状的双角，并向身后倾斜；每只角都分为五叉，单独铸造好之后再插入鹿的头部。

发现银卧鹿的故事

您可能会疑惑，神木是什么地方，居然还出土了国家一级文物？

首先，我先为您介绍一下神木这个地方。神木历史悠久，文化淳朴。在神木市境内，四五千年前就有人类聚居，秦汉始有建制，唐置麟州，金设神木寨，元至元六年（1269）设神木县。2017 年 4 月 10 日经国务院批准，撤销神木县，设立县级神木市，由陕西省榆林市代管。神木市位于陕西北部、秦晋蒙三省接壤地带，黄河揽怀南下，长城横腰西飞。全市国土总面积达 7635 平方公里，是陕西省面积最大的县市。全市共有近 3000 处文物古迹，当时是偶然发现了这座战国匈奴王族墓，并出土了今天我要介绍的银卧鹿。

为什么会在这里发现如此高规格的战国时期匈奴王族的墓呢？这就要从当时的历史以及神木所处的区位说起了。神木市位于鄂尔多斯高原南部边缘，地处毛乌素沙漠向陕北黄土高原过渡地带的东段。它北连内蒙古，南滨黄河，西邻榆林，东接府谷，隔着黄河与山西省保德县、兴县相望。**战国末期，鄂尔多斯高原是以畜牧逐水草而居住的匈奴人生活驰骋的地方。因处于当时汉族和少数民族的接壤交会地带而成为多民族融合杂居之地，同时也是中原农耕文化和北方游牧文化的碰撞交接地带。正是由于这样的历史背景和区域特色，匈奴王室墓葬及一些具有少数民族特色的文物在这里出土也就在情理之中了。**

关于这个墓葬的发现还有一段故事。1956 年农业合作化时，纳林高兔村组建成一个生产队，属神木县瑶镇区小保当村管辖。大约在 1957 年农历七月初十日前后的一天，该生产队社员王根发牧牛后收工回家，傍晚时吆牛经过村北边一个沙坡地，突然发现牛蹄踪迹后有一两个铜质刺猬状的东西，顺手拾起拿回家。他吃过晚饭，休息时开始慢慢思量，那个沙坡上或许还有其他东西？第二天一早，根发将拾到东西的情形告诉父亲王生仁老人，父子二人又惊又喜，便拿上铁锹和毛口袋再次回到昨天发现东西的地方，一直挖到早饭过后社员出工时。生产队长在点工时，发现王家的人未到地里劳动，于是派人去查看。

他们看到向北的沙坡上有几个人的踪迹，于是觅踪沿路寻找，发现王家人正在不远处往口袋里装古董。这次王家人又挖到了铜刺猬、银虎、银鹿、珊瑚、珍珠、铜片等许多神奇物件。这样一来，队里的社员都知道了王家挖出古董的消息，仿佛发现了“新大陆”。于是人们蜂拥而至，都前去“掘金”：有的人捡到了碎小的铜片，有的人拿着沙箩找到了小珠之类的东西，多数人去看热闹后空手而归。

不久，纳林高兔挖出了古董的消息迅速传开，家喻户晓。于是，小保当管区报告瑶镇区政府，一级一级上报到神木县政府。没过几天，区、县两级派干部前来巡查，并将王家父子押送至瑶镇区政府，隔离审查。王家只好倾囊而出，交出了挖出的全部古董：铜刺猬、银虎、银鹿、金鹿、铜虎、铜鹿、银剑柄等。据现在健在的村民说，他们交公时，古董整整装了一毛口袋，被马驮运到管区后，又被运到瑶镇区，最后运到了神木县城。

于是这个地方名噪一时，被当地人们称为“金场湾”。周边县区的人也前来“掘金”，亦有人捡到金银器，刨出玉制品。后来，王生仁老人被宣判获“盗窃国家古代遗产罪”，处有期徒刑三年，刑满释放后又被列入四类分子进行改造。

改革开放后，纳林高兔出土的文物更是闻名遐迩，于是引起了陕西省相关部门的高度重视，还派著名考古专家戴应新多次深入沙海，到纳林高兔等地考察，并取得了丰硕的考古成果。

027

牛虎铜案

神秘古滇国的特殊图腾

战国
（公元前 475—公元前 221 年）

国宝小档案

年代：战国（公元前 475—公元前 221 年）

尺寸：长 76 厘米，宽 36 厘米，高 43 厘米，重 12.5 千克

出土地：云南省玉溪市江川县李家山古墓群第 24 号墓

馆藏地：云南省博物馆

图片：邢毅摄

主讲人：彭野

2008年，北京奥运会开幕式当天，世界各国政要齐聚人民大会堂参加国宴。为了让贵宾们了解我国的文化，领导人从全国所有珍贵文物中精心挑选了八件，作为中华五千年辉煌、灿烂文明的代表一同亮相西大厅，深深打动了那天特殊的观众，其中就有这件“牛虎铜案”。**文博界有个说法：“北有马踏飞燕，南有牛虎铜案。”**甘肃武威的“马踏飞燕”早已声名在外，那与它齐名的“牛虎铜案”又是什么宝物呢？

“牛虎铜俎”的名称更准确

其实，我们叫它“牛虎铜案”着实委屈了它，“牛虎铜俎”才应该是它的正名，这又从何说起呢？

这件文物的主体结构是一头“封牛”，“开封”的“封”，也有人写作“山峰”的“峰”。这种封牛角非常大，向上翘起；脖子上有一个隆起的部分，像骆驼的驼峰。工匠巧妙地把“驼峰”和上翘的牛尾之间本应是脊背的这一段挖空，成为可以盛放物品的盘形。牛的尾部攀爬着一头老虎，它的尾巴还被老虎紧紧地咬在嘴里。大牛左右两边的蹄分别用连横档连接，连横档之上、大牛腹部之下站立着一头体量较小的牛。整件器物长76厘米，宽36厘米，高43厘米，重12.5千克，重心平稳，造型别致、工艺精美，集中体现了工匠的巧思。

那么，工匠费尽心思把大牛背部挖空就是为了摆放普通物品吗？显然不是。《左传》记载：“古之大事，在祀与戎。”也就是说，在古代祭祀和战争是同样重要的。**这件牛虎铜案，就是在祭祀活动中放祭品的礼器。**2000多年前，人们把祭品

牛的尾部攀爬着一头老虎，它的尾巴还被老虎紧紧地咬在嘴里。

小心翼翼地放置在牛虎铜案上，虔诚地供奉给神灵食用，希望获得神灵的庇佑，世代存续下去。在那个时刻，牛虎铜案是神圣的，人们甚至连轻轻地触摸它都会担心冒犯了神灵。《辞源》中对“案”的解释有三种：食器、憩坐用器和几桌，也就是用来盛放食品的食器、稍事休息时用来坐的用器和摆放物品的小桌子，这三种解释似乎都不符合这件器物的用途。而“俎”是我国古代祭祀、设宴时盛放肉食的礼器，显然更贴近这件器物的特殊功能。所以，云南省博物馆青铜专家樊海涛老师认为“牛虎铜俎”这个名称更加准确。只因牛虎铜案这一叫法约定俗成，深入人心，便没有特意更改。

牛虎铜案的造型

对于牛虎铜案特殊造型的解读，民间流传着“母牛护犊”的故事：大牛保护着小牛，不被老虎袭击，表现了伟大的母爱。这是一个感人的故事，却不一定是可靠的解读。这又怎么说呢？器物主体部分的封牛曾是亚洲的主要牛种之一，云南地区的封牛来自印度。云南省博物馆鉴定专家张永康老师曾到过印度，在当地见过这种牛。牛虎铜案中的大牛应该是公牛，并非牛妈妈。另外，稍有农村生活经验的人一看便知，大牛腹下的小牛牛角很大，是小牛犊不可能具备的特征。所以，小牛仅仅是体量小，它也是成年的公牛，而“母牛护犊”的故事应该只是人们对母爱的歌颂罢了。

那么，这件器物到底向2000多年后的我们传达了什么呢？樊海涛老师认为：小牛从大牛腹下走出，与其解释为“护犊”，不如说代表了“新生”，是生命的一种延续。大牛牺牲的目的是“催生”新的财富与生命，即小牛。而且，虎是百兽之王，乃权威的象征；牛是财富和生命的标志，虎噬牛既是现实中食肉动物与食草动物之间关系的真实反映，也包含了当时人们对“死亡”这一终极命题的认识与理解。

神秘的古滇王国

要想理解一件文物，必然要将它放到当时的历史情境中，而历史是由人创造

樊海涛老师认为：小牛从大牛腹下走出，与其解释为“护犊”，不如说代表了“新生”，是生命的一种延续。

的，所以，对历史和文物的探索，其实是对那个时代的人的寻找和认识。那么，2000 多年前设计、铸造和使用牛虎铜案的是怎样的一个族群呢？让我们在时光中来一次穿梭吧。

战国到西汉时期，在今天的滇池附近居住着一个族群——“滇人”，他们建立了自己的“滇国”。由于没有自己的文字，滇国的历史在我国古代史研究中几乎是空白的。只有少数的记载来自司马迁的《史记·西南夷列传》，从中我们知道，滇国聚居区以滇池为中心，东部为夜郎国，北部有邛都国，西部是以洱海为中心的昆明国。

滇国历史虽然悠久，但受到中原王朝注意，也只是在汉武帝时期。张骞受汉武帝之命出使西域，达到大夏（今阿富汗）时，竟然看见大夏人在身毒（今印度）买到了蜀国（今四川）的商人出售的蜀布和邛杖。这样相隔数千里的贸易在当时是怎样发生的？原来，从蜀郡到身毒有一条蜀身毒道，这条道路不仅是交通通道，更是贸易通道，而滇国就是其必经之道。张骞回国后将这一情况报告给汉武帝，并建议取道西南至大夏，这样不仅路途更近，还可以避免匈奴的干扰。

汉武帝采纳了张骞的建议，开始和滇国周旋。劝降不成，汉武帝最终使用武力迫使滇国降为汉臣，并在原滇国领地设置益州郡。也许是滇王降汉有功，或许是新收服的地区无法直接管理，《史记》记载，西汉统治者赐了一枚“滇王之印”给滇王，并允许其“复长其民”，即继续统治他的子民。这样，当时滇池区域就形成了中原王朝的郡县制和滇王地方政权的并存局面，虽然随着大量汉族进入边疆和当地郡县制的不断巩固，这样的并存局面并没有存在多久。

然而，即使有这样的记载，有很长一段时间，滇国的存在受到了质疑，因为有关滇国的考古一直没有任何发现。**直到 1956 年，在对江川李家山墓葬的第二次考古发掘中，史书中的这枚滇王之印真真切切地被考古学家发掘出土，滇国的历史才被印证。**

随着越来越多的文物被发现，滇人的形象慢慢地具体起来。滇人的男性喜欢把头发绾成一个扎实的“丸子头”，今天我们把它叫作“椎髻”；而女性会把头发梳成银锭子的模样，垂在脖子后面。不仅如此，在青铜器的纹饰和古滇国贮贝器上丰富的场景里，我们看到编着辫子的人物夹杂在滇人中，他们就是滇人的敌人——“昆明人”。

今天，我们依然把滇国称为“神秘的古滇王国”，因为它的建立似乎是横空出世，它的消失也如云烟一般，难寻踪迹。您看，即使我们孜孜不倦以求还原历史，历史却依旧没有真相。不过，也正是对历史真相的敬畏，让我们谦卑。在对古滇国的追踪溯源中，李家山这个地名反反复复地出现在人们的视线中，因为正是在这里发现了牛虎铜案，但它的出土却被推迟了五年。

牛虎铜案的发掘和保护

1951 年云南省博物馆建立后，正式开始有关滇国青铜文化的发掘工作。1965—1966 年，云南省博物馆就已得知在江川县的李家山，农民在修梯田时偶然发现了不少青铜器，并且部分发现有青铜器的较浅的墓葬已经被破坏，挖出来的青铜器全部堆放在生产队的仓库里，数量不下千件。但是由于当时特殊的政治环境，没有人有心思过问一个墓地和几件青铜器是否被破坏。即使有心，估计也无能无力吧。就这样，历史继续被尘封。

直到 1971 年，停顿数年的云南文物考古工作才又开始恢复。幸好，墓地在五年间并没有太大的变化，考古学家们这才松了一口气，并在第二年元旦后立即开始考古工作。偌大的李家山墓地的考古组，正式成员只有四个人，张永康老师就是其中之一。据张老师回忆，当时他们住在生产队的破仓库里，没有桌凳，没有床；吃饭在两公里外的食堂，饭后再背着包爬上近百米高的李家山，吃下的食物早已消耗殆尽。即使在这样的工作条件下，因为每天都有新东西出现，大家连饥饿都顾不上了。

牛虎铜案就出土于李家山 24 号墓。张老师说，牛虎铜案出土时，大体的造型和样式都不是太清晰，大牛的头，小牛、大牛下凹的背部都是断开分散的，但是当这些零件都集中在一起，考古学家们断定这应该是一件大器。

随后，这些零件被仔细地包裹、运送到了云南省博物馆地下室的修复室，由曾赴故宫博物院专门学习过的技工王宝元负责修缮。当时，从零件的局部看，这件器物也被古人修复过，可以按照之前修缮的痕迹来修复，但每一个细节的处理依然是复杂和困难的，所以当大家看到修复完成的牛虎铜案时都感叹不已。

故事讲到这里，相信您也会有些感慨：一件文物的传承、发现、保护，直到它出现在博物馆，再次进入我们的视线，竟然这么曲折和不易，历史的厚重感可见一斑。

028

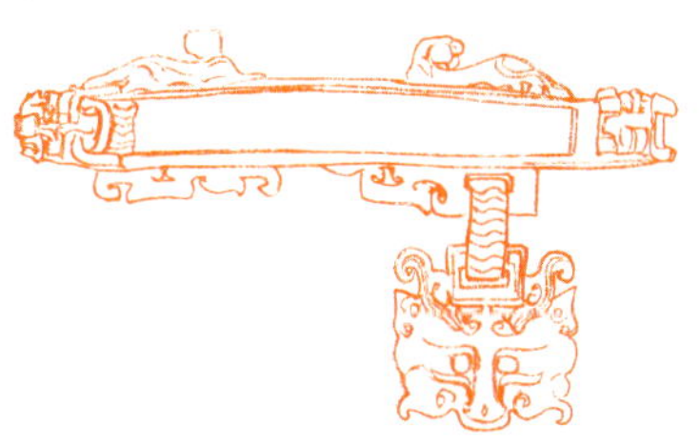

兽首玉带钩

古代精美的“皮带扣”

战国
（公元前 475—公元前 221 年）

国宝小档案

年代：战国（公元前 475—公元前 221 年）

尺寸：长 19.5 厘米，宽 10.5 厘米，高 2.7 厘米

馆藏地：震旦博物馆

供图：震旦博物馆

主讲人：寻婧元

提到震旦博物馆，可能您感觉比较陌生。它是一家年轻的博物馆，开幕于2013年，其馆体建筑是普利策奖得主、国际建筑大师安藤忠雄在中国完成的第一件作品。震旦博物馆就像一只精美的蓝色珠宝盒矗立在上海的黄浦江畔，藏品以中国的汉唐陶俑、古代玉器、元明清青花瓷和佛教造像为主。这些收藏绝大多数都是百年前流失海外的回流文物，它们都经历了怎样的流转，是每个走进博物馆的观众最为感兴趣的问题。今天我要为您介绍的就是其中的一件玉带钩。它有何特别之处，又有怎样的前世今生呢？让我们先从带钩的用途说起。

兽首玉带钩的用途

带钩很像今天我们使用的皮带扣，一般同腰带搭配使用，兼具实用和装饰功能。目前在我国境内出土的最早的带钩约始于新石器时代晚期，其中以良渚文化中发现的最为典型。这些有钩的玉质器物大多出土于墓主人的腰部，且一墓一器，同时它们的形态在一定程度上也符合带钩的使用需求，因此被认定为中国最早的玉带钩。虽然早在四五千年前就已经出现了玉质带钩，但这样的史前带钩在后世的发展中并没有得到继承。带钩的再次出现则是在春秋中期，这之后带钩逐渐发展为集文化、艺术为一身的器物。

带钩的常见功能大致可分为四种：一是“束带”之用，即配合穿着，用来固定腰部的系带；二是“配器”之用，古人为了方便随身携带剑、刀、削、弩等工具或兵器，所以使用带钩以方便悬挂；三是“配物”之用，这种用法同“配器”方法类似，仅佩戴的物品多为铜镜、铜印、钱币等物件；第四类为“配饰”之用，相对于上面介绍的三种功能而言，装饰功能大大高于实用功能，是随身系挂配饰器的重要媒介。

震旦博物馆收藏的这件兽首玉带钩长 19.5 厘米，宽 10.5 厘米，高 2.7 厘米。从材质上来看，本身应由青白玉料制成，但是由于它曾被多位海外名家收藏，经过长时间人工盘玩，目前通体呈黄褐色。**带钩本体拱身、凸钮，有弧度，这样的造型能够较好地贴合人体的腹部，易于佩戴。**长条状的钩身表面布满规律而抽象的阶梯式连线乳丁纹，此一纹饰是战国晚期至西汉早中期玉器上十分常见的装饰母题。带钩的左右两端各装饰有一个兽首，上缘还雕琢两个彼此相背的圆雕螭虎，下缘突出两组镂空边饰，其中一组上还吊挂一个活环和兽面，形制十分奇巧。

兽首玉带钩的前世

自 20 世纪 50 年代起，震旦博物馆收藏的兽首玉带钩被著录以来，针对其出土的地点并无记载。目前考古发现此时期的带钩分布十分广泛，遍布 20 多个省区，那么，这件兽首玉带钩到底源自何地?

首先，从器物的造型信息入手。器物的造型，除了受时间因素的影响，也受地域因素的影响。我们经常可以发现，某一种造型的器物仅在特定的区域内得以流行。因此，观察器物造型特征，并将它与同时出土的实物进行对比，是判断地域属性的关键。通过对兽首带钩的造型分析，我们得知它是流行于战国中晚期的长牌形带钩，而长牌形带钩大致有两个较为集中的分布区域：一是楚墓中发现较多，二是三晋及周都地区，此外战国秦墓、韩墓中也有个别出土。所以，如果单从造型特征入手，我们可以锁定兽首玉带钩原先的出土地可能为楚地或周都三晋等中原地区。

其次，可以从制作工艺方面入手。在技术交流相对困难的战国时期，一种工艺从诞生到全国范围内流行往往需要很长的时间，或者根本无法流行到全国，而是仅限于地区内部发展。因此，器物的制作技法也是判断其地域属性的一条线索。

如果兽首玉带钩体现出的某种加工工艺具有地域性特色，那么同样可以在工艺层面上推导出其原先的出土区域。

兽首玉带钩上最具有特色的工艺，无疑是那个悬有兽面的活环。玉器中使用链环的技术，可以追溯至晚商时期江西省新干大洋洲墓葬出土的一件玉羽人。这件玉羽人头部雕琢了三个相互套嵌的链环，链环活动的范围较为有限。至春秋时期则出现了活动较为灵活的链环，如江苏省吴县通安严山王陵出土的一件拱形玉饰，其左侧就雕琢一个活环。纵观战国至两汉的玉器，活环并不是一种常见的装饰技法，这大概和它的制作难度相关，因此可能只有部分地区的工匠掌握此项技术。目前已发现战国至西汉时期装饰活环的玉器共计 12 件，大致集中在楚地及周都地区。

根据以上两点的分析，与震旦博物馆藏兽首玉带钩相近或相同造型、工艺的带钩，相对集中于楚地及周都中原一带。如果再对兽首玉带钩的纹饰及装饰母题进行讨论，并比照相似纹样的其他带钩的出土地点，就又能为判定地域属性提供新的线索。目前并没有已知出土的带钩同这件兽首玉带钩拥有完全一致的纹样，但是如果将兽首带钩的纹饰进行拆解则可以同出土的带钩进行关联性对比。

震旦博物馆收藏的兽首玉带钩，其装饰要素主要包含以下几个方面：1. 钩首及钩尾的兽首；2. 活环连接的兽面；3. 钩身上侧的圆雕螭虎；4. 钩身上满布的“阶梯式连线乳钉纹”。在收集了战国至西汉出土带钩的图像信息之后，通过比对发现，震旦博物馆藏兽首玉带钩同安徽巢湖北头山一号西汉墓出土的带钩有着诸多共同点。北头山一号墓为西汉初年居巢县的最高地方长官之墓，出土了大量精美的玉器，其中包含玉带钩两件。

如果将这两件玉带钩的装饰纹样进行拆解，会发现其同震旦博物馆藏玉带钩的装饰要素高度一致。再加之在北头山汉墓中亦发现了活环装饰的玉卮，这也间接说明了对于此地的玉工而言，活环的工艺是已经掌握的装饰技法。因此通过多方面的对比，可以认为震旦博物馆藏玉带钩同巢湖北头山汉墓出土的玉器在地域属性上具有一定的共通性。

北头山一号汉墓位于巢湖市内，此地在战国时期隶属楚国领地。虽然该墓所处的时代为西汉早期，但是总体来看它深受战国楚文化的影响。北头山一号墓的墓葬形制较为特殊，其墓口为台阶式，这种样式在战国晚期楚墓中较为普遍，此外该墓的椁周填塞白青膏泥，是典型的楚人埋葬风俗。同时，北头山一号墓出土玉器的纹饰风格、雕刻技法，均与安徽长丰杨公地区战国晚期楚墓发现的玉器极为相似。

因此，通过以上造型、工艺及纹饰的分析，震旦博物馆藏兽首玉带钩应为楚地所产器物。

兽首玉带钩的今生

震旦博物馆所收藏的兽首玉带钩，原属于美国的班氏夫妇（Mr. and Mrs. Richard C. Bull），由于班氏夫妇历任美国费城大学博物馆董事，因此此件带钩于1962、1978年曾两次展出于费城大学博物馆。除此之外，它也曾在海外知名博物馆举办的展览中被多次借展，如1963年在克利夫兰美术馆展出；1970年被借展于美国的 Asia House Gallery；1975年又前往英国的维多利亚和阿尔伯特博物馆展出。

这件兽首玉带钩还见诸于海外的各类出版物中：1950年，伦敦大学著名学者 S. 霍华德·汉斯福德（S. Howard Hansford）在《中国玉雕》（*Chinese Carved Jades*）一书中记载了此件带钩；而1963年出版的由阿尔弗雷德·萨尔莫尼（Alfred Salmony）所著的 *Chinese jade: through the Wei dynasty* 也针对这件文物进行了著录。曾任东方陶瓷协会会长的玛丽·特里吉尔（Mary Tregear）也在其所著的《中国艺术》（*Chinese Art*）一书中有所记述。1983年苏富比拍卖公司在纽约举办班氏夫妇收藏文物拍卖专场，此件玉带钩被台湾收藏家购得，因缘际会最终入藏上海震旦博物馆。

029

商鞅方升

商鞅变法的重要物证

战国
（公元前 475—公元前 221 年）

国宝小档案

年代：战国（公元前 475—公元前 221 年）

尺寸：通长 18.7 厘米，内口长 12.4774 厘米，宽 6.9742 厘米，深 2.323 厘米

出土地：陕西省渭南市蒲城县

馆藏地：上海博物馆

主讲人：刘一翔

提起青铜器，我们首先可能会想到体形硕大的青铜大鼎，或是能够演奏美妙旋律的编钟。但是说到方升，您可能会一头雾水。那么，方升究竟是什么东西呢？实际上，“升”是一种量器，往往被用来计算农作物的多少，也是当时上交赋税和商品贸易中非常重要的参照物。在早期，我们祖先还以自然物为标准进行度量衡的测定，比如最早测量距离的方法就是计算自己脚步的数量，而测量重量往往会用一些粮食如粟、稻的重量来计算。**经过长时间的发展之后，古人逐渐脱离了以自然物作为参照，转而以人造物为标准，逐步发展出了各种度量衡的器具，升就是其中的量器。**

接着，我再来介绍方升前面的两个字“商鞅”。提起商鞅，您一定听说过，他是百家争鸣的春秋战国时期法家的著名代表人物，在他实行变法后，秦国成为一个富裕强大的国家；同时，这也为之后我们国家历史上第一个大一统王朝的建立奠定了基础。而他实行变法的方法也非常具有教育意义，比如著名的城门立木典故：商鞅在刚开始推行新法时，为了取信于民，便在城南门外放了一块木头，并许下诺言：如果谁能把这块木头搬到北门，就赏给他 10 金。百姓觉得很奇怪，并没有人去搬。于是，商鞅便将奖赏提高到 50 金，终于有人将木头搬到了北门。商鞅马上赏给他 50 金，表示他并不是在开玩笑。取信于民对新法的推行大有好处，使秦国逐渐强盛起来。

商鞅方升的铭文及价值

说到变法，统一度量衡便是其中非常重要的一项内容，这件商鞅方升就是当时颁布度量衡标准的实物证明，也是商鞅变法的重要物证之一。我们仔细观察会发现这件文物上有好几个地方都有文字，其中位于器物侧边和器柄对边的第一组铭文是：“十八年，齐率卿大夫众来聘，冬十二月乙酉，大良造鞅，爰积十六寸五分寸壹为升。重泉。”这段铭文的意思是：在秦孝公十八年，正值齐国的卿大夫使团到访秦国商议大事，同年冬天十二月乙酉日，大良造鞅监制了这件标准量器，它的容积是十六寸又五分之一寸。这件方升在重泉这个地方使用。这条铭文详细地向我们介绍了这件方升的制造者、制造时代，以及它的容积。铭文中的“大良造鞅”就是商鞅。

位于器物侧边和器柄对边的第一组铭文是：“十八年，齐率卿大夫众来聘，冬十二月乙酉，大良造鞅，爰积十六寸五分寸壹为升。重泉。”

“大良造”是秦孝公时期秦国的最高官职，掌握着军政大权。《史记》中记载：“十年，卫鞅为大良造，将兵围魏安邑，降之”。说的便是在秦孝公十年，商鞅被任命为大良造，包围了魏国的安邑，使其投降于秦国。在八年后的秦孝公十八年，商鞅便监制了这件器物。

这件商鞅方升通长为 18.7 厘米，内口长为 12.4774 厘米，宽为 6.9742 厘米，深为 2.323 厘米。如果按照汉代理想计数的长度换算，那么方升的容积为 5.4 寸 × 3 寸 × 1 寸，得到的结果正好是 16.2 寸，与铭文自名的容积相同。然而，实际情况仍然受限于当时的技术水平，因年代久远导致的变形和积锈也会造成一定的误差。最后的重泉，我们可以理解为这件方升制造或使用的地点，在现在陕西的蒲城县。

这件方升的历史价值不仅在于它是商鞅变法的重要物证，还体现在它被连续使用了120多年之久，更是成为秦始皇统一中国后法令的标准参照。

方升的第二组铭文是秦始皇嬴政二十六年的诏书，位于器物底部及第一组铭文的对边："廿六年，皇帝尽并兼天下诸侯，黔首大安，立号为皇帝。乃诏丞相状、绾：法度量则不壹嫌疑者，皆明壹之。临。"据此可知，秦王政二十六年，也就是公元前221年，秦统一中国后，秦始皇命令丞相隗状和王绾将商鞅既定的标准推行至全国，代替列国复杂的量制，并将这份诏书文字刻在这件已经使用了100多年的商鞅方升上，与文献所记载"二十六年……秦处并天下……一法度衡石丈尺，车同轨、书同文"的记载互证。

方升的第二组铭文是秦始皇嬴政二十六年的诏书，位于器物底部及第一组铭文的对边："廿六年，皇帝尽并兼天下诸侯，黔首大安，立号为皇帝。乃诏丞相状、绾：法度量则不壹嫌疑者，皆明壹之。临。"

当时中国各地度量衡的错综复杂，或许可以帮助我们更好地认识度量衡改革统一的必要性，但单从度量衡史的角度来理解方升制造的原因和意义仍是不够的。管仲认为，如果百姓只有一个可以获取利益的途径，那么整个国家便能拧成一股绳，因而变得无敌。他在《管子·国蓄》一书中就说道："利出一孔者，其国无敌；出二孔者，其兵半屈；出三孔者，不可以举兵；出四孔者，其国必亡。"商鞅也有相同的观念，在他看来，引导秦国百姓万众一心去做一件事可以强秦。他不认同"道之以德，齐之以礼"的治国理念，而是坚持"以农战为本，赏刑为用，而法治为体"，其变法十分重要的一项举措便是重本抑末，发展农业而抑制工商业。他开阡陌封疆，实行土地私有制，开垦荒地，集全国之力走农耕之路发展秦国的生产力。实行平等的赋税、统一度量衡的举措其实都是鼓励农耕的必要手段：为了使全国的精力专注于农耕，秦国急需一个公平的标准来帮助农民计算他们的土地面积，并且规范赋税等经济交换行为。这个"标准"便是我们所说的法治。

历史上官吏利用度量标准的不规范与百姓争利的事屡见不鲜，而商鞅正是通过国家立法来保障农民的利益不受官吏的剥削，所谓“治法明，则官无邪”。

公元前221年，秦始皇从战国七雄脱颖而出兼并天下，“一法度衡石丈尺，车同轨、书同文”，将秦国的法制推行至全国。过去多年的考古挖掘中，除了陕西、甘肃的许多秦国旧址，齐国、赵国、越国的故地，以及内蒙古自治区赤峰市、哲里木盟（今通辽市）的古城遗址也都有秦代度量衡器的出土，正是商鞅为秦始皇“皆令如秦制”奠定了基础。尔后“汉承秦制”，汉代的度量衡是秦代的延续和发展。西汉时期，刘歆整理了秦汉以来的度量衡制度，后被班固选载入《汉书·律历志》，成为我国第一部度量衡专著。一直到今天，虽然单位值随着历史的变迁而改变，但是基本单位和进位关系则被我们所继承。2000多年前，商鞅所确立的标准在今天仍然发挥着它的作用。而商鞅方升，这件120多年前在秦国成为全国标准的量器，继续闪耀着它在历史中的光芒。

商鞅方升的收藏

商鞅方升的收藏故事也同样充满传奇色彩。1903年，近代著名的鉴藏家和实业家龚心铭在“清晖阁”以重金购得商鞅方升，并同其弟龚心钊开始潜心研究与考证，方升的铭文、拓本因此陆续见诸报端。当时龚心铭在汇丰银行的抵押即将到期，银行提出若以秦量做抵押的话，他从银行拿钱便可以不受限制。为了保住方升，龚心铭的儿媳妇朱静宜变卖了自己的陪嫁用来偿还抵押。

日伪时期，无论日本人以权势相压，还是出重金利诱，龚心铭的儿子龚旭人都坚称商鞅方升早就被其父亲卖去了国外。20世纪60年代末，方升从龚家被抄走，由上海博物馆代为保管。“文革”结束后，根据相关政策，上海博物馆将代管文物悉数归还给龚家。龚旭人的子女再三思量，最终决定将商鞅方升、52块郢爯及其他文物转让给上海博物馆收藏，使这些具有深厚历史意义的文物纳入国有收藏供全社会研究。

吾车
汧殹
田车
銮车
霝雨
乍原
而师
马荐
吾水
吴人

030

（陈仓）石鼓

中华第一古物

国宝小档案

年代：先秦时期

尺寸：高约 50 厘米，直径约 60 厘米

出土地：凤翔府陈仓山（今陕西省宝鸡市石鼓山）

馆藏地：北京故宫博物院

撰稿人：申威隆

在北京故宫博物院的外东路皇极殿东庑中，收藏着10块篆刻着古文字的鼓形巨石，被称为“石鼓”。它们的质地为陕西关中一带山中的青石。每块石鼓的形状都很不规则，上窄下宽，凹凸不平，高度约50厘米，直径约60厘米。2004年，这里被改造为石鼓馆对外开放，引起了国内外游客的广泛关注。2015年，展厅被移至后方的宁寿宫，成为“新石鼓馆”。在故宫博物院内，这个为展示一组文物而独立开设的展馆，堪称独一无二，足见其重要价值。如今，10件石鼓整齐排列在展厅里，静静地迎接着人们的注目。

每件石鼓上都镌刻了大量的文字，字体为“大篆”，也称“石鼓文”；主要描述当时秦王打猎之事，所以也被称为“猎碣”，碣就是石碑的意思。每件石鼓上都刻着一组四言诗，总共10首，共718字。目前，这些石鼓上的文字大多已磨灭，学者结合文献的记载，按照每件石鼓上四言诗开头的两个字为它们命名，分别为“千沔鼓”“车工鼓”“田车鼓”“銮车鼓”“霝雨鼓”“作原鼓”“吴人鼓”“吾水鼓”“而师鼓”和“马荐鼓”。

这些石鼓上的文字，通过10首精彩的四言古诗，从秦人起源、立国、发展、创立帝业的经过开始讲述，对秦人历史发展进程中有重大贡献的先祖烈公的重大历史事迹进行了歌颂，还描绘了一幅幅形象生动的秦人创业发展的历史画卷。用词简练，风格优雅，跟当时的《诗经》非常相似，成为《诗经》之外的又一部大型的叙事史诗。**从书法艺术的角度来看，这些文字是东周时期的书法精品，线条平滑，粗细均匀，节奏和缓，藏锋起笔。它是中国现存最早的石刻文字，介于西周金文和秦朝小篆之间，集大篆之成，开小篆之先。在书法史上，石鼓的文字起着承前启后的作用，被历代书家视为习篆书的重要范本，故有“书家第一法则”的美誉。**

这些石鼓诞生的时代、记载的内容和文字的形态具有极高的历史价值和艺术价值，所以历朝历代的人都对它们推崇备至，很多历史上大名鼎鼎的文人大儒都与这些石鼓有着深远的交集，而这些故事又一起丰富了石鼓的价值。历经2000多年的风吹雨打，这些石鼓如何被奇迹般地保存下来的呢？

石鼓现世陈仓

石鼓的传奇经历要从史籍所记载的石鼓的发现历程讲起。它们在诞生之后的1000多年中，仿佛被历史遗忘。直到公元627年的一天，在陕西凤翔府陈仓山（今宝鸡市石鼓山）的北阪，一位白发苍苍的老人牧羊时发现了10块怪异的花岗岩大石头。这些石头高约3尺，体形似鼓，圆而见方，上窄下大，中间微凸；将其中一块石头上的泥土清除后，竟然显露出大量的神秘文字，笔法奇异，无人能识。

于是，许多村民闻风而至，焚香跪拜，流言四散，视石头为天赐之神物；文人墨客慕名而至，拓下文字，以一窥究竟，还寻遍名家来研究；更有人悬重金以求解。但是，文字之谜不仅没有被解开，反而借着民间传言，变得神乎其神。

韩愈保护石鼓

又过了100多年，随着"安史之乱"的爆发，战火中的唐朝风雨飘摇。在凤翔躲避战祸的唐肃宗李亨，偶然听到了有关石鼓的神秘传闻，顿生好奇之心，并希望看到实物。于是，他命令州府官员将10件石鼓从陈仓山搬运下来，并迁往凤翔的南郊，与文武百官一起赏玩。

短短几个月时间，敌军便逼近了凤翔，唐肃宗和文武百官出逃，而10件石鼓被仓促地掩埋在荒野之中。两年之后，"安史之乱"被平定，天下得以太平，社会重新安定。公元806年，地方官吏找到了石鼓的埋藏地，并向朝廷请求派人前去主持挖掘。当时，在朝廷为官的韩愈也曾专门上书朝廷，请求迁移石鼓至京城太学府内妥善保管。他还创作了著名的《石鼓歌》，从介绍石鼓的起源到论述它的价值，目的是呼吁朝廷对石鼓予以重视并进行保护。该文章法整齐，辞严义密，音韵铿锵，诗人在描绘石鼓文书法的妙处时，运用了多种比喻，还进行了淋漓尽致的渲染，具有很强的感染力。

但是，韩愈的请求没有被朝廷重视，奏折在朝堂上积压了将近八年。公元814年，郑余庆担任凤翔尹，并且兼职国子祭酒，主掌学术教育和文化事业。有一天，他偶然看到尘封已久的韩愈奏章，深深为之触动。于是，在他的努力之下，散落于荒野的石鼓被移送到当地的孔庙。此时，石鼓已锈迹斑斑，字迹也残缺不全，更可惜的是其中一件石鼓居然遗失了！

司马池伪造石鼓

在凤翔孔庙中，残留下的九件石鼓，度过了相对安稳的90多年时光。但是，随着曾经辉煌的唐王朝灭亡，凤翔孔庙在战火中被焚毁，庙内所藏的九件石鼓也被人盗走。

北宋时期，天下终于统一，国家的经济与文化得到恢复。宋仁宗在查阅前朝遗留下的档案时，无意中发现了关于石鼓的传奇记载后，对遗失百年的石鼓产生了浓厚兴趣。于是，他以高官厚禄相许，令天下有才德之士遍地寻访石鼓的下落。时任凤翔知府的司马光之父司马池在听到这个消息后，便竭尽全力去寻找。

经过几番周折，司马池终于找到了遗失的石鼓。可惜只有九件石鼓，唐末遗失的那件石鼓依然下落不明。然而，心急的司马池做了一件蠢事儿：他私下命令工匠利用相似的石材，伪造了一件石鼓，冒充了遗失的那件。宋仁宗看到10件石鼓非常高兴，但是受命而来的名家学者们很快就辨别出伪造的石鼓。最终，司马池在受封赏不久，又因造伪欺君获罪。

向传师寻找丢失的石鼓

石鼓再次现世，在经历了造假风波后，更是名动天下，引发了很多人去寻找遗失的石鼓。1052 年，金石收藏家出身的向传师来到凤翔后，重金购买了一份太氏石鼓文拓本。对照其他九件石鼓文的拓本时，他意外发现这份新的拓本居然保留着遗失的石鼓文字。经过多方调查，向传师终于查明这份拓本源自关中的太氏家族。

于是，他立刻出发，并抵达太氏村庄。但是，眼前的景象让他惊呆了！半年前，太氏一家全部死于瘟疫。为了防止瘟疫继续蔓延，官府把太氏的房子和财产全部烧光。向传师怀着无比失望的心情，就近找了一家客栈先安顿下来。第二天清晨，向传师被后院传来的磨刀声惊醒。原来，客栈后面有一位屠夫正在磨刀，向传师循声走到屠夫旁边，看到屠刀被磨得寒光闪烁，而屠夫所用的磨刀石，竟然有几分酷似石鼓。他走近后仔细观察，这件“磨刀石”上隐约浮现出一些熟悉的字迹。原来，这就是那件失踪了 200 多年的石鼓！

这件石鼓已经面目全非，上半部被村民削去之后，中间被掏成凹槽状来捣米，旁边断裂开的两道边被屠夫用来磨刀。石鼓上面的文字，已被磨去大半，只有下半部的 4 行文字。它正是被称为“作原”的石鼓。

凤翔知府得知此事，连夜调集军兵赶往，护送石鼓和向传师回到凤翔。随后石鼓被送往汴梁，向传师因此立功，得到了朝廷的诸多封赏。至此，10 件石鼓再次团圆。

宋徽宗给石鼓填金

1110 年，失而复得的石鼓被运抵京城后，跟其他九件石鼓一起移送至太学保存。宋徽宗是一个非常喜欢书画的皇帝，自诩为“天下第一学士”，对刻有文字的石鼓自然十分溺爱。因此，他将石鼓搬进宫中，存放在保和殿内，与自己朝夕相伴。

有一天，宋徽宗突发奇想，为了让破败的石鼓重新焕发光彩，他下令在10件石鼓上的文字槽缝之间填注黄金。在“靖康之变”的时候，金兵攻入汴梁，掳走了徽、钦二帝，将他们押到东北荒原进行囚禁。这10件石鼓因为鼓身填注着黄金，被金兵视为珍宝，尾随“二帝”北迁。

在经过燕京的时候，金人因为不了解中原文化，也不理解石鼓的价值，而石鼓由于体形巨大，搬运起来非常吃力，所以金人将石鼓上填注的黄金剔去后，便把它们丢弃荒野之中，这就导致石鼓第三次因战祸而遗失。

入藏故宫

1234年，南宋和蒙古的联军攻破燕京，御史大夫王檝随军至此，发现了废墟中的10件石鼓。王檝出生于凤翔虢县（今宝鸡市陈仓区），与石鼓的感情非常深，他将石鼓保存于北京孔庙，并请专人日夜看护。从此以后，经过元、明、清三个朝代，这10件石鼓一直没离开过北京。

清朝，乾隆皇帝很重视这些石鼓，命人对10件石鼓进行复制，以免珍贵的石鼓再次遗失，并把复制的石鼓安放在了北京孔庙大成门的东西两侧，被称为“乾隆石鼓”。这批复制的石鼓形状不同于原本的石鼓，跟现代的大鼓一样，失去了石鼓的神韵。但是，石鼓上的字迹，完全按照原本石鼓的文字进行镌刻。

20世纪30年代，日本侵华战争全面爆发后，北京逐渐受到敌方的威胁，10件石鼓的安全也面临着巨大的挑战。于是，在文物工作者的保护下，10件石鼓跟随着故宫其他国宝文物一起迁徙，在南京短暂停留以后，又被艰难地运往重庆。抗日战争胜利后，石鼓从重庆被运回南京，运载石鼓的汽车先后两次翻车，险象环生，有惊无险。

不久，解放战争全面爆发，蒋介石见大势已去，仓皇之中，准备撤退。他命人将存放在南京大量的国宝文物转运至台湾。此时，已经准备送回北京故宫保管的石鼓，被仓促地运抵南京飞机场。但是，在准备起飞时，飞行员报告：“飞机已严重超载，无法保证飞行安全。”经过再三商讨，这 10 件体形巨大的石鼓被留下，没有被运往台湾。

新中国成立后，石鼓被运送回北京，存放在故宫东路的皇极殿西庑。至此，石鼓成为故宫博物院的藏品，暂时结束了它们漂泊的命运。

这10件石鼓好像10个兄弟一样，历经千年风雨，漂泊全国各地，依然聚在一起。它们没有消失在历史中，没有被盗到异国他乡，没有被分散到世界各地。直到今天，石鼓依旧陪伴着我们，见证着中国的历史变迁，讲述着古老的帝国故事。因此，它们被康有为誉为“中华第一古物”，名副其实，毫不夸张！

031

石犀

年代最久远的大型圆雕

国宝小档案

年代：秦（公元前 221—公元前 206 年）

尺寸：长 3.3 米，高 1.7 米，宽 1.2 米，重 8.5 吨

馆藏地：成都博物馆

供图：成都博物馆

主讲人：杜宇

您好，今天我要给您介绍的是我们馆“一大一小”镇馆之宝当中的“一大”——石犀。

这尊犀牛长 3.3 米、高 1.7 米、宽 1.2 米，重达 8.5 吨，用成都平原周边常见的浅红色粗质砂岩制作而成。**它是我国目前发现的年代最久远的大型圆雕，也是西南地区目前发现的形制最大、时间最早的石刻艺术品。整尊石犀的雕刻风格古朴、粗犷，线条简练生动，身上还刻有卷云状纹饰，显然，除了历史研究价值，它还有重要的艺术研究价值。**

“镇水神兽”石犀

关于这尊石犀，有这样一则趣闻：2018 年夏天，成都持续暴雨，一位市民写给市政府的建议引起热议：他认为每年夏天成都及周边各地洪灾的根源就在于我们挖出了老祖宗留下的镇水神兽，因此，希望有关部门能把神兽重新埋回出土的地方。而这位市民所说的镇水神兽就是如今在我馆陈列的这尊石犀。很快，这条看似“无厘头”的建议就成了成都人茶余饭后津津乐道的谈资。甚至有很多人特地跑到博物馆一睹石犀的风采，这下子，让它成了不折不扣的“网红”。

那这尊石犀到底是什么来头？为什么它会和洪灾有关系呢？这就要从数千年前的古蜀时期说起。

据古气象学研究，成都所在的岷江上游在 4000 多年以前雨量充沛，尤其在夏、秋两季雨量集中，有“西蜀天漏”的说法。每当岷江干流和支流的洪峰相遇，成都平原低洼处常常变成泽国，水患灾害十分严重。根据考古资料可知，在古蜀

石犀正面图

石犀背面图

五个王朝的统治时期，居住在成都平原上的古蜀先民，为了获得生存的权利，与洪水进行了长期的不懈斗争。

公元前 316 年，秦国吞并巴蜀之地后将其纳入自己的版图，从此蜀地被赋予了战略基地和粮食仓库的重要职能。因此，大规模治理水患便成为当务之急。公元前 277 年，奉秦昭襄王之命，李冰出任蜀地郡守。他知晓天文地理，精通治水。到任之后，他和儿子不惧辛劳和危险立即投入治水工作中，对岷江各段进行了大量的实地勘测，认真总结了前人的治水经验，提出了系统地治理岷江的规划方案，修建了家喻户晓的世界级遗产——都江堰水利工程，让饱受水患灾害的成都平原变成了“水旱从人，不知饥馑”的天府之国。

李冰治理水患留下了许多传说，其中有一个传说正是关于石犀的。根据《蜀王本纪》《华阳国志》等蜀地历史文献中的记载，他制作了五头石犀用来镇压水里的妖怪。考古学家由此推测如今安放在成都博物馆里的这尊石犀，很可能就是当年李冰制作的五头石犀之一。

因此，有人把暴雨、洪水这些自然现象与“镇水神兽”石犀联系在一起也就不足为奇了。

石犀的发掘

您可能会问，除这件石犀，其他四尊现在又在哪儿呢?《蜀王本纪》里是这样记载的：李冰“作石犀五枚，二枚在府中，一枚在市桥下，二枚在水中，以厌水精……”意思是说五尊石犀中的其中两尊放在了郡府里，一尊放在了桥下，还有两尊放在了水里。

那么，如今安放在成都博物馆的这尊石犀曾经是放在哪里的呢？这还要从几十年前的一天讲起。

1973年11月的一天，一位打桩作业的工人在成都天府广场附近正在建造电信大楼时，发现大楼附楼东北方位有个地方，基桩怎么打也打不下去，预测是遇到了孤石。结果，挖开一看才发现，这可不是普通的大石头，显然是人为雕刻过的，于是立即报请上级进行现场勘察。成都市文物管理处工作人员赶到现场时，地基已被进一步挖开，坑已挖了好几米深，他们只能趴在坑边勘察。当时，这尊石犀侧身卧地，右半截仍埋在沙土里，只看得见它的左边足部和腹部，看不到它的头部。尽管考古工作者非常希望把石犀挖出来，但施工方表示它埋得太深，东西太重，又找不到大型吊车，依靠人工来挖掘实在太难，文物部门只好同意他们就地把石犀埋起来之后，继续建楼。

2000多年前，人们在面对自然灾害时，通过这尊石犀来寻求心灵上的慰藉；2000多年后，人们又通过这尊石犀破译古人的文化密码，由此古人与今人的距离也被拉近了。

又过了近40年，直到2012年底，四川大剧院计划在已经拆掉的电信大楼原址开建，在开工之前，成都文物考古研究所正式进场勘察。在勘察过程中，队员们发现了规模巨大的夯土台基，台基上残存9个柱础坑，还发现了大量带有铭文的瓦当和地砖，种种迹象加之文献的考证推测出，这里很可能就是当年郡府衙门的所在地。而在这里出土的石犀，很可能就是当年置于郡府当中的两尊石犀中的其中一尊。

但可惜的是，关于另外四尊石犀的下落众说纷纭，至今还没有实物出土。正是如此，如今的这尊石犀就显得尤为珍贵，专家们对它更是呵护有加。

石犀的修复

由于石犀长期埋于地下，受外界环境的影响早已“疾病缠身”。初期文物保护专家们经过紧急会诊，决定在原地进行抢救性“治疗”。为了防止日晒和雨水对它造成二次伤害，他们还搭建了防护棚。受原来基建施工的影响，石犀在出土时身上裹了厚厚的一层混凝土，所以，当时专家们的首要任务就是将混凝土剥离。如果直接用工具撬开混凝土会对石犀造成伤害，于是，专家们想到利用“震动棒”高频率低力度的特点，把文物表面的混凝土震动下来，随后再进行细节的清理。

石犀基本恢复原貌后，被精心运送到了文保中心。因为石犀在地下埋藏了2000多年，长期与含有盐分的泥土接触，以致它的表面堆积了大量的盐分。如果不及时“脱盐”，就会对它造成不可逆转的腐蚀。于是，专家们用纯净水把宣纸浸湿，并敷在石犀表面，以使石犀表面的盐分置换到宣纸上。另外，专家们还特制了专业的修补原料，既可以让石犀被修补的地方不会出现脱落和裂纹，还能高度还原其颜色和质地。**就这样，历时三年多，石犀才基本恢复了原貌。**

2000多年前，人们在面对自然灾害时，通过这尊石犀来寻求心灵上的慰藉；2000多年后，人们又通过这尊石犀破译古人的文化密码，由此古人与今人的距离也被拉近了。而未来，这尊石犀还将继续向南来北往的游客，无声诉说着它的前世今生。

032

骑兵鞍马俑

秦代骑兵的真实形象

秦
（公元前 221—公元前 206 年）

国宝小档案

年代：秦（公元前 221—公元前 206 年）

尺寸：鞍马通高 1.72 米，身长约 2 米，体重 200 公斤

出土地：秦兵马俑二号兵马俑坑最北端

馆藏地：秦始皇帝陵博物院

供图：秦始皇帝陵博物院

主讲人：张银玲

在举世闻名的秦始皇兵马俑坑中，有一支非常引人注目的小分队：它位于二号兵马俑坑的最北端，由四马一组、三组一列，共 108 名骑兵组成的气势威武的长方形骑兵阵营组成，是中国考古史上目前发现最早的骑兵部队。从他们身上，我们能看到秦代骑兵的真实形象。

在图片中，您可以看到一位陶俑骑士双手自然下垂，左手握弓箭，右手紧紧地握住马缰。骑兵的装束和步兵不同，他外穿紧身齐腰的战袍，铠甲在膝盖以上，双肩无披附；袖子长达手腕，窄袖口；腰束革带，下穿紧身长裤，足蹬轻便的皮靴；一丝不苟梳编的发髻，被紧紧地束在小小的皮帽下，帽子两侧的带扣系在颌下，以防帽子在马奔跑时掉落；整个装束轻便灵活，便于骑射。战国时期，赵武灵王将骑射的形式引入中原，“胡服骑射”中“胡服”的样式，就是兵马俑二号坑出土的骑兵俑所穿的这种紧身袍服。

秦代的骑兵属于特殊兵种，选拔都有严格的标准。先秦时期的兵书《六韬·武骑士》中记载，选拔骑兵的主要条件是，身高 1.73 米以上，年龄在 40 岁以下，身体强壮，行动敏捷，这样才能克服遇到的种种困难，发挥骑兵的优势战胜敌人。**秦俑坑中的骑兵平均身高 1.8 米，昂首挺胸，身材修长，国字形脸，大大的眼睛炯炯有神地目视前方；整体形象英俊潇洒，老成干练，让人不由自主地心生敬畏，非常符合书中记载的骑兵形象。**

近乎完美的骏马

骑兵的鞍马就站在他的身旁，与真马一样强壮，通高 1.72 米，身长约 2 米，体重 200 公斤。马对秦国来说是非常重要的，是秦人的立国之本。西周以前，秦人为最高统治者养马，正因为善于养马，秦的先祖才有了封地，建立了自己的城邑——秦，所以秦人对马非常熟悉，也有着深厚的感情；到了春秋战国时期，秦国发达的养马业完全是为了自身的需要，因为争霸和兼并都需要更多优良的马种。而且马是当时人们最重要的交通工具，也是对外作战的重要战略物资，因此，秦始皇陵兵马俑里塑造的马都是近乎完美的骏马。

骑兵的鞍马头方目圆，耳若削竹，胸肌饱满，四肢健壮有力。尤其是马头的塑造，连眼皮的层次都表现得淋漓尽致；鼻翼和嘴唇喷张，好像马正在喘息一般；马口中的牙齿为6～8颗，说明这些马正值青壮年时期。为了避免干扰，方便作战，马的尾巴还被特意编成了辫子。可以想见，这些马的塑造都是非常写实的。

我们都听过千里马与伯乐的故事，伯乐是中国历史上第一个著名的相马专家，他就生活在秦穆公时代的秦国，他写的《相马经》一书就是对长期相马实践经验的总结，我们猜想兵马俑里的陶马就是结合了这本书的知识，才被塑造得如此逼真。既然提到了马的逼真，还有一个比较有意思的故事。1984 年，美国总统里根参观兵马俑时，面对这形象逼真的陶马，曾风趣地问："这马会不会踢我？"

我们再看牵马的缰绳，它是将青石打磨成圆形或扁平形后打孔，再用铜丝串联编缀而成的。直到今天，像这样精致的青石钻孔工艺依旧让我们非常惊叹！如果不是出现在秦兵马俑坑中，我们大概很难想象这是 2000 年前秦代的艺术杰作。

在马背上还雕有马鞍，鞍分为上下两层：上层马鞍被雕塑成皮革的质感，并点缀有鞍钉，起到防滑和耐磨的作用；下层为软垫，能减缓人与马之间的摩擦。整个鞍被扣带紧固在马背的中央部位，并用一条革带攀于马的臀部，以防止鞍向前滑动。马鞍的使用在骑兵战术上有着重要的意义，它可以使骑兵的双手进一步获得解放，有效增强了骑兵的战斗力。过去人们认为马鞍的出现是在西汉时期，而秦俑坑中出土的骑兵俑说明秦代就已经有了马鞍，可是令人疑惑的是，在这些陶马上却没有马镫，马镫直到西晋时期才出现。所以秦代的骑兵就只能飞身上马，这大概也是要求骑兵身高的原因。

秦代对骑乘的马也有明确的规定，秦简上说：骑乘的军马要高五尺三寸（1.33

米），要训练有素，听从指挥，并且对军马考核也极为严格。如果马被评为下等，主管军吏将会被革职，永不录用。而秦俑坑中的马从马蹄至鬐甲的高度正好是1.33米。我们从俑坑中一排排威严整齐的车兵、骑兵、步兵的阵容上可以看出，当年秦国军马训练有素，战斗力十分强大，这和严格高效的马政是分不开的。正是在这种严格养马的管理体系下，一批批膘肥体壮的战马被源源不断输送到军队中，帮助秦始皇北退匈奴，开拓岭南蛮夷之地，实现了开疆拓土、统一华夏的雄心壮志。而这些为他立下赫赫战功的骏马，也在他死后的王朝陪伴他。

秦俑坑出土的陶马都属于我国西北甘肃等地的河曲马，它们耐力好、形体小，奔跑速度快（每分钟奔跑800米以上），在战场上动若疾风，快如闪电，总是出现在敌人最意想不到的地方。还有与骑兵鞍马俑一起出土的兵器，大多是铜镞和弓弩，这就反映了当时骑兵主要兵器配备的真实状况，骑兵在马上居高临下，手持强弓硬弩，步兵又怎能抵挡？这也就是早期中原骑兵“骑射”的显著特征。

彪炳史册的秦军骑兵

我们说骑兵不但是冷兵器时代最有战斗力的部队，而且还是战争中制胜的关键因素。那么，骑兵是从何时兴起的呢？

在我国，骑兵兴起于春秋时期，因其机动性强、冲击力大、活动范围广而迅速得到发展。战国时，仅秦国就有“车千乘、骑万匹”的惊人规模。骑兵又被称之为“离合之兵”，它像鸟散而云合，变化无穷，因此，骑兵多做奇袭用。而且骑兵在战场上打破僵局、颠覆战局、克敌制胜的表现往往都堪称经典，大约在西汉中期，骑兵就从辅助的机动兵力迅速发展为战争的主力。

不过，骑兵阵在二号坑整体格局中的分布，说明了秦代的骑兵虽然已经成为独立的兵种，但仍在战争中处于辅助地位，可能还会临时组织不同的队形和调整战略目标。然而即使是辅助作用，骑兵对战争的胜利还是有着不可估量的作用。

比如在公元前 260 年，秦国和最强大的对手赵国在长平决战时，秦军利用 5000 名骑兵完成了对赵军完美的分割和包围，在战略战术上将骑兵快速机动的作战特点发挥得淋漓尽致，最终取得胜利与骑兵的出色表现有直接关系。为保持高度的隐蔽性，秦军的马蹄经过了特意包裹。5000 人的部队在静默中悄然前行，月光如水的夜晚显得异常安详、和平，谁也没有想到，山谷中暗藏着杀机。突然间，秦军冲出来投入战斗，人喊马嘶，如山洪暴发、似电闪雷鸣，喧嚣的杀声震天动地。在刀光剑影中，赵军完全被打蒙了，很快就失去了抵抗能力，而秦军取得了战国时期最辉煌的骑兵战役的胜利。这些在战场上屡建战功，彪炳史册的秦军骑兵，他们的形象被定格为我们眼前的秦兵马俑。秦代工匠们使用陶塑的形式，以精湛的技艺将这些驰骋疆场的血肉之躯真实地再现出来，赋予了他们不朽的生命和灵魂。

这些在战场上屡建战功，彪炳史册的秦军骑兵，他们的形象被定格为我们眼前的秦兵马俑。秦代工匠们使用陶塑的形式，以精湛的技艺将这些驰骋疆场的血肉之躯真实地再现出来，赋予了他们不朽的生命和灵魂。

秦代以后，陕西也与马结下了不解之缘。马踏匈奴、鎏金铜马、大夏石马、昭陵六骏……一连串与马相关的雕塑杰作从陕西诞生，从此，马也成为文化艺术中被颂扬、被美化的对象！站在秦俑坑前，面对这兵与马组成的庞大军阵，您会感到一种震撼人心的气势。而它们的美和价值也超越了俑坑空间的束缚，成为激动人心的不朽杰作！

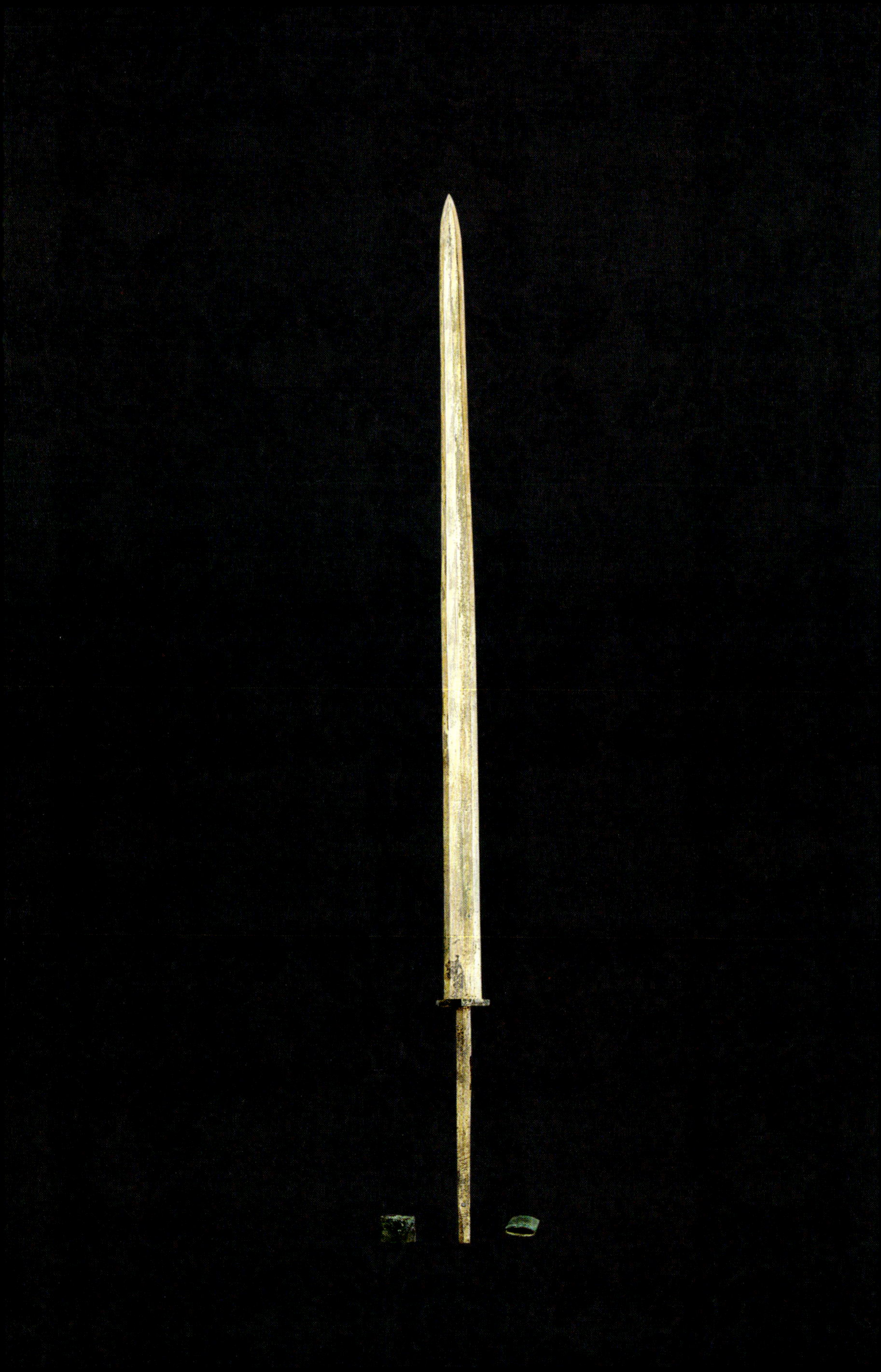

033

秦剑

秦俑坑中的秘密武器

秦
（公元前 221—公元前 206 年）

国宝小档案

年代：秦（公元前 221—公元前 206 年）

尺寸：长约 90 厘米

出土地：秦兵马俑坑

馆藏地：秦始皇帝陵博物院

供图：秦始皇帝陵博物院

主讲人：张银玲

2000 多年前，当世界上还有一些地方仍被蛮荒和愚昧包围的时候，中国古代的秦国人就以他们独特的思想和智慧，创造了那个时期最强大的兵器制造业。在秦兵马俑坑中出土的兵器近 4 万余件，囊括了秦代兵器的所有种类，大体可以分为：长柄兵器、短兵器和远射程兵器。其中绝大部分是青铜镞，另外还有矛、戈、戟、铍、殳、弓、弩、钺、金钩等。它们的出土，让中国历史上模糊了 2000 多年的秦国大军，一下子变得具体和生动了。而在这个出土的庞大“古兵器陈列室”中，一柄柄寒光闪闪的青铜剑尤为引人注目。

秦人炉火纯青的青铜冶铸工艺

秦俑坑中共出土了 22 柄工艺精良的青铜剑，虽然都是实用兵器，但并无使用痕迹。考古学家们分析青铜剑应该是从武器库中取来后，就直接放进了陪葬坑。它们虽然被埋藏在地下 2000 多年，但出土时完全没有生锈的痕迹，依旧寒光四射，剑气逼人，看起来就锋利无比。

您可能想问，在地下埋了 2000 多年的古剑能有多锋利呢？考古学家袁仲一教授讲述了一件有趣的故事，可以证明秦剑的锋利程度。在秦兵马俑被发现后，曾经举行过一次文物展览。在布展时有一位摄影记者要求袁教授手捧 90 厘米左右的秦剑照相，可是袁教授头上却总有几根凌乱的头发高高翘起，怎么也不听指挥。情急之下，工作人员直接挥剑削断了这几根头发，而袁教授竟然没有丝毫的感觉。这些秦剑可谓“吹毛断发”，可以和大家熟知的“越王勾践剑”媲美，让人想起唐代诗人李贺的诗句“秦王骑虎游八极，剑光照空天自碧”的显赫威势。

令人疑惑的是，究竟是什么原因使得这些千年古剑在出土时依然光亮如新、不蚀不锈、锋利无比呢?

经过电子探针及激光分析，我们发现在青铜剑身的表面有一层厚约10微米的铬盐氧化物防止剑身生锈。10微米有多厚呢？它相当于一张报纸厚度的十分之一。这个检测结果震惊了世界。因为铬盐氧化防锈技术，德国是1937年、美国是1950年才发明并申请专利的，而中国早在秦代就已经把这项技术应用于兵器的防锈方面了，整整比欧洲提前了2100多年，这不能不说是世界冶金史上的奇迹。

与春秋战国时期的青铜剑相比，秦剑有了很大的变化：剑身变窄、变薄了，形状看起来像柳叶；剑体也加长了许多，长度达到了 81 ~ 94.8 厘米之间，而春秋时期越王勾践剑全长也只有 55.6 厘米，可见秦代流行用长剑。这从我们熟知的荆轲刺秦王的故事中也可以得到印证：公元前 227 年，燕国太子丹派荆轲去刺杀秦王，图穷而匕首见，绕柱奔逃的秦始皇企图拔剑还击，在慌乱中三次拔剑却怎么也拔不出长长的宝剑，只听有人大喊："大王快把剑鞘推到背上！"秦王恍然大悟，拔出宝剑刺死了荆轲。

秦剑被加长，表明武器在不断改进和演化，那么秦人将剑身加长的目的又何在呢？ 19 世纪英国古兵器学家理查伯顿认为，在短兵器格斗中，刺比砍更有优势，因为刺更逼近对手。**长于对手大约 30 厘米的秦剑，在格斗中显然更容易刺到对方，杀伤力明显增强，我想这可能是秦剑加长的主要原因。**

另外，剑不仅是一种实用兵器，更是身份的象征。秦剑的加长既增强了格斗效能，也增添了佩剑者的威风之气。春秋时期，突破西周礼制的约束，佩剑渐渐成为一种风尚；进入战国时期，秦简公"六年（公元前 409 年），令吏初带剑""其七年，百姓初带剑"，原本西周时期一般小官吏和平民是不能佩剑的，这时候秦简公颁布法令允许了。这样以制度的形式允许百姓佩剑，应该属于破天荒的事件，秦国统治者可能是希望通过提倡佩剑来培育全民的尚武精神。**而佩剑作为贵族成年标志的礼仪功能也仍然保留着，其身份越高，剑的制作越精美、材料越贵重。**《史记》记载秦始皇成年亲政时用了六个字："乙酉，王冠，带剑。"可见，兵马俑坑中出土的青铜剑应当不是随意配发的。

另外，秦朝青铜剑在离剑锋6厘米处出现了收缩后稍窄的现象，这叫作“束腰”。束腰和现在刺刀上血槽的作用是相同的。进锋出血，杀伤力极强，这是秦代兵器的又一大进步。剑身共有八个棱面，用精确度为0.02毫米的游标卡尺对它们进行测定，这八个棱面均衡且对称，棱面之间的误差不足0.1毫米。**秦代法律规定：制造同一类器物，它们的大小、长短、宽窄都要相等，这也就是现代科学上所说的尺寸标准化。**科学研究已为我们呈现出了秦代文明中手工业生产的标准化水平，让我们重温文明传统中那一丝不苟的精神品格。

同时，文物考古者通过研究青铜剑的制造工艺还发现，它们都是铸造成形，还使用了热锻打工艺，再进行了锉磨、抛光处理。

铸剑的关键在于，冶炼过程中对铜锡比例的准确掌握。在《考工记》一书中总结了青铜冶炼的技艺，对于刀剑的要求是“三分其金而锡居一”，锡少了，剑太软，容易变形；锡多了，剑又硬，容易折断。而秦俑坑中出土的青铜剑铜锡比例3∶1的科学配比，使它的硬度和韧性结合得恰到好处。**通过化学检测分析得知，青铜剑刚柔相济，其中铜占74%、锡占22%的合金配比非常科学。**考古工作者在清理一号兵马俑坑时，还发现一柄青铜剑被陶俑压弯了，当他们移开200公斤重的陶俑后，这柄青铜剑竟然瞬间反弹为平直状态，当时在场的所有人员无不称赞它的奇妙。

秦剑内部结构严密，不存在常规冶炼过程中形成的砂眼。用放大镜观察发现，剑的刃部磨纹非常细密，纹理平行没有交错现象，因此判断当时已经使用了机械加工技术，而不是手工锉磨。锉磨之后，再采用抛光工艺，用麻絮沾油在剑的四周打磨，使剑身光亮平整。经过测试，剑的光洁度达到V6～V8。

秦人炉火纯青的青铜冶铸工艺，使秦剑的长度、硬度、韧性以及剑身形状，都达到了近乎完美的境界。

物勒工名，以考其诚

2000 多年前，秦人之所以能制造出如此刚柔相济、工艺精湛的青铜剑，与秦王朝对兵器制造实行了严格的管理制度分不开。

我们发现秦俑坑的青铜兵器上刻有文字，因为秦代法律规定：凡是国家铸造的兵器要刻上官署的名称。这些兵器上发现最多的就是刻有“寺工”的铭文。寺工，就是秦王朝制造兵器并兼作车马器、宫廷日常生活用器的专职机构。它的设立，充分反映了秦王朝对兵器生产的重视；同时，对于制造兵器的工匠也有严格的要求，“物勒工名，以考其诚”正是秦代的制度。

秦人能够灭掉东方六国，建立起我国历史上第一个统一的帝国，秦军勇猛善战固然是主因，但“大秦制造”如虎添翼的力量更不容忽视。**秦人用精益求精的工艺、有序高效的模式、严谨务实的制度孕育出锐利精良的青铜兵器，这些兵器勾勒出冷兵器时代的流光霜影，映现着唐代诗人李白曾描绘的这样一派壮丽图景：“秦王扫六合，虎视何雄哉。挥剑决浮云，诸侯尽西来。”**

034

秦陵彩绘铜车马

青铜之冠

秦
（公元前 221—公元前 206 年）

国宝小档案

年代：秦（公元前 221—公元前 206 年）

尺寸：重量超过 2300 千克

出土地：陕西省西安市临潼区秦始皇陵现存封土西侧 20 米处

馆藏地：秦始皇帝陵博物院

供图：秦始皇帝陵博物院

主讲人：韩东红

2016年，有位网友在西安拍到保时捷918的照片，遂发朋友圈感慨：“这是西安最贵的车了吧！”他的一位朋友即刻回复：“不是！”紧接着晒了一张秦陵彩绘铜车马图，说：“这才是西安最贵的车。”没错！若要论西安最贵的车，秦始皇陵园出土的大型彩绘铜车马当之无愧！今天，我为您介绍的就是秦陵彩绘铜车马。

它们是1980年12月在秦始皇陵现存封土西侧20米处，7.8米深的地下出土。这两乘车均为双轮、单辕、四马系驾。前面的车是敞篷车，驾车人站立驾车，叫“高车”；后面车的车厢全封闭，驾车人跪坐驾车，叫“安车”。它们按照真人、真马、真车缩小长度的二分之一制作而成，尽管是二分之一，但部件一个不少，总共7500个部件，重量超过2.3吨，其中黄金和白银就有14公斤。**人、车、马通体彩绘，美轮美奂，它们是供秦始皇帝的灵魂在地下世界出游时使用的交通工具，再现了2200年前秦始皇帝銮驾的风采。**

在陵墓里陪葬车马，无非是灵魂观使然，从商周到后代都有，并不稀奇，但陪葬体形如此巨大、结构如此复杂的青铜车马却是绝无仅有。以往墓葬出土的车马大都是真马、木车，出土时早已腐朽，或者是结构简单的小模型，均无法了解详细的部件结构。铜车马出土时尽管破碎为3000多块碎片，但幸运的是，它们在历史上完全没有被扰动过，所有的部件都在原地，经过专家们近八年的修复，终于恢复了它们本来的面貌。铜车马的出土补充了史料记载的不足，证实了史料记载的准确性，纠正了以往的错误认识。它们的研究价值主要体现在三个方面：其一是马车结构研究；其二是青铜制作工艺研究；其三是艺术成就研究，我会逐一介绍。

秦陵彩绘铜车马的结构

就马车结构研究而言，它们的价值不可估量。今天我只介绍一下铜车马的系驾关系，具体说就是马怎么拉车，以及驾车的人怎么控制马。

我们熟悉的马车是双辕车。双辕车的辕就是从车厢左右两端伸出两根直木，直木的前段套驾在马的肩部两侧用以拉车。双辕车自汉代起就跃上历史舞台，逐渐取代了单辕车，单辕车便成了历史之谜，而铜车马恰恰是单辕车。单辕车的辕从车厢中部，由后向前伸出，前段上扬连着衡，衡两端连着人字形的轭，轭套在马的肩部。中间两匹马被连为一体，原以为它们只是用来掌握车子的平衡，铜车马出土后才证实，中间两匹马也兼具拉车功能。拉车的绳子系结在轭的外侧下端，然后顺着辕向后，在车辕和车厢交合处合为一股，再向后延伸系在车轴上。两边两匹马拉车的绳子呈环套状，套在马的胸部，向后延伸穿过固定在车厢底部前端的铜环，然后与车厢底部平行向后，系结于车底后部的横木上。这样一来，中间两匹马的动力绳系在车轴中部，两边两匹马的动力绳分别系在车厢底部，受力点与两个车轮的距离相等，因此，车轮和车厢两个相对独立的部分均被牵引，且三个受力点形成等腰三角形，两轮及车厢能够均衡受力。

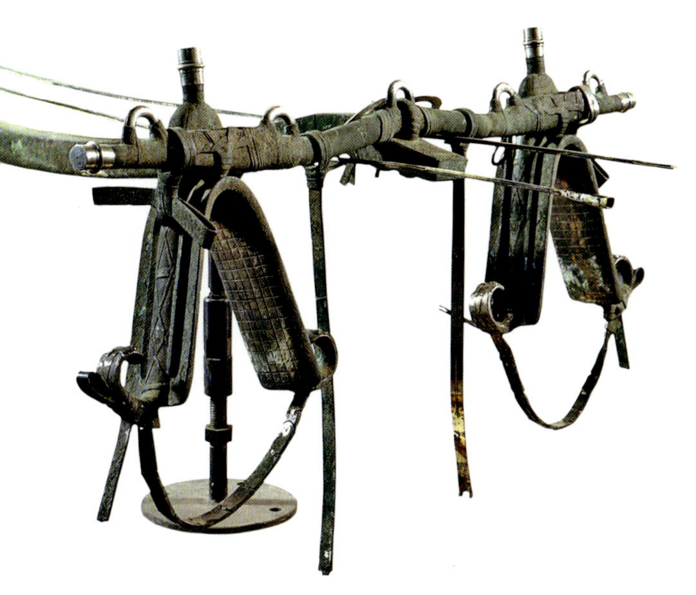

辕、衡、轭三者的连接关系。铜车马恰恰是单辕车，单辕车的辕从车厢中部，由后向前伸出，前段上扬连着衡，衡两端连着人字形的轭，轭套在马的肩部。

这两乘车均为双轮、单辕、四马系驾。前面的车是敞篷车，驾车人站立驾车，叫“高车”；后面车的车厢全封闭，驾车人跪坐驾车，叫“安车”。它们按照真人、真马、真车缩小长度的二分之一制作而成，尽管是二分之一，但部件一个不少，总共 7500 个部件，重量超过 2.3 吨，其中黄金和白银就有 14 公斤。人、车、马通体彩绘，美轮美奂，它们是供秦始皇帝的灵魂在地下世界出游时使用的交通工具，再现了 2200 年前秦始皇帝銮驾的风采。

铜车马的出土，才清晰、准确地向人们展示了驷马单辕车控马绳子的分配办法。中间两匹马联为一体，它们俩中间的控制绳系结在车厢前面的车栏板上。其余的六根绳子分别握在驾车人手中。

接下来，我来介绍一下驾车的人如何控制马匹。《诗经·秦风·小戎》记载“四牡孔阜，六辔在手”，意思是说四匹马拉车，驾车的人手中握有六根控制马匹的绳子。每匹马都由两根绳子控制，四匹马就应当有八根绳子，为什么驾车人手中只有六根呢？史学界长期以来争论不休。直到铜车马的出土，才清晰、准确地向人们展示了驷马单辕车控马绳子的分配办法。由于中间两匹马联为一体，它们俩中间的控制绳功能几乎可以忽略，所以就系结在车厢前面的车栏板上。其余的六根绳子分别握在驾车人手中，马体右侧的绳子握在右手中，马体左侧的握在左手中，右转弯牵动右手的绳子即可，左转弯牵动左手的绳子，控驭简单。

秦陵彩绘铜车马的制作工艺

秦始皇帝生前乘坐的是木车，而这两辆车的主要材料是青铜，它们采用铸造、焊接、铆接等多种工艺制作而成，两乘车共由7500个零部件组装而成，制作难度可想而知。下面我们就从铜车上的一个部件——车篷盖，来了解它的制作难度。

实用马车的篷盖是用丝绸制作而成，而秦陵铜车的篷盖用青铜制成，但工匠们竭力表现出丝绸的厚度、质感和花纹。篷盖薄而平滑，正反两面都绘着精美的图案。用青铜模拟织物制作篷盖难度极大：安车上椭圆形的篷盖面积达 2.3 平方米，厚度仅有 1 ~ 4 毫米。制作如此大而薄的拱形铸件，首先要求有娴熟的合金配比技术，铜液既要流动性强，还要有良好的成形能力；其次要求工匠有高超的铸造技术，能有效地控制整个铸造过程，保证铸件的完整性；另外还要求有高水平的模具制作技术。无论哪个环节出现偏差，都可能导致铜液流动不畅或者模具爆裂，难以做成面积巨大而完整的篷盖。我们在复制原大铜车马时，曾邀请多家铸造企业进行篷盖复制试验，至今还没有成功的案例，仍无法解决秦代工匠早在 2000 多年前就已经攻克的技术难题。

我们再来了解一个结构奇巧的构件——高车上的伞座。车伞是必须能够随意装卸的，因此在伞座的上下两端各设计了一个固定伞柄的装置。上端的装置类似我们今天的门锁，由一个一端固定可活动的半环和一个竖销组成，半环和竖销接触的一端均设计为 45 度斜坡。当半环环住伞柄，只须轻轻一推，半环一端的斜坡就会插入暗槽，同时顶起竖销。之后，在重力的作用下，竖销会自然落入半环上预留好的锁槽内，伞柄便被牢牢固定在半环内，由于地球引力的作用，竖销决然不会跳出锁槽。下端在又大又重的十字形底座上设计了一个横向暗锁，锁闩将伞柄末端的活动装置紧紧卡住。在这两个装置的控制下，无论路途多么颠簸，伞柄都不会从伞座上拔脱或倾倒。

秦陵铜车上的篷盖和伞座只是众多部件中的两个，它们的制作技术和结构设计也只是制作工艺的一部分，但我们窥一斑也可知全豹。

秦陵彩绘铜车马的艺术成就

铜车马不仅是高科技的产物，它的艺术价值也非常高。我们试举一例，两乘车上的铜马比例准确，造型生动，神态各异，两服马举颈昂首正视前方，两骖马头略向外偏，似乎在用力拉车。《相马经》描述骏马的特征是：头方、目明、背平、胸厚、腿长。这八匹铜马无一不符合这些条件，它们个个耳若削竹、目似悬铃、头方肚圆、脊干平整，胸部的肌肉隆起，腿部的筋腱隐隐可见。不仅如此，马还是彩绘的，使用平涂和堆绘的手法，让张口喷鼻的马儿仿佛有了生命力。秦代艺术家们寓动于静的艺术手法以及在青铜上饰彩，赋予冰冷的青铜无限生命力，着实是一创举！

秦陵彩绘铜车马的修复

秦人创造铜车马是一奇迹，今人修复铜车马同样了不起，许多部件的修复完全是再创造。比如一号车车伞的修复，重33.23公斤的伞盖碎成了316块，22根伞骨全部断裂，伞骨已无法撑起伞盖。经过两年的反复研究、实践，最终确定使用0.5毫米厚度的不锈钢板，在特制的模具中手工压制成凹槽，弧度与伞骨相同，将伞骨含住。一端焊接在一块3毫米厚

秦代艺术家们寓动于静的艺术手法以及在青铜上饰彩，赋予冰冷的青铜无限生命力，着实是一创举！

一号车车伞的修复，重 33.23 公斤的伞盖碎成了 316 块，22 根伞骨全部断裂，伞骨已无法撑起伞盖。经过两年的反复研究、实践，最终将伞盖、钢槽、伞骨铆接在一起。这样修复后既不改变车伞的美观，又能将它安全牢固地托起。

的不锈钢圆板上，并将圆板黏接放置在连接伞骨的圆形装置上。弧形钢槽紧扣在伞骨上，与伞骨黏接固定。最后，放置伞盖，并选点将伞盖、钢槽、伞骨铆接在一起。

这样修复后既不改变车伞的美观，又能将它安全牢固地托起。**长达八年时间，精心修复了 3000 多块碎片，终于使铜车马恢复昔日风采。**1997 年，铜车马一号车的修复荣获“国家科技进步二等奖”。

秦陵铜车马是迄今发现形体最大、结构最复杂、系驾关系最完整、制造最精美、彩绘最丰富的古代青铜制品，被誉为“青铜之冠”。它既令我们景仰，也让我们骄傲。

035

秦始皇陵

揭秘秦始皇陵考古勘探成果

秦
（公元前 221—公元前 206 年）

国宝小档案

年代：秦（公元前 221—公元前 206 年）

尺寸：现存封土长 350 米、宽 345 米、周长 1390 米、高 55 米（北侧封土底边中部测量）；封土顶部平台长 24 米、宽 10.4 米

所在地：陕西省西安市临潼区

馆藏地：秦始皇帝陵博物院

供图：秦始皇帝陵博物院

主讲人：韩东红

提到文物，您一定会想到某个历史时段的某件重要物件，例如人面鱼纹盆、后母戊鼎等，它们都是可移动文物当中的珍贵文物。但是今天我要为您介绍的是一处不可移动文物——秦始皇陵。

1961 年，秦始皇陵被确定为第一批全国重点文物保护单位中古墓葬类第 3 号；1987 年，它被联合国教科文组织列入《世界遗产名录》，是我国首批世界遗产之一。关于秦始皇陵的遐想与猜测不胜枚举，由它衍生出的影视作品享誉海内外，那么，近年来秦始皇陵考古勘探揭晓了哪些谜底呢？今天我就为您介绍一下。

古代帝王陵墓中最高大的封土堆

秦始皇陵位于西安以东 35 公里处的骊山北麓，远远望去，封土堆高大雄伟，气势磅礴，令人肃然起敬。经实测，封土堆的底部近似方形，现存封土南北长 350 米、东西宽 345 米，周长 1390 米，占地面积达 12 万平方米，相当于 17 个标准足球场。从封土底部的北边测量，封土高达 55 米，接近 20 层楼的高度。它是我国古代帝王陵墓中最高大的封土堆，空前绝后。封土顶部是一个平台，东西长 24 米，南北宽 10.4 米，整个封土堆的形状像一个倒扣着的斗。

这些数据与史料的记载显然有很大的出入。《汉书·楚元王传》记载：“其高五十余丈，周回五里有余。”秦时的 50 丈相当于现在的 115 米，比 55 米高出一倍还多，那么是记载有误，还是有别的缘由？考古专家们结合西汉帝陵高度变化的数据和其他文献资料的记载，在不同地点进行实地测量后，最终得出两种结论：有专家认为 115 米是当时设计的高度，最终因农民起义并未按照设计的高度完成；也有专家认为是由于测量地点的不同，而得出了不同的数据。秦陵处在骊山北麓的冲积扇上，地势南高北低，仅外城的南北墙高差就达 80 米，在外城以北的吴西村测量，封土高度达 107 米，加之 2000 多年的水土流失，高度降低了 8 米在情理之中，因此，这个测点可能是当年的测点。

封土之下的夯土建筑

这个巨大的封土之下还有什么秘密吗？2002 年 11 月，中国地质调查局与陕西省考古研究所联合对秦始皇陵区进行物理探测，这个项目被列入国家“863 计划”。这次的探测使用了重力法、磁法、电法、放射性法、弹性波法、核磁共振法、地温法、测汞法 8 大类 22 项物探手段，同时考古工作者用洛阳铲勘探，以验证高科技手段的探测结果。最终证实，在封土之下有一组人工夯筑的紧致夯土建筑，每个夯层仅 6 ~ 7 厘米，整体呈 9 层台体结构，高出地面 30 米，有 10 层楼那么高，每个夯层外侧有瓦片和木结构建筑。

这个有着 9 层台体结构的建筑到底有什么用途呢？**古人认为人是由灵魂和肉体两部分构成，人死只是肉体死亡，而灵魂不灭，埋在地下的灵魂依旧享用生前拥有的生活。**始皇帝的陵墓便是按“事死如生”的观念设计，他认为自己德兼三皇，功过五帝，陵墓自然应该是高台榭，美宫室，而“9”是阳数中最大的数字，9 层符合帝王九五之尊的身份。试想，始皇帝的灵魂在工作休闲之余走出地宫，登上 10 层楼高的高台后，眺望、俯瞰他的帝国，岂不美哉！

秦陵地宫的秘密

接下来，我为您介绍一下最神秘的秦陵地宫。《史记·秦始皇本纪》关于封土下的墓室有这样的记载：“穿三泉，下铜而致椁。宫观百官，奇器珍怪，徙臧满之。令匠作机弩矢，有所穿近者辄射之。以水银为百川江河大海，相机灌输，上具天文，下具地理。以人鱼膏为烛，度不灭者久之。”这段话的意思是，陵墓的墓室挖得很深，穿透了多个地下水层，棺椁上装饰有铜构件。墓室里有百官的位次及大量奇珍异宝，并设计了弩机暗器，防止陵墓被盗掘。还用水银做成百川江河大海，有机械设备让它川流不息。墓室顶部装饰有天文星宿图，底部有山川地貌图。墓室里还有用娃娃鱼的油脂做的灯烛，长久不会熄灭。

《史记》关于墓室的记载可信吗？目前考古勘探又获得了哪些信息呢？2002年，在物探技术加考古勘探的验证下，我们窥探了秦陵地宫的秘密。所有勘测结果都表明，秦陵地宫就在现封土堆之下，据现在地表34米左右，并非电影《神话》中描述的地宫在山体之中。地宫的开挖范围主体东西长约170米，南北宽约145米；开挖范围主体和墓室均呈长方形。地宫有石质宫墙，高约14米，厚度8米，东西长145米，南北宽125米。墓室位于地宫中央，东西长约80米，南北宽约50米，面积达4000平方米，有12个篮球场那么大；墓室高15米，约5层楼高，主体尚未坍塌，墓室地面距封土顶72米。**在地宫石质宫墙外有阻排水系统，依然在发挥效果，墓室尚未进水。地宫中存放有大量水银，墓室中可能有金属制品。墓室有东西墓道，没有发现相同结构的南北墓道。**1981年和2002年两次分别探测水银的成果一致，均验证了历史文献上关于地宫中存在水银的记载。这些探测结果令人欣喜和振奋，随着科技的发展，也许有一天，我们无须打开陵墓就可以看到墓室里的图像。

前无古人，后无来者

古代人死后埋入地下，地面上不起坟包，不树立标志。直到商周时期，在长江流域出现了土墩墓，究其缘由，可能是地下水位高，人们便在地上垒砌像馒头形状的土墩来埋葬死去的亲人。春秋晚期，这种风俗逐渐由长江流域流传到淮河流域，再往北到黄河流域；传到北方后，也是由沿海向内陆传播，先出现在齐国，之后是燕、赵、韩。战国后期，这种风俗才传到最西边的秦国。云梦秦简证实，秦献公是第一个在墓上起封土的秦国国君，他的封土称作“冢”，秦惠文王那高大如山的封土才始称为“陵”。随着秦国政治中心的东移，国君的陵墓也随之东移，但封土的高度不超过 10 米。

秦始皇建立了中国历史上第一个统一的、多民族的、中央集权制的封建帝国，奠定了中华版图的基本格局，更创立了一套影响中国2000多年的社会治理体系；与此同时，他还修建了一座规模宏大的陵园，占地面积达56.25平方公里。陵墓设计依照“若都邑”原则，意思是像都城一样，围绕封土有两重城墙，呈南北向的长方形，内城周长3870米、外城周长6322米，今天城墙的墙基夯层清晰可见。围绕着陵墓封土有礼制性建筑10余处，陪葬坑、陪葬墓300多座。秦始皇陵的规模和陪葬内容可以说是前无古人，后无来者，秦陵墓制度对后代产生了十分重要的影响，主要体现在陵寝制度、陵邑制度、陪葬制度，之后，“百代皆行秦政事”。

秦始皇陵的考古调查工作依旧在进行，目前只是揭开了冰山一角。秦始皇陵布局缜密，规模宏大，埋藏丰富，具有重大的历史、科学和艺术价值。这里蕴含了秦帝国的社会治理体系，宇宙观及核心价值观，是研究 2000 年前人类社会生活的第一手资料。

2010 年，秦始皇帝陵国家考古遗址公园建成开放，国家投资了 8 亿多元将 29 个自然村和单位迁出陵区，建成保护区，保护范围达 2.13 平方公里，将外城以内的文物核心区保护起来，避免当地老百姓在取土或建房时无意中扰动秦陵的陪葬坑。同时将原来登上封土的道路拆除，把封土封闭保护。对于埋在地下的文物而言，不去打扰它们便是最好的保护。随着科技的不断发展，期待未来在不去干扰它们的前提下，对秦陵能有更多的认知。

局部展示图

036

东平汉墓壁画

沉寂千年的古墓丹青

汉
（公元前206年—公元220年）

国宝小档案

年代：汉（公元前206年—公元220年）

尺寸：不详

出土地：山东省东平县境内汉代墓室一号墓

馆藏地：山东博物馆

供图：山东博物馆

撰稿及主讲人：蒋彬

当我们走进山东博物馆汉代画像艺术展厅，会看到一组色彩精美、保存完好的彩绘壁画——东平汉墓壁画，其中既有表现墓主人生活的宴飨、歌舞、斗鸡、出行等场景，也有“梁高行拒王聘”“孔子见老子”等历史故事的描绘，还有方相式驱鬼、金乌负日等神话传说的再现。整体布局严密，构图精妙，繁而不乱，是迄今发现的山东地区年代最早、保存最完好、艺术水平最高的汉代壁画。它不仅填补了山东汉代壁画研究的空白，在全国亦罕有比肩。

汉画作品惊现于世

东平的历史文化悠久，尤其在两汉时期兴盛一时，地属东平国。现东平境内有大量汉代文化遗存，目前有 52 处遗址、42 处墓地集中出现在汉代东平国都城周围。汉代墓葬有石椁墓、砖室墓、石室墓等多种样式，曾多次被发现的汉代壁画墓证明东平在汉代不但具有重要的历史地位，而且流行在墓室中装饰壁画的风俗。

2007 年，一座汉代墓葬群在东平一处建筑工地被发现。考古工作者经过勘探发掘，共清理了 18 座墓葬，其中有三座彩色壁画墓最引人注目。出土的彩色壁画色彩艳丽，特点鲜明，内容题材丰富。尤其以一号墓壁画的内容最丰富，保存最完整。沉寂地下近 2000 年后，这批珍贵的汉画作品终于惊现于世。

一号墓，墓道西向，南北宽 5.7 米，东西长 4.2 米，高 1.27 米，面积达 20 多平方米。前庭后室，为夫妻合葬墓。整个墓室用大型石块垒砌而成，墓门门楣、立柱外侧为雕刻的画像，彩色壁画主要绘于墓室前庭。在前庭的顶部、西壁墓门两侧立板、南北两壁，以及门楣内侧绘有彩色画像，面积约 12 平方米。壁画绘制在白色地上，石材加工平整，因此只是在表面涂抹白地，直接在白地上绘制。

墓室顶部描绘云气纹和金乌。云气纹勾连开合，其间一枚红日，内有金乌做展翅飞翔状。传说，太阳里有金黄色的三足乌鸦，古人便把太阳称作“金乌”，将其绘于墓室顶部，希望墓主人在死后的世界里也能看到与生前一样的日月星辰。

事死如事生，天人合一

目前展厅内展出的正是一号墓壁画，墓室顶部描绘云气纹和金乌。云气纹勾连开合，其间一枚红日，内有金乌做展翅飞翔状。**传说，太阳里有金黄色的三足乌鸦，古人便把太阳称作“金乌”，将其绘于墓室顶部，希望墓主人在死后的世界里也能看到与生前一样的日月星辰。**

墓室门楣内侧彩绘有12个站立的人物，南北门楣各绘有6个人物，人物描绘大都为须发皆张、袍袖高挽、身配武器。威武强壮的武士形象，应是墓室的守护神。画面线条流畅，对武士须发眉目、衣饰纹理的刻画十分细腻，人物神态、表情、动作各不相同。画像风格上开始脱离秦汉时期对简练古拙之美的崇尚，而表现出对工细古朴的追求。

墓室北面墙壁绘有三组不同题材的画像内容，构图细致绵密，饱满严谨。

上层描绘的是“梁高行拒王聘”的故事。据史料记载，梁国有一名年轻的寡妇，因长得美丽又品德高尚，经常受到王公贵族的追求。梁王听说后也派人下聘，欲将她娶进宫中，但

她拒绝再嫁，甚至持镜操刀割掉自己的鼻子以表明不嫁的决心。梁王为她的气节所动，便放其归家，赐号“梁高行”。在崇尚忠孝文化的汉代，宣扬儒家伦理道德的孝子烈女故事正是画像石刻经常反映的一类题材。此画像故事分作两幅：一幅画面为使者双手托举聘书跪于地，梁高行侧身回首欲接过聘书，似不知聘书内容；另一幅画面中，梁高行背向使者，右手持镜照面，左臂长袖后甩，似是拒绝之意。这两幅画面成功地捕捉了故事高潮转折的刹那，生动传神，人物形象跃然欲出。

中层所绘为“孔子见老子”的故事，亦分作两幅。一为二人相对，老子略显瘦小，右手抬至胸前，左手微曲于胯侧，双目略垂，仿佛有拒绝之意；孔子则更显魁梧，身体前躬，双手合拢于胸前，头微微上扬，做谦虚问礼状。第二幅画面则是孔子、老子二人拱手相对，似乎交谈甚欢。这两幅画面生动地再现了中国儒道两大流派的始祖进行思想交流的场景。

下层画像表现的是斗鸡与出行，这应该是墓主人生前生活状态的写照，反映了汉代人“事死如事生”的丧葬观念。斗鸡是一种古代常见的娱乐方式。画面中两只雄鸡，其中一只颈羽竖起、俯首向前做进攻状；另一只昂首单足站立做迎战状，寥寥数笔便勾勒出斗鸡场面的整体形象。在这种粗线条飞扬流动的意象中，汉代艺术对速度、力量和气势之美的崇尚被演绎得淋漓尽致。

墓室南壁是一幅宴飨、歌舞图，画面分上下两层：上层为四男子两两对坐，中间摆放杯盘，四人正窃窃私语，表现的是气氛融洽的宴饮场景；下层四女子皆梳高髻，穿长裙，束腰。其中，一女子于七盘之上甩袖而舞，另外三女子挽袖站着从一侧看向起舞女子，似在为其歌唱助舞。起舞女子所跳的舞蹈为七盘舞，也叫“盘鼓舞”，是汉代著名的宫廷舞蹈形式。这种舞蹈要求舞者要有高超的平衡技巧，舞时将盘和鼓覆置于地上，时而仰面折腰、双足踏鼓，时而跪地俯身、摩击鼓面，时而奋起甩袖、轻盈跳跃，“体如游龙，袖如素霓”。舞者在盘鼓上伴随不同的音乐节奏巧妙地踏鼓起舞，时俯时仰，时动时静，力与美在舞蹈中完美结合，表现出舒扬升腾的韵致。由于这种舞蹈具有精妙的艺术色彩，使人观后为之心醉，所以汉代凡有乐舞百戏的场面，几乎都要涉及它。整个墓室南壁的画面表现了墓主人享受高堂大屋，悠闲娱乐的优雅生活。

墓室西壁描绘的是镇墓驱邪的方相氏。方相氏在汉代画像中常见，形象怪异，面目狰狞，是古代打鬼驱疫的头目。《周礼·夏官司马·方相氏》中记载：他们身披熊皮，以黄金铸成四目，着玄衣朱裳，执戈举盾，率领众隶驱逐厉鬼精怪。画面中的方相氏须发直竖，环眼朱口，左手执圆盾、右手持利斧，正在主持大傩仪式，也就是古代流行的一种驱疫仪式，这与史书中的记载极为相似。

汉代人将墓室看作宇宙的缩影，分为天上、人间、地下三部分，并在这小小的宇宙内充分表达时下流行的事物和自己的信仰观念。他们一般在墓顶描绘日月星辰等，以此表达对天的认知和敬畏。他们将墓室看作死后的冥宅，自己生前所享受或希望死后能享受的生活都尽量在墓室中体现，这就是墓室壁画中众多生活场景的由来。同时，他们又惧怕地下的恶鬼，所以墓中画有驱疫打鬼、镇墓辟邪的神人和武士。东平彩绘壁画将汉人“事死如事生”“天人合一”的思想观念充分表现出来了。

东平汉墓壁画价值的多元性

作为一种兼具绘画艺术品与历史文物双重属性的文化遗存，东平汉墓壁画价值

南北门楣各绘有 6 个人物，人物描绘大都为须发皆张、袍袖高挽、身配武器。威武强壮的武士形象，应是墓室的守护神。画面线条流畅，对武士须发眉目、衣饰纹理的刻画十分细腻，人物神态、表情、动作各不相同。画像风格上开始脱离秦汉时期对简练古拙之美的崇尚，而表现出对工细古朴的追求。

的多元性不言而喻。

从美术史的角度看，东平汉墓壁画不仅填补了山东汉画研究的空白，而且丰富了我国隋唐以前墓室壁画的材料，为证明、显示隋唐以前我国绘画艺术的伟大成就提供了又一佐证。**而就历史学层面说，东平汉墓壁画饱含着古人起居燕坐、宴乐祭祀等丰富的内容，重现了 2000 年前的社会生活情景，折射出汉代中国人的思想世界，“那里有生者的祝愿，那里有死者的寄托，有对现世生活的眷恋，有对来世幸福的祈求”。**

东平汉墓壁画同上起两汉、下讫明清的所有壁画墓一起，汇集成一部真实而准确的图像中国史，它的生动与直观足以让文字书写的历史黯然失色。

参考文献

① 宋爱平. 彩绘天地，墓中春秋——山东博物馆馆藏东平汉代彩色壁画[J]. 走向世界，2011：52-55.

② 贺西林，李清泉.《永生之维——中国墓室壁画史》导言[J]. 美术学报，2008（3）：66-69.

经穴漆人

最完整的漆制经穴人体医学模型

国宝小档案

西汉
（公元前 206 年—公元 25 年）

年代：西汉（公元前 206 年—公元 25 年）

尺寸：高约 14 厘米，肩宽 4.2 厘米，厚 2.6 厘米

出土地：四川省成都老官山汉墓 3 号墓

馆藏地：成都博物馆

供图：成都博物馆

主讲人：杜宇

今天我要给您介绍的是成都博物馆“一大一小”镇馆之宝当中的那“一小”——经穴漆人。

经穴漆人的出土

2012年7月，成都地铁3号线施工队正在烈日下紧张作业，随着施工的推进，工人们发现了一处古代墓葬，随后成都文物考古研究所对这处墓葬进行了一年多的发掘，基本确认此墓葬属西汉时期。这就是日后被评为2013年全国十大考古新的发现之一的成都老官山汉墓。

墓中出土了医学竹简、汉代蜀锦织机模型、官府文书木牍等重要文物，其中，一件漆木人俑的出土更是引起了学界的广泛关注。人俑出现在墓葬中，其实源于古时的葬俗“人殉制度”。在制作代替活人殉葬的人俑时，为了更加真实，工匠们会为它们刻画出衣服以及毛发，不过考古工作者在老官山3号墓中看到的这件漆木人俑身上却没有发现类似衣服的纹饰。它是一件裸体的人像，身上还刻着清晰的经脉线络和腧穴点，因此被命名为“经穴漆人”。

经穴漆人的主人

这件经穴漆人裸身直立，通体髹黑漆，高约14厘米，肩宽4.2厘米，厚2.6厘米；光头，眉、眼、口、鼻、耳清晰；手臂垂直放于两侧，手五指并齐，掌心向前；双脚呈一字站立；头与肢体结构比例协调，制作得十分精细。

那么，为何会在墓葬中放这样一件标满人体经穴的医学模型进行陪葬呢？原来与经穴漆人一起出土的还有一批医学竹简，即九本医经。有专家认为，在古代一般的民间医生不会有医经，“经”只能掌握在官员手上，所以墓主人应当是位官医，也就是有官职、拿政府俸禄的医生。

那这位官医是何人？又是从哪儿来的呢？史料记载，秦国在蜀地初建政权，除政府官员及家属、驻军等因公入蜀者，还有大量移民入蜀。到西汉时期，移民早已变成蜀地居民，他们带来的先进生产技术也早已促进了巴蜀地区制盐业、漆器制造业、纺织业等行业的发展，而医学理论及实践也在此背景下大放光彩。

在老官山汉墓 1 号墓出土的一件漆器上有“景”字铭文，景氏曾是楚国的名门望族，在西汉初期迁入关中地区，之后又有一支从关中迁入巴蜀之地。由此，有学者认为老官山汉墓的墓主人可能就是战国时期楚地贵族景氏的后人。巴蜀地区医学发展与古楚国有着千丝万缕的联系。

除了景氏，相传与蜀地医学发展有着重要关联的还有一人，他就是“神医扁鹊”。在老官山汉墓出土的医学竹简里反复出现了“敝昔曰”三个字，“敝昔”在古代是“扁鹊”的通假字，这在以往发现的古籍上也有记载。众所周知，扁鹊是中医针灸的传承者和发扬者，被誉为中医的“针灸祖师”，尽管他一生从未到过蜀地，但不排除他的弟子将其医术广为传播，蜀地名医涪翁、郭玉就是代表。因此，这件经穴漆人也可能就是当时这些扁鹊学派的医生用到的医学用具。

可见，经穴漆人的主人可能是身世显赫的楚国贵族后裔，也可能是大名鼎鼎的神医扁鹊的弟子，但这都不足以让它坐上镇馆之宝的位置，更何况，早在1993年四川绵阳双包山汉墓就出土过一件类似的漆人。很显然，成都老官山汉墓的这件经穴漆人还有其过人之处。

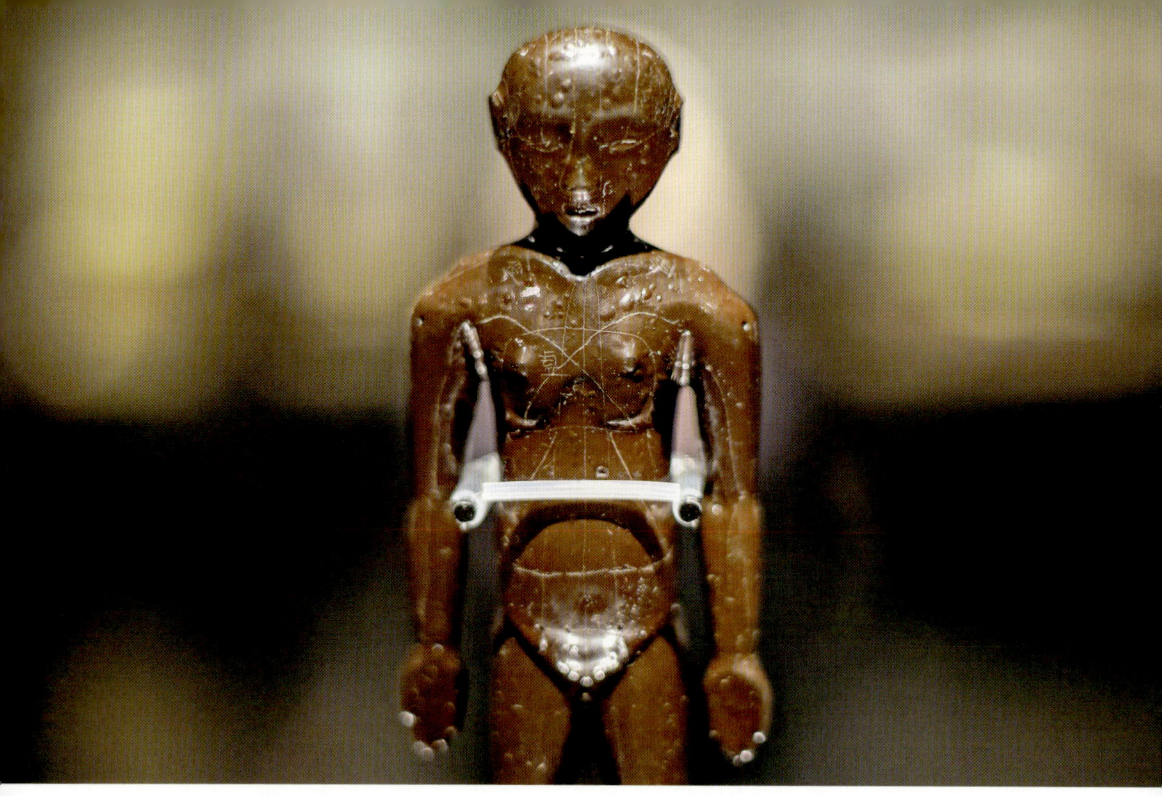

老官山汉墓出土的这件经穴漆人，由于保存完整，穴位清晰，为早期经脉穴位理论的研究提供了客观的文字资料和形象的医学模型。

经穴漆人所承载的医学密码

在这件经穴漆人身体的表面，有用错综复杂的细线标示出的人体经脉，其中红色细线22条，白色细线29条，清晰可见的腧穴点有117个，不同部位还刻有“心”“肺”“肾”“盆”等铭文，标明相应身体部位，可谓“麻雀虽小，五脏俱全”。

此前在绵阳双包山汉墓出土的那件漆人仅有经脉循行，并无穴位标示，且保存不完整，可考证的信息相对不全。所以，老官山出土的这件经穴漆人，被学界认为是迄今为止我国发现的由漆木制作且保存最完整的经穴人体医学模型。

不仅如此，它身上携带的这些“医学密码”还有更加重要的研究价值。

首先，我们来讲讲“经脉”。

在中医理论里，经脉是指人体内气血运行的通路，分为奇经和正经。武侠迷都知道，要想武功天下第一，关键的一步是要打开任督二脉。您可千万别觉得任督二脉是武侠作者虚构出来的，任脉和督脉都属于奇经。任脉主血，督脉主气，所以打开了任督二脉，则百脉相通。正经则细分为十二经，左右对称地分布在头面、躯干和四肢，纵贯全身。

但是我们看不到自己身上的经脉线络，这样的概念确实很抽象，所以在研究经脉的过程中需要把它具象化。目前我们发现的早期关于经脉研究具象化的资料来源于马王堆汉墓医书，它属于先秦时期经脉研究理论，但它仅有十一经脉的描述。而在老官山汉墓出土的这件经穴漆人及医学竹简上关于经脉的研究则进一步丰富了经脉体系，是研究古代经脉演变和发展的珍贵资料，有着重要的医学和文物研究价值。

其次，我们再来谈谈“穴位”。

在武侠小说中经常会提到点穴这项技能。很多人都幻想能练成《武林外传》里白展堂的葵花点穴手，轻轻那么一点就能让人定住。和经脉一样，穴位也很抽象，它是人体经脉线上特殊的点区部位，中医可以通过针灸、推拿、点按或者艾灸刺激达到治疗疾病的目的。最早关于穴位的记载形式为文字，然后有绘图，最后才有模型。目前已知有关穴位最早的记载同样见于马王堆汉墓出土的帛书，但仅有文字资料，一些经脉的具体走向和穴位的准确位置难以明确。而老官山汉墓出土的这件经穴漆人，由于保存完整，穴位清晰，为早期经脉穴位理论的研究提供了客观的文字资料和形象的医学模型。

我们都知道，标有穴位的针灸人像是中医经络教学不可缺少的教具，但在中医研究史上却清清楚楚地记载着它始创于北宋天圣四年，即 1026 年，由翰林医官王唯一奉宋仁宗的命令铸造而成。而成都老官山汉墓出土的这件经穴漆人则表明像这样的医学工具早在西汉时期就已经出现。**这件经穴漆人身上的经脉线络与穴位和现代中医基本吻合，不但说明当时经脉学、针灸学已经非常发达，结合一起出土的医简还有力证实了，我国汉代医术与巫术已经分开，走上了独立发展的道路。**

看到这里，您会发现经穴漆人娇小的身体里蕴含了无穷的力量，承载了丰富的信息。它不仅见证了我国西汉时期中医医学的发展水平，其身上的经脉与穴位更是为现代人梳理出了中医经穴理论发展的脉络，可谓意义非凡。

038

翔鹭纹铜鼓

名副其实的“民族文化瑰宝”

国宝小档案

西汉
（公元前 206 年—公元 25 年）

年代：西汉（公元前 206 年—公元 25 年）

尺寸：高 36.8 厘米，面径 56.4 厘米，足径 67.5 厘米，重 30.75 公斤

出土地：广西贵县（今贵港市）罗泊湾 1 号墓

馆藏地：广西壮族自治区博物馆

供图：广西壮族自治区博物馆

主讲人：黄怡

铜鼓，是我国的南方以及东南亚地区特有的一种打击乐器，距今已有2000多年的发展史。而广西是我国古代铸造和使用铜鼓的主要地区之一，目前广西的国有博物馆和文物管理机构所珍藏的古代铜鼓有700多面，散存民间且还在使用的传世铜鼓有1400多面。广西铜鼓的文献之丰富、数量之众多、品类之齐全、历史之绵长，在全国都是首屈一指的。

今天要为您介绍的这件翔鹭纹铜鼓，纹饰清晰，图案精美，而且器身保存完好。它高36.8厘米，面径56.4厘米，足径67.5厘米，鼓面中心为太阳纹，鼓身装饰有锯齿纹、圆圈纹、羽人舞蹈纹以及羽人划船纹，船头下方刻绘有衔鱼而立的鹭鸶和花身水鸟，水中有鱼畅游。鼓腰饰有8组羽人舞蹈纹，每组2～3人，头戴羽饰，下身系羽裙，翩翩起舞。鼓身足部一侧卧刻有篆文“百廿斤”字样。经实测，翔鹭纹铜鼓重30.75公斤，相当于一个十三四岁青少年的正常体重。

翔鹭纹铜鼓的用途

经国家文物局专家研究，它被确认为“国宝级文物”，定名为“翔鹭纹铜鼓”。铜鼓，首先是作为祭祀或乐器使用。当铜鼓成为乐器，它的功能与中原古代铜钟相似，古籍中有许多关于“击铜鼓以为乐”的记载。随着社会的发展，铜鼓逐步演变成王权的象征，为部落头人或贵族所拥有，正如史书《隋书·地理志》所言：“有鼓者号为都老，群情推服。”

大约新石器时代中晚期，今天的广西、广东及湄公河流域一带等骆越故地流行烧制和使用一种称为“釜”的陶器。这种陶器多为夹砂陶，侈口圜底，口径

鼓面中心是永恒不变的太阳纹，象征着人们对太阳的崇拜和敬仰。

15 ~ 20 厘米，高约 20 厘米，是一种炊煮器，也可用作存储的容器；周至战国时期，陶釜继续流行，体积逐渐增大，同时出现了铜铸的釜。历史上，陶釜曾被先民们作为乐器使用，《诗 · 陈风 · 宛丘》中就有“坎其击缶，宛丘之道”的记载。而早期的铜鼓，与倒置的铜釜形状极为相似。通过对比早期铜鼓与铜釜的形态、用途，“铜鼓起源于釜”基本成为学界的共识。

翔鹭纹铜鼓的纹饰内涵

翔鹭纹铜鼓的纹饰，除了装饰意义，一些写实图案还蕴藏着丰富的社会内容，详细解读就会发现。鼓面中心是永恒不变的太阳纹，象征着人们对太阳的崇拜和敬仰。鼓胸上的划船纹呈现的是龙舟竞渡的写实画像，绘制的各种船纹，不论是

鼓胸上的划船纹呈现的是龙舟竞渡的写实画像，绘制的各种船纹，不论是捕鱼、水战，还是游戏、竞渡，从铜鼓本身的社会功能来看，都与祭祀活动有关。

捕鱼、水战，还是游戏、竞渡，从铜鼓本身的社会功能来看，都与祭祀活动有关。同样引人注目的还有鼓腰上的8组羽人舞蹈纹，这是祭祀场合娱乐神灵的真实记录，展现了当时化装成鹭鸟的人们翩翩起舞的优美场景。单独来看呈现的是二三人的舞蹈，连接起来看却是一个整体的大型集体舞的壮丽场面。专家推测，这应该是一场规模宏大的祭祀活动。

翔鹭纹铜鼓的铸造工艺

那么，精美规范的铜鼓又是如何铸造的呢？**尽管铸造铜鼓的历史悠久，但因其工艺严加保密，历来“传于子而不传于女”，在史书上也从未有过记载。**其实铜鼓的铸造工艺十分复杂，为了揭开铜鼓铸造工艺之谜，考古学者与铸造学者也进行了艰辛的努力。

1982年，北京钢铁学院冶金史研究室在广西、云南两省（区）博物馆的配合下，对81面铜鼓进行了精确的测量。根据对这些铜鼓铸造工艺的初步分析，89%的铜鼓采用了泥型合范法。这种方法往往用泥型做鼓身，用蜡型做鼓耳和各种动物塑像，巧妙地施用以中心顶注式浇注为主的各种浇铸系统。装饰花纹的制作方法也灵活多样，常用雕刻法、滚压法、印痕法制作各种精美的几何图案和生动的画面。这是中国古老的传统铸造技术，从中原华夏地区到西南少数民族地区都曾普遍使用过。

劫后余生的瑰宝

说起这面翔鹭纹铜鼓的发现经过，我想用“劫后余生”来形容它，为什么这么说呢？这要从 45 年前，在广西贵港发生的一场考古发掘说起。

1976 年 6 月，在当时广西贵港县城东面郁江边的罗泊湾，县化肥厂的工人正在山坡上动工扩建厂房。当时的罗泊湾荒凉而神秘，放眼望去，南北 2.5 公里、东西 7.5 公里范围内，40 余座土山连绵起伏，有的高大突兀，有的低矮平缓。这天，在推土机的轰鸣声中，几位民工正忙着挥锄挖掘土方。突然，叮当一声脆响，一个金光闪闪的钩状器件从泥土里蹦了出来。当他们继续往深处挖时，竟然挖出一条深达四五米的墓道！

消息很快传到了当地文物部门，广西壮族自治区博物馆考古人员随即赶往现场查看。就这样，一场广西考古史上规模空前的发掘工作在罗泊湾展开了。

随着挖掘的逐步深入，墓葬结构逐渐呈现出来——高大的封土堆，斜坡墓道，还有白膏泥隔离层……这一切都显示出湖南楚墓的风格，与长沙马王堆一、二号汉墓的结构极其相似。那么，此处墓葬会不会像马王堆汉墓一样出土惊世之宝呢？考古人员极度兴奋起来。

在清理墓道封土时，一个陈旧的盗洞出现在眼前时，大家原本激动的情绪顿时平息下来——这个墓可能已经被盗了。不过，大家依然在低落的情绪中继续往下挖，由 28 根大方杉木并排平铺而成的椁室盖板显露在眼前，当 28 根杉木盖板起吊完毕，展现在人们眼前的墓室是“一片泽国”。待抽水机日夜作业把水抽干时，墓室的“庐山真面目”让现场所有人都陷入极度失望之中——宽阔的椁箱内，所有随葬物品早已被洗劫一空，甚至尸骨无存！

心有不甘的考古人员继续泡在泥泞里“捞鱼摸虾”，期望能找到一点盗贼丢失的东西。而墓内仍在不断渗出泥水。在抽水过程中，考古人员发觉一个异常的现象——底板枕木下方不断向上冒气泡，椁室枕木下方似乎还有一个空间存在！于是，他们用电锯将冒气泡地方的椁底板锯断撬开，清除淤泥后，一个残破的竹筒现身了。随后，还发现了7具骨骸分布在不同的葬坑内，经鉴定为一名男性和六名女性，男性不过13岁，女性是16～26岁。这些殉葬者均以棺木装殓，身穿彩绣衣服，身旁有一定数量的陪葬品，有名有姓，生前应该是主人宠幸的歌舞乐伎和侍从。在我国进入封建社会后，用活人殉葬的野蛮风气已经被明令废止。然而，罗泊湾汉墓中的7具骨骸却以残酷的事实告诉我们：在当时社会生产力相对落后的岭南地区，仍然沿袭这一股野蛮之风。

发掘工作进行到这里，考古工作似乎已接近尾声，考古人员带着丝丝伤感，撤离了墓地。而县化肥厂的工人们在好奇心的驱使下纷纷走进墓室，用好奇的目光打量着2000年前的遗存，却在无意中发现了与殉葬坑平行的两个大坑，里面竟堆满了器物！接到消息后，考古人员目瞪口呆，再次回到罗泊湾都不敢有任何疏忽大意。他们将椁室后壁塌方的泥土全部清除，一直挖到生土边。最后起开底板、枕木时，所有人都瞬间惊呆了——重重叠叠的器物，在清水和泥泞中露出美妙的姿容！

在西边坑内，一面倒置摆放的大铜鼓吸引了所有人的目光。当铜鼓鼓身的泥浆被抹去，其金黄色的光芒和鼓身上的精美图案，让在场所有考古专家都惊叹不

鼓腰上的8组羽人舞蹈纹，这是祭祀场合娱乐神灵的真实记录，展现了当时化装成鹭鸟的人们翩翩起舞的优美场景。单独来看呈现的是二三人的舞蹈，连接起来看却是一个整体的大型集体舞的壮丽场面。专家推测，这应该是一场规模宏大的祭祀活动。

已，它正是翔鹭纹铜鼓。**依据出土文物的特征及器物上透露的诸多信息，罗泊湾汉墓的年代最终确定为西汉初期，即赵佗在岭南割据称王的南越国时期。而墓主人可能是西汉初年南越国的高级将领，或是当时的西瓯君。**

回顾铜鼓的发展演变轨迹，其实与中原的青铜鼎大致相同，它起源于炊具，演变成乐器，又成为权力的象征。因所在地域、所处社会的发展程度，人们的民族文化和信仰的不同，铜鼓与中原铜鼎的演变又略有不同：鼎在经历西周的繁华之后，便逐渐消亡；而铜鼓则一直伴随着民族的发展世代传承下来，除了祭祀，仍在娱乐、丧葬等场合中使用。**无论铜鼓充当何种器皿，它都集合了冶炼、铸造、绘画、雕塑、音乐和舞蹈于一身，其独特的造型和丰富的纹饰，反映着各民族当时的经济状况和文化面貌，是名副其实的“民族文化瑰宝”。**

参考文献

① 蒋廷瑜. 铜鼓[M]. 广西人民出版社. 2018（10）.

② 广西卫视. 千年铜鼓 盛世和鸣.《广西故事》电视专题片第11集.

③ 覃彩銮. 骆越铜鼓文化研究—骆越文化研究系列之三[J]. 广西师范学院学报（哲学社会科学版）. 2017（04）.

④ 北京钢铁学院冶金史研究室. 广西、云南铜鼓铸造工艺初探[D]. 中国铜鼓研究会第二次学术讨论会论文集.1983.

⑤《广西日报》. 广西博物馆翔鹭纹铜鼓神秘现身. 2014.

039

羽纹铜凤灯

西汉时期的环保灯具

国宝小档案

年代：西汉（公元前 206 年—公元 25 年）

尺寸：通高 33 厘米

出土地：广西合浦县望牛岭

馆藏地：广西壮族自治区博物馆

供图：广西壮族自治区博物馆

主讲人：萧潇

您好，今天我想为您介绍一件西汉时期的环保灯具——羽纹铜凤灯。整体来看，它的造型是一只顾首回望、双足分立的凤鸟（又称“凤凰”）。凤凰是中国传统中的祥瑞，古人认为在太平盛世的时候，凤凰就会飞来，寓意天下太平。2014年9月已投入使用的南宁机场新航站楼，主体建筑外形的设计灵感就来自羽纹铜凤灯，其造型灵动、优雅，构建出了和谐而优美的空间轮廓。这样的建筑设计，既展现了广西的传统文化，还让旅客对“飞翔”产生了更多联想，寓意深刻。

羽纹铜凤灯通高33厘米，采用了流线型的设计，凤鸟的尾巴下垂及地，与双足共同保持着器身的平衡。各部位轮廓清晰，比例匀称。凤鸟背部有一个圆孔，用来放置长柄灯盏。凤鸟嘴部内衔喇叭形灯罩，垂直对准灯盏蜡锥柱上方。

汉代岭南地区时兴的工艺

羽纹铜凤灯采用岭南地区特有的青铜器錾刻花纹工艺，通体细刻出栩栩如生、精致美观的羽毛。**錾刻工艺是在青铜器铸造好之后，用坚硬的钢刀錾凿和镂刻出繁缛精致的几何纹样和动植物图案，使得这件青铜器显得特别精美华丽，这种工艺大多用在薄胎青铜器上。**比如刻画弦纹时，应该是将器物放在由慢轮带动的工作台上，让它均匀旋转；工匠会将刻刀固定在一个位置，接触需要刻画的地方，自然画出纹路，这样就可以让这些弧线柔和、规整。但是，由于錾刻花纹的工匠手握刻刀，有时用力不匀或者偶尔抖动，所以个别衔接处的纹路会过深或者过浅，个别还在封口处画过了头，但这些微小的痕迹也恰恰说明工匠的功夫一定了得。

中国古代青铜工艺，在经过商代至春秋战国时期的繁荣阶段之后，到秦汉时期已经走向衰落。汉代青铜器的风格从先秦的庄严、厚重、古朴，演变为轻便、灵巧，纹饰也崇尚简朴。但是在中国南方，特别是岭南地区，在汉代是比较时兴这种錾刻花纹工艺的。岭南地区在西汉南越国时期，经济取得了很大的发展。尤其是在汉武帝平定南越以后，合浦、徐闻作为从中国走向世界远航南洋的出海港，手工业、商业都很繁盛，漆器、铜器以及玉石、玻璃等佩饰器的生产和使用都十分广泛。贵族官吏竞相奢华，刺激着各种工艺的发展，新兴的錾刻花纹铜器就蓬勃发展起来，在西汉后期至东汉前期盛极一时。

汉代工匠的智慧结晶

灯是我们日常生活中不可或缺的照明工具。可是在很长一段时间里，人类是靠自然光来照明的，夜晚生活十分不便。随着经济的发展，“日出而作，日落而息”的生活方式已经远远不能满足人们的需要。

旧石器时代人类取得了火种，并学会了使用、保存、管理、控制火。这一时期人们主要是靠篝火照亮。篝火是人类发现最早的照明光源，它使人类从黑暗走向光明。于是人们可以在没有自然光的条件下继续劳作和玩乐。有专家认为，在灯具出现之前，广西地区估计经历了较为漫长的使用篝火或火把的时期。亚热带气候的广西，松树成林，是一种造价低廉的照明材料，直到新中国成立后，有些偏远山区的少数民族还在使用松木作为照明工具。

随着地穴式居住环境的改变，地面建筑的兴起，篝火已经满足不了人们日常生活的需求了。从考古发现情况来看，新石器时代人类开始将火种引入室内，在半地穴式居室、地窖、窑洞墙壁等处钻出固定插孔，孔内插入松枝和火炬，用以照明。

灯作为照明的工具，实际上只要有盛燃料的盘形物，加上油和灯芯就能实现最原始的功用。而具有一定形制的灯的出现，则是人类将实用和审美结合的成果。到了汉代，青铜灯具还兼具实用性、艺术性以及科学性于一身。

如今我们在选购灯具的时候，大多要求造型美观，还要节能不伤眼。其实早在2000多年前的汉代，我们的先民就已经具有很先进的“环保”意识了。汉代，灯具的燃料大多是动物油和植物油，灯点燃后，产生的油烟弥漫于室内，会严重影响空气的清新和房间的洁净。这盏凤灯巧妙地利用凤鸟本身形体的部分作为导烟管与储水器，这样就很好地解决了这个问题。**凤鸟的颈部是导烟管，在腹部储存清水。当灯点燃时，烟灰通过导烟管进入腹腔，溶于清水中。过滤后的烟尘减少了异味和尘埃，排出了比较干净的烟雾，从而减轻了污染程度，实现了环保功能。**

那么，如果凤灯使用时间长了，堆积了大量烟尘，还能发挥环保的作用吗？这可难不倒古代的能工巧匠。**灯盏、灯罩以及凤鸟的颈部、身躯都是分段铸造，采用了当时十分先进的、适用于铸造大型器物的技法，叫作“分铸套接法”。这种设计使得凤灯便于拆卸，可以清洗烟垢，组装也非常简单。**从光学方面分析，灯罩是反射和聚光的装置，转动灯罩可以有效地调节灯光照射的范围和角度，设计得科学合理，完全满足了实用型灯具的照明功能。

汉代这样设计的环保灯具还有长信宫灯、彩绘雁鱼铜灯等，我们把这样形制的灯统称为“釭灯”。釭灯都是座灯，它们的高度设计也合乎当时的需要。两汉时期人们还保留着席地而坐的习惯。所谓坐，其实和我们今天跪这个姿势差不多。由于体位下降，一些常用的器物，比如茶几、桌案、床、榻、灯具等都比较低矮。釭灯的尺度一般都偏小，以适应人的视觉空间，比如长信宫灯高48厘米，山西朔县出土的彩绘铜雁鱼灯高53厘米，羽纹铜凤灯高33厘米。整体几案的高度加上灯的高度在50 ~ 70厘米之间，在精致的灯座上制有灯罩，可以调整灯光，完全符合室内的照明要求。它们既是古代设计工匠的智慧结晶，又展示了汉朝高度发达的冶炼技术和铸造工艺。

羽纹铜凤灯的出土

羽纹铜凤灯于1974年在广西合浦县望牛岭1号墓出土，是作为葬具放到墓葬

羽纹铜凤灯通高 33 厘米，采用了流线型的设计，凤鸟的尾巴下垂及地，与双足共同保持着器身的平衡。各部位轮廓清晰，比例匀称。凤鸟背部有一个圆孔，用来放置长柄灯盏。凤鸟嘴部内衔喇叭形灯罩，垂直对准灯盏蜡锥柱上方。

中的。中国传统文化中，古人有一种“事死如事生”的思想，希望祈求逝去的人在另外一个世界可以享受和生前一样甚至更好的生活，最早使用逝者生前使用过的物品作为陪葬品，后来出现了专门作为陪葬品的明器。**灯用作明器，在冥冥之中能为死者驱除黑暗，引导灵魂，有长命灯或长明灯的寓意，所以在众多汉代大型墓葬中，都伴有青铜灯具出土。**

那么，如此精美的一件灯具，它的主人究竟又是何许人也？在望牛岭 1 号墓出土的随葬品中，錾刻花纹的铜器有承盘、长颈壶、提梁壶、熏炉、凤灯等，其中有两件陶制的提桶内写有“九真府”款识，于是有专家推测墓主人曾担任九真郡太守一职，应该是西汉晚期郡县一级的官吏或者地方豪强人物。

羽纹铜凤灯是一件集艺术性、实用性、科学性于一身的汉代灯具精品，它向我们展示了 2000 多年前汉代岭南地区的工匠们所掌握的精细工艺；同时，它所展现的先进理念，也与我们今天提倡的“环保”概念不谋而合。时光穿梭千年，环境保护却是我们永恒的课题。凤灯从汉墓走进博物馆，再通过人们不断的宣传，让古人的“环保”理念融入现代人的生活中，也让凤灯在科技飞速发展的今天依旧闪耀着智慧的光芒。

040

“朱庐执刲”银印

中央政权对海南岛管理与统治的最早见证

国宝小档案

西汉
（公元前 206 年—公元 25 年）

年代：西汉（公元前 206 年—公元 25 年）

尺寸：通高 1.9 厘米，纽高 1.1 厘米，边长 2.4 厘米

出土地：海南省乐东县志仲镇潭培村

馆藏地：海南省博物馆

供图：海南省博物馆

主讲人：姜杰

您好，今天我想为您介绍的这件文物，是一枚颇具传奇色彩的印章，它就是“朱庐执刲”银印。

“朱庐执刲”银印，1984 年 5 月于海南省乐东县志仲镇潭培村出土，现藏于海南省博物馆艺术馆二楼“方外封疆——海南历史陈列”展厅。

“朱庐执刲”银印的命名

这枚银质印章通高 1.9 厘米，纽高 1.1 厘米，边长 2.4 厘米，印纽呈蛇身弯曲，中部拱起为穿，头部作兽形，兽头微微上扬，双耳呈弯月状，周身布满精美细密的鳞纹，尾鳍回摆，形态生动。因印面阴刻篆文“朱庐执刲”四字，此印由此得名。

那么，“朱庐执刲”四个字究竟作何意解呢？

海南岛位于祖国的最南端，因地处大海之南，孤悬海中，故得名。此岛形似一个呈东北至西南向的椭圆形的大雪梨，全年气候暖热，雨量充沛，干湿季节明显，是中国最具有热带特色的地方，常年游人如织，络绎不绝。但古时的海南岛也曾是一个孤悬海外，被视为蛮荒之地的地方。

公元前 202 年，随着西汉王朝的建立，在基本平定北疆匈奴边患后，国力日渐强盛。到西汉元鼎年间，经过多年的休养生息，社会已逐渐趋于稳定，为了加强对岭南地区的控制，汉武帝派出使者抚定南越，后因南越国丞相吕嘉反对内属汉王朝而叛变谋反，于是汉武帝派出伏波将军路博德、楼船将军杨仆等率水陆兵 10 万征讨南越。在平定吕嘉之乱和统一岭南地区后，汉王朝于公元前 110 年，在南越国分设九郡，其中珠崖和儋耳两郡便设立于海南岛上，自此，中央王朝正式在海南岛上设立郡县。

此后，西汉王朝为加强对海南岛的统治，派遣官吏在珠崖、儋耳两郡进行管理。但这些汉吏大肆搜刮岛上的奇珍异宝，鱼肉百姓，民众难以维持生计，被迫进行暴动以抗之。这种不稳定的社会局面严重动摇和危及了汉王朝政权在海南岛的统治，于是汉朝政府不得不仓促调整在海南岛的行政管理机构，先后罢废珠崖郡和儋耳郡，随后于西汉元鼎三年（公元前 114 年）又另置朱庐县，属合浦郡管辖。

蛇身弯曲，中部拱起为穿，头部作兽形，兽头微微上扬，双耳呈弯月状，周身布满精美细密的鳞纹，尾鳍回摆，形态生动。

而前面我们提到，这枚印章上刻的篆文“朱庐执封”四字，笔画圆劲流畅，篆法严谨凝重，据字体也可判定其为西汉前期至中期的典型风格。这也与史书记载的设朱庐县的时代背景相印证。“朱庐”二字便由此而来，它是西汉新设的县名。

这枚印章上刻的篆文“朱庐执封”四字，笔画圆劲流畅，篆法严谨凝重，据字体也可判定其为西汉前期至中期的典型风格。“朱庐”二字便由此而来，它是西汉新设的县。名“执封”是一种爵位名，“朱庐执封”银印应是“朱庐”县太守或都尉的印章。

那“执封”又是何意呢？这其实是一种爵位名，史书中记载，西汉王朝建立后沿袭旧制，当时为了褒奖对朝廷立有战功的将臣，一般都会赐予执珪爵位。刘邦当年在起兵成为汉王之前，曾封功臣曹参、夏侯婴等人为“执珪”。按秦、汉管制记载：郡守（太守）、郡尉（都尉）等掌治其郡或甲卒者，所得俸禄为二千石，皆以银印授之。“朱庐执封”银印是一枚银质印章，按照汉制，佩戴此银印的主人职位较高，俸禄也在二千石，应与郡、都尉相当，那么被授予这枚银印的主人其行政地位应是相当于郡守、都尉一级的官吏。由此推测，“朱庐执封”应是“朱庐”县太守或都尉的印章。

中国的印章起源于何时，至今尚无定论。若以1998年安阳殷墟出土的一方饕餮纹铜玺为现今所能证实的经考古发掘的年代最为久远的印章的话，那么，中国印章的历史应在商以前。印章本为实用记号，起初只是作为商业上交流货物时的凭证。秦始皇统一中国后，印章范围扩大为证明当权者权益的法物，为当权者掌握，作为统治人民的工具。

“朱庐执封”银印的出土

现在这枚“朱庐执封”银印可以确定为海南岛北部朱庐县的官员佩印，但为何它却是在相距甚远的西南部乐东县被发现的呢?

我们将视线上移，可以看到印章上盘着一条蛇。在我国，蛇纽制之印传世和出土得都很少，目前仅见有“彭城丞印”“浙江都水”“滇王之印”和“汉倭奴国王印”等几枚，多属西汉印，常为边远地区的官吏、少数民族首领或邻国君王等所用。

我国宋代著名科学家沈括在其《梦溪笔谈·器用篇》中提到：现在人们在地下发现的古代印章，大多数是军队中的官物。古人佩有此种印章，罢免或升迁时都须上交，而可用其作为陪葬品者极为稀少。于土中所获得的此种印章，多是其原有佩戴者在行军或作战中亡于此地留下的。**那么，也就是说，现在的人们从土地中获得的这类印章，应该是曾经佩戴印章的官员在行军作战时意外留于此地的。**

由此初步分析推断，这枚印章可能就是由身为朱庐都尉这类军政人物，受封为执圭爵位，带兵在海南岛进行征讨时，遭到当地黎族先民的反抗，或被打死或战败逃亡，不慎将随身携带的银印丢失遗落在海南岛乐东这个地方。所以我们也就能理解，为何海岛北面朱庐都尉的印章会在岛的西南部出土了。

“朱庐执封”银印的收藏

海南岛的历史发展，可以说自西汉时期汉武帝在岛上设置郡县直至罢弃以来，前后历时65年，其间都是在中央王朝直接管辖之下的。东汉伏波将军马援平定交趾，往来南海抚定珠崖，复置珠崖县及儋耳县，均隶属于合浦郡；三国时在雷州半岛又设立珠崖郡（今广东徐闻），对海南岛实行“遥领”；晋武帝太康元年（公元280年），朱卢改为玳瑁，属交州；南朝宋文帝复立珠崖郡。梁朝武帝时儋耳归附俚僚首领冼夫人的有一千多峒，冼夫人请命于朝，故置崖州。

可以说，崖州设置意义重大。从汉元帝罢撤珠崖郡之后，历代州郡治所均设在大陆，对海南地区只是“遥领”而已。至南朝梁时，始在海南本土设置崖州，从而开始有效地管辖海南岛全境。所以这枚印章不仅是古时国家政府对地方的一种统治见证，对研究海南古代历史和地理更是有着重要意义，为研究西汉爵制、印制及朱庐县的始置提供了依据。它在入藏博物馆之前，还有一段有趣的故事。

1984年，海南乐东县文化馆的工作人员深入黎族村寨进行文物普查，当他们到达志仲镇潭培村时，几位当地的村民正利用农闲时间在打牌。看到这些村民，工作人员忍不住就笑了，因为这些打牌的村民脸上都或多或少有一些正方形的红印子。一问才知道，原来是谁打牌打输了就用印章在脸上盖个戳。工作人员感到好奇，拿过印章一看，眼前豁然一亮，这是一枚银质的方形印章，印章上还盘曲着一条蛇，整体制作得非常精致。一位黎族农民说，这枚印章是他在种植橡胶树的时候，在地下30厘米处挖出来的，并且当时在附近只发现了这枚印章，没有发现任何别的东西。工作人员觉得这枚印章不简单，当下便花了5毛钱，从农民手里“买”了过来。

但印章被收集过来后，人们却并不了解其真正的存在价值，只能断定，这确实是个好东西。直到一年以后，中国文物鉴定委员会副主任史树青先生来到海南检查文物普查工作时，见到这枚印章后才断定：印是真品无疑，且执封印到目前为止只发现了这一件，是一件真正的国宝。**可以说，此印章既是中央政权对海南岛管理与统治的最早见证，同时也说明自古以来海南岛就是中原王朝不可分割的一部分！**

041

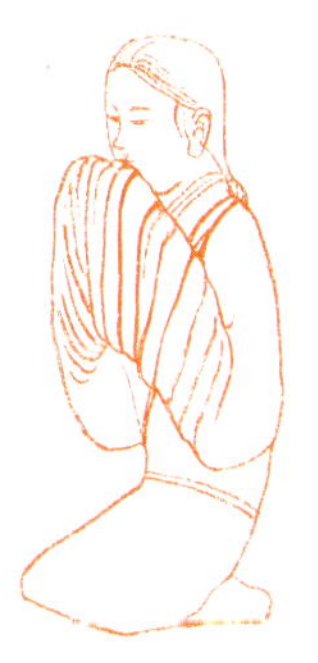

三件女性陶俑

汉代女俑的典范之作

国宝小档案

年代：西汉（公元前 206 年—公元 25 年）

尺寸：塑衣式拱手跽坐女俑高 34.3 厘米，下摆宽 12.3 厘米；塑衣式舞女俑高 53.3 厘米，下摆宽 21.5 厘米；塑衣式彩绘站立侍女俑高 63 厘米，肩宽 13 厘米，底宽 25 厘米

出土地：汉景帝刘启的陵园阳陵

馆藏地：汉景帝阳陵博物院

供图：汉景帝阳陵博物院

主讲人：贾子钰

您可能看过一些以西汉历史为背景的电视剧，比如《汉武大帝》《美人心计》《云中歌》等，剧中女性容貌姣美、衣着华丽，一定给您留下了深刻的印象。这三件陶俑也是如此，它们是在西汉第四位皇帝汉景帝刘启的陵园汉阳陵中发现的，她们色彩鲜艳，妆容精美，造型独特，受到观众的一致喜爱，成为汉代美女的代名词。

那么今天，我们就追本溯源，通过汉阳陵出土的陶俑，来认识真正的汉代美女。

塑衣式拱手跽坐女俑

这三件陶俑的第一件，考古学家给她起了一个很专业的名字，叫作“塑衣式拱手跽坐女俑”。

“塑衣”就是用陶泥直接塑造出陶俑的衣服，经过阴干，经 1000° C 左右的高温烧制后，再在塑好的衣服上面施以彩绘。**在博物馆亲眼看过它的观众基本都会有这样的疑问：为什么 2000 多年了，它们颜色依然保存得这么好？**其实，这是因为陶俑身上的颜色都是矿物质颜料，颜料直接绘制在陶俑身体上，附着力很好。而且矿物质颜料的原材料多为天然晶体矿石，具有光泽特殊、色相美丽的特性。它们在自然界中经数万年或更长时间演化形成，特点就是色性稳定，覆盖力强，不易变色。所以经过了 2000 多年，这些陶俑的颜色依然看起来那么鲜艳。这里塑衣的难度在于，除了要表现出衣服的款式、色泽，还一定要表现出衣服的质感。因此，我们能看出深衣宽敞而不臃肿，衣纹细腻而贴身，明显是用丝绸之类的材料

塑衣式拱手跽坐女俑（侧面）

制成。

而“跽坐”是指人双膝跪地，臀部坐在脚后跟上，由于身体弯曲成几道弯，像是一个“自己”的“己”字，所以将这种坐姿称为“跽坐”。这种坐姿可以显现出对人特别恭敬，也非常能体现出汉代的礼仪风范，是当时最正规的礼仪坐姿。

透过坐姿，我们再来看陶俑的面容：长眉细目，鼻梁纤巧，表情自然而略显羞涩。她身着彩衣，以拱手的姿态半遮面部。若说她是美女，真是一点儿都不夸张。除了陶俑面容秀美的设计，在其他方面上也显现出艺术家的用心。**她头发中分，发髻绾于颈后，又分出一缕自然下垂，通过这个设计，一下子把飘逸脱俗的感觉表现出来了，可谓独具匠心。**

塑衣式拱手跽坐女俑（背面）

塑衣式舞女俑

第二件陶俑是一位舞女俑，她身材高挑，双膝微曲站立，右臂上扬，左臂向内自然弯曲，动作舒缓而典雅。舞女俑身材苗条，舞姿曼妙，仿佛正随着音乐节拍舞动，静态的形象中蕴含了丰富的动态美，活脱脱再现了汉代美女赵飞燕掌上起舞的风采。

在这里，她的体态是通过极为巧妙的塑造手法勾勒出来的。汉代“以瘦为美”，所以艺术家就特别勾勒出了这件女俑纤细的腰身。然而，太瘦了会有一种纤弱感，为了弥补这一缺陷，艺术家在塑造时，又特意将她的衣裙做成喇叭形。从腰部开始，衣裙逐渐增大、增宽，两侧的轮廓线也就形成了非常优美的双曲线，为整件作品带来了妙不可言的线条变化；同时，这逐渐摊开的衣裙也形成了一个硕大的基座，使整件作品能够稳稳地立定，给人一种坚实的稳定感。

就这样，汉代女俑既完美强调了“以瘦为美”的审美理念，又完成了具有时代特色的艺术形象。而唐代女俑的表现手法与汉代舞俑正好相反，是腰身粗而下面逐渐收紧，最后落脚在一个比较小的基座上。这是为了既能强调出“以胖为美”，又让人感觉体态轻盈不笨拙。两个时代的艺术家通过截然不同的造型手法，不但弥补了单纯体现瘦、胖的缺陷，而且造就了具有很强的时代和审美对比性的女俑作品。我们熟悉的成语“环肥燕瘦”，在汉唐两代女俑的创作过程中得到了完美的实践和体现。

塑衣式舞女俑（正面）

塑衣式舞女俑（背面）

塑衣式彩绘站立侍女俑（正面）

塑衣式彩绘站立侍女俑（侧面）

塑衣式彩绘站立侍女俑

阳陵三件陶俑的最后一件是一位身着四重深衣的女子，她屈膝、含胸，双手拢于宽大的袖筒内，端庄肃穆，这种站姿是汉代宫廷里宫女“肃立”的形象。据西汉贾谊的《新书》记载，最正规的站姿叫作“经立”，经立时，要挺胸抬头，臂如抱鼓，这种站姿便于在重要场合行礼叩拜。我们可以设想，当鼓乐响起，她就会展开双臂，合拢于额前，进行大礼叩拜。在她身上，我们看到了汉代女性雍容娴静、沉稳庄重的仪态和神韵，也看到了已进入高度文明的汉代社会对女性在仪容仪态方面的要求与影响。

到了西汉时期，“礼”（或者“礼仪”）早已进入成熟阶段，成为中华文明的重要组成部分和标志，“礼治”覆盖了中国社会的各个方面，所以，世人总是用“礼仪之邦”来描述中国。

总之，这三件女俑为古代女俑的造型树立了里程碑式的参照系，因其高超的艺术水平和深刻的艺术感染力，获得了很高的评价，从而成为汉代女俑的典范之作。三件陶俑的形象不同，身份不同，姿态也不同，却都那么端庄秀雅、仪态大方；它们的气质神韵，表明它们都有着深厚的文化艺术修养，从而也折射出她们具有良好的教育背景。

汉代女性的独特魅力

那么，这些陶俑是如何产生的？概括来说，我认为有三点：第一是文化影响。汉代有着辉煌灿烂的文化，而当时社会对女性的审美要求，让她们具有了温柔、内向、含蓄的阴柔之美，同时又有典雅华贵的人格禀赋，展现出一种外柔内刚的精神气质。此外，她们的舞姿渗透着那个生气勃勃的时代的浪漫、开放、大气，但她们的曼妙舞姿，她们的举手投足，又都完全符合礼治的要求，绝无半点“行止逾礼”，说明那个已经进入文明礼治的西汉社会对女性所带来的深刻影响。而阳陵的丧葬理念是“事死如事生”，去世后的地下世界要和生前一样，因此陶俑们代表的就是当时女性最真实的特性，所以我们得以看到汉代女性的精气神。

第二是国家教育影响。汉代对女子有规范而严格的智育、美育和德育，这些教育以家庭教育为主。她们需要掌握纺织、女红这些生活必备技能，学习音乐、绘画、舞蹈的艺术才能，进一步还要接受诗、书、经、史的文化教育。正如我们高一课本里《孔雀东南飞》中的刘兰芝，她“十三能织素，十四学裁衣，十五弹箜篌，十六诵诗书”一样，这虽然是东汉时的故事，但推演到西汉，对女子一定也有成熟的教育手段。在这几种教育中，特别值得一提的是德育中的礼治教育。我们看到的几位美女，举手投足都显得那么高雅，彬彬有礼，那么合乎礼仪的规范，说明她们都受过严格的礼仪教育和培训。

第三是当时女性的地位，这里不能不提西汉成帝时的班婕妤。《汉书》记载，西汉时期，汉成帝的宠妃班婕妤知书达理，才华盖世，被成帝视为良师益友。从魏晋到清代，文学评论家都给予她的文采以最高的评价，甚至被评为古代第一；然而，班婕妤最为后人称道的还在于她的人格风范、道德操守。有一天，成帝下令专门为他们两人制作一辆大型车辇以备出游，班婕妤说：“不可，圣贤之君，都应该是名臣在侧。夏桀、殷纣王和周幽王都是因为宠幸妃子，落到了国破君亡的下场。”王太后知道后，对班婕妤大加赞赏，说她知礼仪、识大体，是后宫嫔妃的道德楷模。现在，许多人以“中国古代最完美的女人”来歌颂班婕妤，可见她的历史影响。班婕妤代表了在礼治教育下，汉代女性在精神文明方面所达到的水平和高度，也可见西汉时期对女性“德智美”教育的巨大成功。

今天我们通过了解三件珍贵的阳陵陶俑的故事，学到了它们背后的文化。文物是会说话的，文物是有故事的，三件阳陵的珍贵陶俑，可能不足以代表中国汉代陶俑雕塑的最高水平，但是它们却向我们展示了中国古代第一个经济文化发展高峰——“文景之治”的灿烂辉煌，让我们看到了2000多年前“文景之治”时代汉代女性的独特魅力。

042

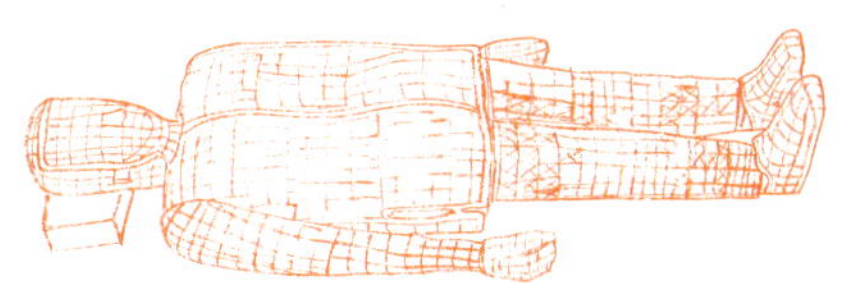

金缕玉衣

我国考古发掘的第一件保存完整的汉代玉衣

国宝小档案

西汉
（公元前 206 年—公元 25 年）

年代：西汉（公元前 206 年—公元 25 年）

尺寸：刘胜金缕玉衣长 1.88 米，刘胜王后窦绾金缕玉衣长 1.72 米

出土地：河北保定满城县西汉封国中山国第一代王刘胜墓、刘胜王后窦绾墓

馆藏地：河北博物院

供图：河北博物院

主讲人：刘蕴泽

在这里，我要带大家穿越回 2000 多年前的西汉王朝，去揭开国宝文物金缕玉衣的神秘面纱。

震惊世界的考古发掘

这还要从 1968 年的那个夏天说起。在河北保定满城县西南方向的一座小山上，一队解放军战士进行防御工事爆破施工的时候，发现了一个巨大的洞穴，经河北省文物工作队的同志现场勘察，确认这是一座规模宏大的古墓。消息上报到中央，周总理亲自批示由当时的中科院院长郭沫若先生组织实施发掘工作。

据考证，墓主人为西汉封国中山国的第一代王刘胜。刘胜是汉武帝刘彻同父异母的哥哥，公元前 154 年被分封为中山靖王，在位 42 年。之后，考古专家们根据汉代君王和王后“同坟异葬”的规制，推测在刘胜墓的旁边应该还有一座王后之墓。经过勘察，果然在距离刘胜墓 100 多米的地方，发现了王后窦绾的墓葬。两座古墓规模宏大、随葬品丰富而且都从没有被盗掘过。两墓各出土有一件奢华的金缕玉衣，更是震惊了世界。这是我国考古发掘中第一次发现的保存完整的汉代玉衣，揭开了汉代玉衣的真面目，也让我们对古人的聪明才智感到惊奇与赞叹。

在汉代文献中，玉衣也叫作“玉匣”。虽然文献中早有记载，但它到底是什么样子，从汉代之后便不为人所知了，十分神秘。直到满城汉墓的发现，刘胜金缕玉衣才第一次让人们看到了真实、完整的一套金缕玉衣，它的出土也是第一次对《史记》《后汉书》等有关金缕玉衣记载的真实性予以证实。

金缕玉衣的精湛技艺

这件玉衣长度为 1.88 米，是用 2498 片的玉片和约 1100 克的金丝制作而成。**整件玉衣基本是按照人体的形状设计的，分为头部、上衣、裤筒、手套和鞋五大部分，每一部分都可以彼此分离，就像制衣工人裁剪缝制的一件衣服。**其中头部是由脸盖和头罩组成，脸盖上还生动地刻制出了眼睛、鼻子和嘴巴的形象；上衣的前片制成胸部平坦、腹部鼓起的形状，后片下端还做出了臀部的形状，这样穿起来更加贴合身形；左右裤筒是各自分开的，上粗下细，完全按照人的腿形设计；手套呈现握拳状，是整件玉衣之中制作最为精巧的部分，其中专家发现的最小的玉片，只有成人拇指盖大小，而且需要将 100 多片不同形状的小玉片按照手的形状连缀起来，制作难度非常大；鞋的部分所使用玉片比较大，其中鞋底是由三块特制的大玉片组成，鞋帮还可以向两边打开，这样一来便于穿着。

如此精美的金缕玉衣究竟是做什么用的呢？玉衣是汉代皇帝和显要贵族死后才可以穿的特殊葬服，西汉中期以后开始大量涌现。按照主人身份的不同，玉衣有金缕、银缕、铜缕及丝缕之分。**按照《后汉书 · 礼仪志》中规定只有皇帝才能使用金缕玉衣；诸侯王、列侯始封、贵人、公主只能用银缕玉衣；大贵人、长公主使用铜缕玉衣。**不过西汉时期玉衣分等级使用的制度尚未规范，所以在刘胜及其夫人的墓葬中出土的均为金缕玉衣。

考究又精致的金缕玉衣制作起来，当然是一项复杂又庞大的工程。首先，玉片想要贴合人体曲线是很不容易的，所以需要汉代的玉器“设计师”精心地设计和细致地加工，把玉料切割加工成不同的形状。玉料是从辽宁地区运来的岫岩玉，平均硬度在 5.2 度，与普通玻璃接近。古代没有机器车床，古人究竟是用什么方法锯片的呢？

从玉片的痕迹观察，有的是用圆片锯锯开的，有的是用直条锯锯开的。具体做法是用这种带有钢丝或圆形钢盘的工具来完成切割。不过钢丝是割不动玉的，因此工具上方还悬挂有壶，内盛解玉砂和水。混有解玉砂的水滴滴在玉石上，增加了切割工具的锋利度，这样来回摩擦就可以把玉料制作成大小不一、形状各异的

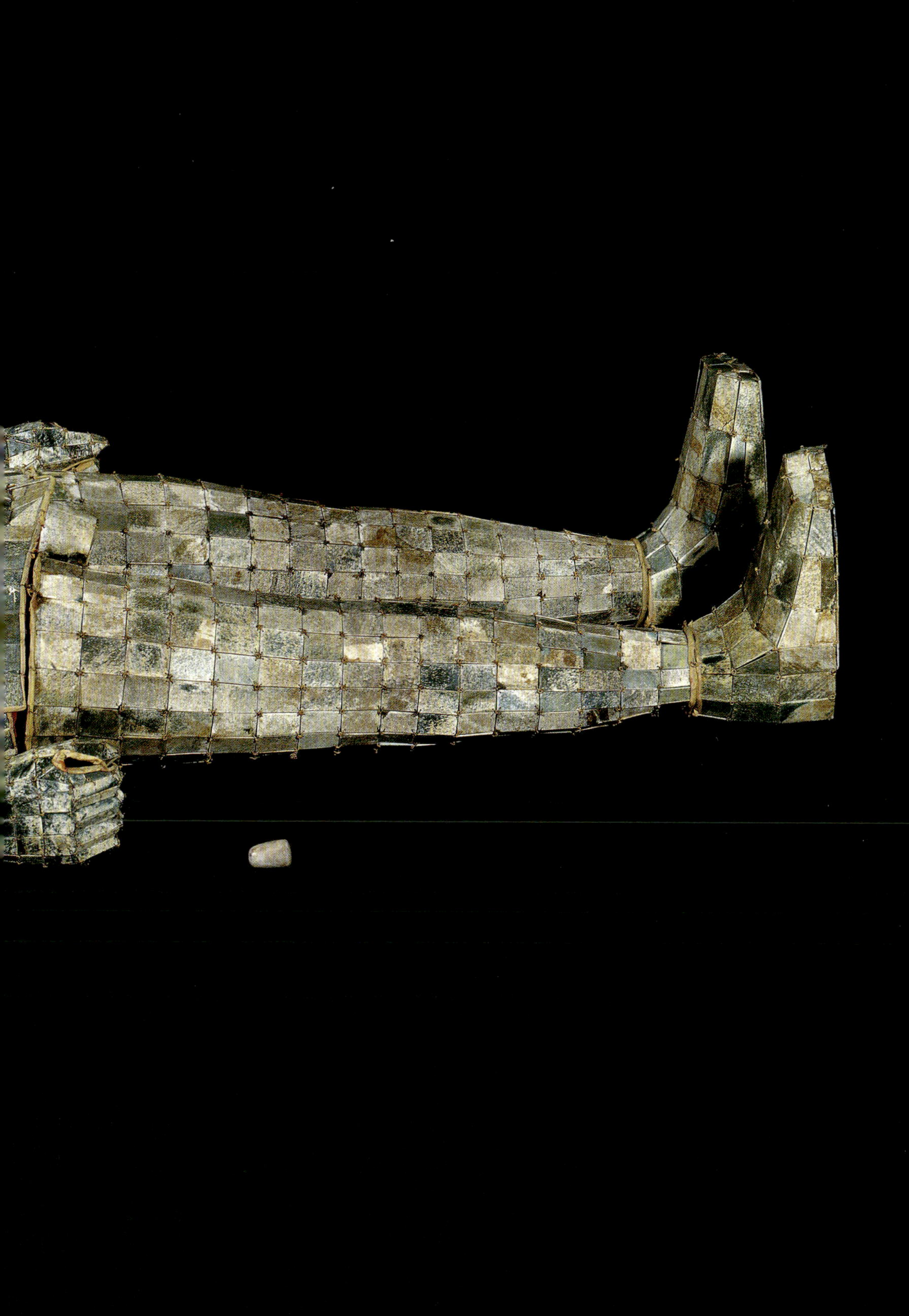

玉片了。其中圆片锯的使用，说明当时已有较高效率的轮轴切割机械了。切好之后的玉片，需要进行细致的磨制、抛光处理，使表面发出温润的光泽。

接下来就要在玉片的每一角穿出小孔，从遗留的钻孔痕迹看出当时有两种钻孔方法，一种为杆钻，一种为管钻，其中杆钻为大多数。杆钻和管钻都必须加砂研磨，制成小孔。

下一个步骤是编缀。编缀用的金线长度一般为 4 ～ 5 厘米，形状粗细不一。一种金丝横断面近似圆形，用于上衣和手套位置；另一种呈扁条形，两端搓尖，用于裤筒上；另外，**还有很少的合股金丝，是用 12 条极细的金丝拧成一股做成的，其中最细的金丝直径只有 0.08 毫米，工艺水平之高超令人惊叹。**一般金丝的做法通常是将金片剪成细条搓成丝，而合股的细金丝经过实验，可能是拔制的。这种柔软又有韧度的金丝非常适合编缀。而在编缀的时候，工匠还根据不同部位采用不同的编织方法，例如交叉式、套联式、并联式等，周边还用织物或铁条进行锁边。

经过以上几个步骤，一件奢侈华丽的金缕玉衣就制作好了。

我们再来看刘胜的王后——窦绾的金缕玉衣，这件极为罕见的女士玉衣长度为 1.72 米，共用玉片 2160 片，金丝约 700 克制作而成。与刘胜玉衣相比，有两点主要的区别：首先，上衣部分使用的玉片比较大，而且玉片之间不是用金丝编缀的，而是用丝织物粘贴在一起；另外，脸部制作得也更加精细，除了刻画出精致的眼睛、鼻子、嘴巴，还在头罩两侧做出了耳朵的轮廓。

玉九窍塞的完整出土

除了玉衣，满城汉墓还出土有完整的“玉九窍塞”，包括眼盖、耳瑱、鼻塞、口琀、生殖器罩盒和肛门塞，是用来塞住人的九窍。刘胜和窦绾死后头部的下面放置有鎏金镶玉铜枕，造型精美，装饰华丽；手中各握有一璜形玉器；前胸和后背还放有玉璧。这些连同玉衣一起，都是汉代葬玉的重要组成部分。

那么，古人为什么要用这么多的玉器来进行随葬呢？因为古人认为美玉是山石的精华，凝聚了天地之精华，吞食可以长寿，佩戴可以辟邪，穿上玉衣便可以尸身不腐。所以，古人生前佩戴玉器，死后用大量的玉器进行随葬。

古代人民的不朽智慧

两汉时期，是玉衣发展的高峰期，从目前考古资料看，河北省除了满城汉墓出土的刘胜、窦绾玉衣，还出土有中山怀王刘修的金缕玉衣、中山穆王刘畅的银缕玉衣、中山简王刘焉的鎏金铜缕玉衣等。其中刘修是西汉中山靖王刘胜第五代孙，其玉衣出土时已经遭到破坏，金丝早已被人抽走，专家重新打造了金丝，从而完成了修复。

此外，其他地区也先后出土有两汉时期的玉衣，徐州狮子山楚王墓出土的金缕玉衣，是目前年代最早、玉片数量最多、玉质最好的玉衣；同样出土于徐州的东汉彭城靖王刘恭银缕玉衣，是目前我国发现最早的一件汉代银缕玉衣。

用玉衣来殓尸，不过是古人的一种美好愿望而已，事实上，刘胜和窦绾玉衣出土时，里面的尸骨早就已经朽烂，只有一些类似于牙齿的珐琅质和少量的骨渣保存下来。虽然王侯贵族长生不老、羽化成仙的寄托没能实现，但精美绝伦的金缕玉衣却流传下来，成为古代劳动人民的不朽智慧和精湛技艺的见证。

陽信家

043

长信宫灯

汉代灯具艺术的杰作

国宝小档案

西汉
（公元前 206 年—公元 25 年）

年代：西汉（公元前 206 年—公元 25 年）

尺寸：通高 48 厘米

出土地：河北保定满城县西汉封国中山国第一代王刘胜之妻窦绾墓

馆藏地：河北博物院

供图：河北博物院

主讲人：吴丹丹

长信宫灯是汉代灯具艺术的杰作，也是一件举世闻名的国宝级灯具。它 1968 年出土于西汉中山靖王刘胜之妻窦绾的墓中，因为在灯身上有铭文“长信”字样，故得名“长信宫灯”。

在位于河北省保定市满城县的满城汉墓中共出土灯具 64 件，其中包括铜灯 19 件，而最有名的便是今天的主角长信宫灯。你一定在中小学历史、美术等多版教材中数次见到过“她”，那么现在，就让我们好好认识一下“她”！

“环保灯具”的巧妙设计

长信宫灯通体鎏金，虽然漫长的岁月在灯的表面留下了斑斑锈迹，却掩盖不住它的灿烂与华贵。长信宫灯通高 48 厘米，这一灯身高度的设计在汉代具有极强的实用性，为何这么说？文献记载，汉代建筑为追求宏伟气魄，其外形庞大，而室内空间较为空旷。**但当时的人们还是保留着席地而坐的习惯，所以像长信宫灯这样在灯具高度上设计得较为低矮可以满足局部照明的需求。**

长信宫灯的整体造型为一名跪地持灯的汉代宫女形象，宫女左手执灯，右臂高高地举起，宽大的袖管自然下垂巧妙地形成了灯罩的顶部。下方的灯罩则是由两块弧形平板组成，合拢后为圆形，卡嵌于灯盘的凹槽之中。这两片板子的设计，大大提高了长信宫灯使用的便利性。**人们可以通过转动弧形平板来调节灯光的亮度以及照射的方向，同时也能起到一定的挡风作用。**

在长信宫灯的众多巧妙设计中，最为突出的便是蕴含在其中的环保理念。由于古代的青铜灯多是用动物油脂为燃料来照明，当灯火摇曳时，虽然带来了光明，

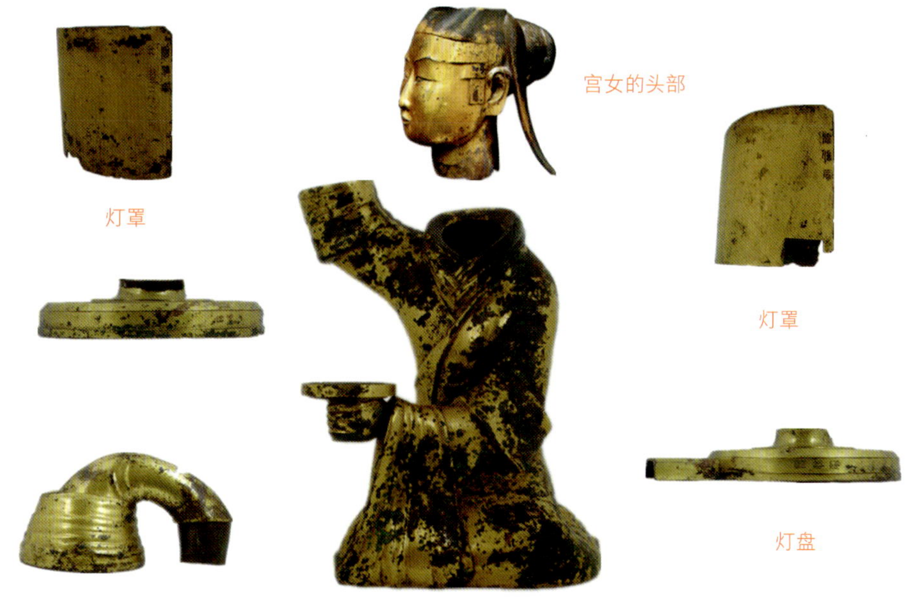

长信宫灯拆解图

宫女的头部、衣袖、灯盘等很多位置都可以拆卸，长信宫灯整体可拆卸为六大部分，七个构件。因此将灯具拆卸开来，清理里面的烟灰自然也就更加容易了。

但随之而来的还有燃烧后残留的炭粒和灰烬，它们形成的烟尘，如果弥漫在房间里，就会散发出刺鼻的气味。那么，长信宫灯究竟是通过怎样的设计避免了这种污染呢？

原来当灯烛被点燃后，呛鼻的烟气会随着热空气的推动徐徐上升，并沿着宫女的袖管不断进入宫女体内，而灯烟到达宫女体内之后由于失去了热气流的推动作用逐渐冷却，此时形成的烟灰便会积攒下来，这样就保证了宫殿内的空气不受污染。**而且古人在设计长信宫灯时，不仅考虑到室内空气的清洁问题，连灯内烟灰如何清理都考虑到了，设计得极为方便。**宫女的头部、衣袖、灯盘等很多位置都可以拆卸，长信宫灯整体可拆卸为六大部分，七个构件。因此将灯具拆卸开来，清理里面的烟灰自然也就更加容易了。

长信宫灯的身世和经历之谜

作为一件国宝重器，除了突出的实用价值，长信宫灯还有很高的历史研究价值。在灯上共刻有铭文九处，65 字，记录了长信宫灯的重量、容积和所属者等信息。从这些铭文的字体、刻工和内容等细微处观察，专家们得出一个结论：这些铭文显然不是一次刻成的。这又说明了什么呢？这表明长信宫灯曾经有过不止一个主人！

在九处铭文之中，“阳信家”这句铭文在灯上出现了六次之多。长信宫灯出土之后，一些考古学家推测这件长信宫灯最初并不是刘胜窦绾夫妇的物品，而是阳信夷侯刘揭家的一件灯具。

阳信县隶属山东省滨州市，建县始于西汉时期，至今已有近 2200 多年的历史。而在汉代有很多由天子直接册封的封国，这些封国的统治者有些称王（例如中山靖王刘胜），有些则称侯（比王的等级略低）。阳信夷侯刘揭，受封于公元前 179 年，在位 14 年后去世，由他的儿子刘中意继承了王位。在公元前 154 年，发生了西汉历史上最著名的一场叛乱，这是场中央政府与地方封国的军事战争，史称“吴楚七国之乱”。朝廷迅速平定了这场叛乱。而刘中意则因为参与了“吴楚七国之乱”失败后，不仅被废黜了王位，甚至还被除国。而这件长信宫灯则在西汉少府查收后，被放入了长信宫中。

当时长信宫的主人就是声名显赫的窦太后窦漪房。有的朋友在一些汉代宫廷电视剧中听说过她，她是汉文帝的皇后，也就是汉武帝和刘胜的奶奶。那么，本属于长信宫的长信宫灯为什么会出土于窦绾的墓葬中呢？

我们从姓氏上分析，窦太后和窦绾极可能有亲缘关系，于是太后将长信宫灯赐给了刘胜和窦绾夫妇。当年窦绾对这件精美的灯具一定非常喜爱，在她去世时便随葬入墓了。

仅从以上这些有限的史料来分析，长信宫灯就已是三易其主了。历史的风云，人生的遭际真可谓扑朔迷离，变幻无常。

然而，1981 年在陕西的茂陵又出土了十几件刻有“阳信家”铭文的精美文物。

这些铜器上的“阳信家”铭文与长信宫灯上的“阳信家”铭文十分相像，正是这一发现，让之前一些专家提出的“长信宫灯属于阳信夷侯刘揭之家”这种观点受到了挑战。有的专家认为：长信宫灯的最初主人很可能是阳信长公主，阳信长公主将这件灯具献给了窦太后，窦太后又转赠给了王后窦绾。

那么，阳信长公主是谁？这位长公主为何也称“阳信”呢？阳信长公主与汉武帝刘彻同为汉景帝的王皇后所生，所以她就是汉武帝的亲姐姐。在刘中意由于参与“吴楚七国之乱”失败而被除国削藩后，“阳信”这片封国便被转封给了这位长公主。因此，一些考古学家认为作为长公主的她拥有财力和物力来铸造这批铜器，这样才能解释为何有十几件“阳信家”铜器会出土于陕西茂陵。

关于长信宫灯的身世和经历之谜，专家们的看法不一，这也让灿烂、华贵的长信宫灯平添了一丝神秘感。但可以肯定的是，长信宫灯将生活的实用、科学的结构和美观的造型完美地结合在一起，代表了汉代灯具艺术的最高水平，也是我国古代灯具中最著名的一件“环保灯具”。

永恒的光明使者

目前，考古发现的长信宫灯只此一件，它在20世纪还作为“友好使者”多次出国展出。但是，2002年，长信宫灯已经被国家文物局列为了全国第一批“限制出境”的文物了，所以21世纪以来，它就无法再出国了。不过，在2010年的上海世博会上，长信宫灯作为河北馆的镇馆之宝也向全世界做了展示。

日月交替，昼夜轮回。在漫漫长夜之中，这一盏盏灯烛为古人驱走了无边的黑暗，从而成为光明的使者。千百年来，千姿百态的灯具装点了无数的高堂和美舍，照亮了古人浪漫的梦境。在浩如烟海的历史长河里，一代代王侯将相早已灰飞湮灭，而无名劳动者创造的艺术品却成为永恒。

044

西汉彩绘杂技乐舞陶俑

汉代百戏表演和观赏场景的真实再现

国宝小档案

年代：西汉（公元前 206 年—公元 25 年）

尺寸：长 67 厘米，宽 47.5 厘米

出土地：济南市北郊无影山 11 号汉墓

馆藏地：济南市博物馆

供图：济南市博物馆

主讲人：杨冬梅

今天，我要为您介绍的是我国首次发现，目前也是唯一立体展示汉代百戏表演及观赏场景的实物，它就是西汉彩绘杂技乐舞陶俑。这件文物可以说是一个迷你版西汉欢歌宴饮场景的再现。我们也可以称它为一套或一组，因为所有的歌、舞、杂技、乐、观赏俑和各类乐器，各就各位被安置在一个长 67 厘米，宽 47.5 厘米的长方形陶盘上。

汉代最流行的“百戏”

您可能会说：汉代乐舞、杂技陶俑多地都有出土，怎么就这件是国宝级呢？请您少安毋躁，听我慢慢道来。

在济南市的北郊有一座无影山，1969 年 4 月，周边的群众发现了古墓，并及时报告了政府。山东省和济南市的文物工作者迅速赶往勘察，共发现清理了 14 座墓葬，在其中的 11 号汉代早期墓中出土了这件彩绘杂技乐舞陶俑，这在我国是首次发现，引起了极大的轰动。

陶盘上共有22个陶俑，7个表演者位于陶盘的中心部位，后面是8人乐队（现在缺损了1人，只有7人），两侧是7个观赏者。

首先，来看这一组 7 个表演者，其中 4 个头戴尖顶褐色小帽，身穿及膝紧身短衣，腰束白带的男子正在表演杂技：前面两人双手撑地，举足倒立，相对表演“拿大顶”；**后面两人，一人向后弯腰，另一人胸部着地，双腿反弓过肩，身体反圈成一个圆形，两手扶脚，似现代杂技中的“叼花”，这是一个高难度的柔术动作。**

“杂”是指多样，“技”指技艺，“杂技”就是各种技艺。我国杂技的历史悠久，春秋战国时期就已广泛出现，所以学者们多认为中国的杂技萌芽于新石器时代。其实杂技艺术的形成和发展，绝不来源于一时一地，它与人们生产、狩猎、民间舞蹈，以及和大自然的斗争等都有着密切的关系。从目前发现的画像石等史料看，秦汉时期杂技的难度已经相当高，其惊险性和观赏性绝不亚于现代杂技。

在杂技表演者的左边有两个年轻女子，面施粉黛，头绾垂髻，身穿绕襟长袖花衣，一红一白，挥动长袖正翩翩起舞。**这是汉代非常流行的“长袖舞”。长袖、细腰是长袖舞的基本特征，最具代表性的动作是“翘袖折腰”，也就是把长袖向上甩起，同时腰肢向后弯折，就像现在戏剧里的“卧鱼”。**这种源自楚国宫廷的舞蹈，到了汉代，开始风靡社会各个阶层，上至皇室贵族，下至乡黎百姓:《韩非子》用非常洗练且精辟的“长袖善舞”四个字描写了这种舞蹈的特点；汉高祖刘邦最宠爱的戚夫人就最擅长跳长袖舞，据传她的“翘袖折腰”跳得美轮美奂；徐州博物馆曾展出当地墓葬出土的长袖舞陶俑 30 余件，在汉画像石上也有非常多的长袖舞的图案。这种长袖飘飘的优美舞姿，一直是我国民族传统舞蹈的一种显著特点。

在表演队伍最前面一人，身穿窄袖朱色长袍，双臂向两侧张开，头微微向上昂起，似在引吭高歌或大声咏诵，这也是唯一可以转动的人物俑。

在表演者的后面是一排为其伴奏的乐队，原有 8 人，现只有 7 人，缺失 1 人。**最左侧是两位女子，头绾垂髻跪地吹笙，其余五位是男子，他们依次在鼓瑟，击扁形小鼓，敲编钟，击磬，击建鼓。**瑟、鼓、钟、磬、笙都是我国最古老的乐器；鼓、磬和铙在商代遗址中就有出土；周代铙发展成了悬挂的钟，大小依次成组的叫“编钟”；笙和瑟稍晚出现于东周时期的墓葬中；在春秋战国的青铜器及汉画像石的宴乐图中出所见乐器也是大致如此；2000 年，济南洛庄发现一座汉代大墓，仅乐器就满满一个陪葬坑，而且都是墓主人生前使用的乐器，主要有编钟、编磬、笙、瑟、扁鼓、建鼓、悬鼓和架子鼓等，数量虽多，但也是以这几类乐器为主。这就说明汉代及汉代以前，这几种乐器在宴乐时是最主要的乐队组合。

古代的乐舞工有男有女，其中女性居多，这些从事乐舞的女性被称为“女乐”。她们都是卑微的奴隶，主人可以把她们当作礼物，任意地互相赠送，甚至让她们陪葬。1950 年，在河南安阳发掘了一个商代大型贵族墓，其中墓室西侧发现了 24 具年轻女子的骨架，同时发现的还有各种乐器和舞蹈用的小铜戈，证明她们是墓主人生前的乐舞奴隶。

最后来看一下这组观赏者，7人分列两边，均是长衣广袖，拱手而立：其中右侧3人，宽衣博服，头戴冕形冠，应是地位尊贵的贵族，在他们前面置有两个大壶。这两个壶，确切地讲应该是酒尊，按古礼，凡贵族宴饮必置两壶以盛酒，汉乐府《相和歌词·陇西行》有这样的描述，“请客北堂上，……清白各异樽”；左侧 4人，头发束成高耸于头上的环形发式，与鼓瑟人的发型相似，似非贵族，应是一般观赏者。

您看整个场景中有弹的、吹的、敲的、打的、说的、唱的……可能会觉得这里有点乱，但是在当时真不乱，这就是汉代最流行的一种文艺表演形式叫“百戏”，也叫“角抵戏”。

风靡朝野，久盛不衰

汉代的社会统一，经过汉初“与民休息”的一系列政策，经济和生产力迅速发展，人民的生活水平也不断提高，这为文化的繁荣提供了物质和精神的基础。《太平御览》说“百戏起于秦汉”，其实百戏最盛的时候是汉代。

百戏表演内容非常丰富，除杂技、舞蹈，还有角力、武术、幻术、驯兽、竞技、魔术等，这种异常热闹大杂烩式的表演形式起于民间，属于杂舞。与百戏所对应的则是用之庙堂的雅舞。宋人郭茂倩在《乐府诗集》中说：“杂舞始皆出自方俗，后寖陈于殿庭……自汉以后，乐舞寖盛，故有雅舞、有杂舞，雅舞用于郊庙朝飨，杂舞用于宴饮。”由此可见，汉代以前，热闹嘻哈的百戏是难登大雅之堂的民间艺术。

我们也都知道，汉室皇族刘氏非贵族出身，刘邦及其左右多来自社会中下层，自然喜欢同样来自民间的艺术。**“上有所好，下必趋之。”史载，汉武帝元封三**

您看整个场景中有弹的、吹的、敲的、打的、说的、唱的……可能会觉得这里有点乱，但是在当时真不乱，这就是汉代最流行的一种文艺表演形式叫“百戏”，也叫“角抵戏”。

（公元前108年）年，在长安未央宫举办盛大百戏表演，京城周围“三百里内皆来观”，可见百戏在汉代风靡朝野、城乡，且久盛不衰。

这件西汉杂技乐舞陶俑所表现的内容虽然复杂，但是布局却井然有序，人物主次分明。观众、乐队、表演者之间的安排非常合理。对于研究汉代的音乐、舞蹈、杂技、雕塑等都具有非常重要的意义。新中国成立后，汉代乐舞、杂技造型的陶俑和木俑虽然不断有发现，但都是单个体。所以，这件杂技乐舞陶俑一经出土就引起各方的极大关注，在我国的音乐史、舞蹈史、杂技史及美术雕塑史中都占据非常重要的地位，具有极高的历史、科学、艺术价值，被评定为国家一级藏品，堪称国宝级文物。

常言道，“百闻不如一见”，希望您有机会到我们济南市博物馆来一睹这件珍贵文物的风采。

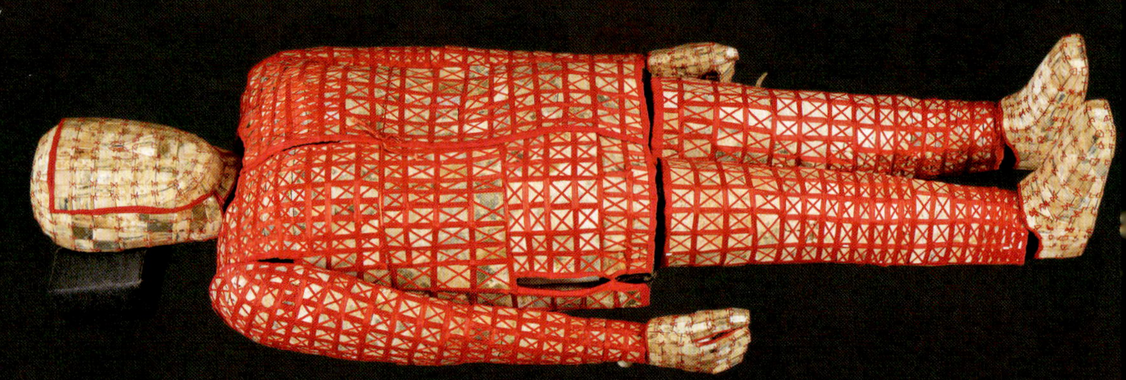

龙形玉觿（一），被放置在墓主人的右手边

龙形玉觿（二），被放置在墓主人的左手边

涡纹双连玉璧，被放置在墓主人的脚下

045

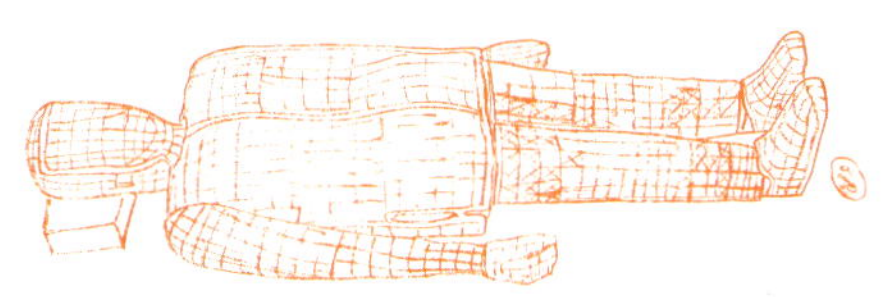

丝缕玉衣

汉越交融的重要历史物证

国宝小档案

西汉
（公元前 206 年—公元 25 年）

年代：西汉（公元前 206 年—公元 25 年）

尺寸：长 1.73 米

出土地：广州市中心南越国第二代王赵眜之墓的主棺室

馆藏地：西汉南越王博物馆

供图：西汉南越王博物馆

主讲人：黄子立

1983 年，在古老的历史文化名城广州市的市中心发现了南越国第二代王赵眜之墓，墓中出土了 1000 多件（套）珍贵文物，反映出当时岭南地区的社会发展情况，同时，也揭开了 2000 多年前南越国历史的神秘面纱。今天要向您介绍的就是从南越王墓中出土的一件衣服，这件衣服非常特别，南越王一生只穿了一次，也只能穿一次。它就是南越王下葬时所穿的丝缕玉衣。

玉衣又称“玉匣”，是用不同材质的线，将四角穿有细孔的许多玉片相连，而制成的与人体形状相似的衣服，也是两汉皇帝和诸侯王等贵族下葬时所穿的一种特殊的殓装。由于汉代人迷信玉，有崇玉的观念，所以，他们认为穿上玉衣下葬可以保持尸体不腐，防止精气外泄，从而让灵魂升天。

南越王身穿丝缕玉衣下葬的缘故

南越王墓出土的这件丝缕玉衣，共有2291块玉片，使用麻布和丝线编缀而成。它的外观和人体形状一样，可分为头套、上衣、袖筒、手套、裤筒和脚套。玉衣长1.73米，由此也可以猜测南越王赵眜的身高在1.7米左右。这件玉衣有几个十分有趣的细节，比如头套顶端有一块玉璧，中间的圆孔被认为是灵魂进出的通道；上衣采用对襟形式，和我们现代的服装非常相像；手边放有玉握，代表人死后不能空手而去；身体的上下还铺垫着玉璧，脚下放置有精美的涡纹双连玉璧，或许想凭借玉璧从而让灵魂升天。

您可能会有疑问，南越王为什么不穿金缕玉衣下葬呢？丝缕玉衣和我们常听说的金缕玉衣有什么不同呢？

丝缕玉衣的头部

中国历史上以玉衣殓装的制度，可追溯到东周“缀玉面罩”和缀玉片。根据已知的考古材料记载，形制完备的玉衣出现在西汉文帝、景帝之际，皇帝和王侯等以玉衣作为殓装是从汉武帝时开始盛行的。**根据《后汉书》的记载，玉衣根据编缀玉片的材料不同而分为三个档次：汉代皇帝死后穿金丝缝的玉衣，叫金缕玉衣；诸侯王、列侯、公主等穿银丝缝的银缕玉衣；大贵人、长公主使用铜缕玉衣。但是，史料并没有记载丝缕玉衣。**

丝缕玉衣的手部

南越王赵眜之所以身穿用丝线缝缀的丝缕玉衣下葬，或许是因为南越王特殊的身份。那么，南越王和别的诸侯王到底有什么不同呢?

第一代南越王赵佗是河北真定人，原是秦始皇军队的一名大将，秦统一六国后，赵佗随大军南下到岭南。秦统一岭南后，随即在岭南设置郡县，赵佗则被任命为南海郡龙川县的县令。

公元前 209 年，陈胜、吴广领导的农民起义席卷中原，反抗秦王朝的暴政，继而天下大乱，群雄并起，战火连年，在这种混乱的形势之下，南海郡尉任嚣病重垂危，便把龙川县令赵佗秘密召到身边共商大计。任嚣觉得，如今天下大乱，百姓受苦，贼兵很可能会侵扰岭南，于是打算起兵断绝新道，加强守备，静观中原局势。但由于自己病得太重，力不从心，蕃禺这个地方北有山岭之险，又有广阔的南海，地方广大，可以割据立国，于是，想把这项事业交付给赵佗。

丝缕玉衣的脚部

不久之后，任嚣病逝，赵佗接任了南海郡尉职权，他命令驻军切断通道，严守边关，巩固政治地位，于公元前 203 年建立南越国，定都蕃禺，自称“南越武王”，成为独立的地方政权。

一年以后，楚汉之争刘邦胜利，建立汉朝。刘邦原本打算出兵平定南越国，但考虑到中原连年战乱，百姓劳苦，于是改用怀柔政策安抚南越王。公元前 196 年，汉高祖刘邦派使臣陆贾出使南越国，劝降赵佗。赵佗衡量得失后最终接受，面北称臣，从此南越国成为西汉王朝的藩属国。所以，南越王赵佗可以说是为维护国家统一，促进各民族共同繁荣做出了巨大贡献。

毛泽东主席曾经评价道：赵佗是南下干部第一人。从以上的故事中您会发现，南越王的身份非常特殊。南越国不是分封的，南越王也不属于诸侯王，南越国对外虽然是面北称臣，但对内却行使南越国自己的一套规章制度，拥有一定的自主权。

于是，南越王赵眜在中原文化的影响之下，下葬时也为自己准备了一套玉衣。由于汉代初年玉衣制度并不完善，所以南越王在制作玉衣时，可能觉得穿金缕玉衣属于僭越，使用银缕或铜缕玉衣又不合身份，怎么办呢？不如干脆自己发明一套玉衣吧。

南越先民独创的丝缕玉衣

岭南文化一贯兼容并蓄，勇于创新，于是，南越先民在玉衣制度的基础上，创造性发明了独一无二的丝缕玉衣。只见这件玉衣是由红色丝线编缀而成，别具一格，看起来很高级，又显得很低调，丝毫不输汉朝的大牌玉衣，可谓是南越风格。

这件丝缕玉衣部分玉片的外观与广东曲江石峡遗址出土的玉器十分相似，专家推测，这件玉衣的用料产自岭南，应该是南越国宫廷所特制。所以综合来看，这套丝缕玉衣从头到脚都是“广东制造”。

目前，西汉时期墓葬出土的玉衣不下 40 套，南越王墓赵眜的这件丝缕玉衣，应当是在汉武帝元狩元年（前 122 年）前制作，比大名鼎鼎的满城汉墓中山靖王刘胜的金缕玉衣的制作时间，还要早 10 年左右。这件丝缕玉衣是我国迄今为止所见年代较早的一套形制完备的玉衣，而且是从未见于文献和考古发掘的新类型，是南越国学习中原文化后汉越交融的重要历史物证。

到了东汉时期，玉衣已明确为金缕、银缕、铜缕 3 个等级，确立了分级使用的制度。曹魏黄初三年（222 年），魏文帝曹丕为防止盗墓，废除了玉衣制度。目前为止，尚未发现东汉以后的玉衣，所以，用形制完备的玉衣殓葬，现在仅见于汉也终结于汉，仅存 300 余年，是汉代文化的重要象征。

稀世珍宝的发掘和修复

那么，这件丝缕玉衣当时是如何出土的呢？这件丝缕玉衣出土于南越王墓的主棺室，置于墓主人的棺椁之内。由于丝织物容易腐朽，玉片散落一地，但整体构造大致还可辨认。为了今后玉衣的修复和研究，一个难题摆在了考古发掘队的面前：如何才能在不破坏玉片位置关系的基础上清理出玉片呢？

经过反复的观察和研究，最终制订了一个整取方案“竹扦插取法”，也就是预先削好一批细薄的长竹片，每根长约 1 米，宽 2 ~ 3 厘米。考古队员从玉衣两侧开始，小心地将细长的薄竹片逐条从玉衣底部与地面相间处逐分逐寸地横插进去，这样整件玉衣好像放在一张竹床之上。然后又在竹片下面插入几块大的锌铁板，于是，玉衣连同它裹着的南越王赵眜的遗骸，整体被置于薄板之上。

接着，在外围套上一个大木箱，当中盖上几层柔软的棉纱纸把玉衣隔开，然后灌上一层厚石膏。就这样，将已经散乱的玉衣固定在木箱之中。钉上盖板后，把木箱连同下面插入的薄铁板一起翻转过来，揭去薄铁板和长竹片，整套玉衣就背朝天被揭起了。

最后，考古队员又在玉衣背面铺上绵纸，灌注石膏，玉衣就像是“三明治”一样被绵纸和石膏夹在了中间。而沉睡了 2000 多年的南越王赵眜就这样脸朝下地趴着，被几位考古队员请出了寝宫，送到北京社会科学院。他们花 3 年时间修复了丝缕玉衣，才让我们可以看到这套完整的稀世珍宝。

如今，这件丝缕玉衣静静地躺在西汉南越王博物馆“南越藏珍”的展厅里，向世人诉说着古老神秘的南越国历史和开放包容的岭南文化。

046

文帝行玺

南越王墓的镇墓之宝

西汉
（公元前 206 年—公元 25 年）

国宝小档案

年代：西汉（公元前 206 年—公元 25 年）

尺寸：印面长 3.1 厘米，印高 0.6 厘米

出土地：广州市老城区解放北路越秀公园西侧象岗山

馆藏地：西汉南越王博物馆

供图：西汉南越王博物馆

主讲人：黄子立

镇墓之宝横空出世

1983年的那个夏天，6月的羊城，骄阳似火。在广州市老城区解放北路越秀公园西侧的象岗山上，广东省政府办公厅准备盖几栋宿舍大楼。突然，轰的一声，有一位民工的锄头碰上了硬物，他低头一看，发现锄头下居然有整块的大石板。工人们挖开一条石缝后，发现石板下面黑洞洞的，似乎是一座地下建筑。霎时间，围拢的人越来越多，大家七嘴八舌，有人说是防空洞，有人认为是抗战时的地下军火库，也有人说是过去有钱人家挖的秘密窖藏。正当有人准备把大石撬开来一看究竟的时候，闻讯赶来的省办公厅基建科长，制止了民工的贸然行为，他怀疑这是一座古墓，并向文物保护单位汇报了情况。

经过初步的勘探，确定这是一座南越国时期的墓葬，未被盗扰，且墓主人非等闲之辈。那么，墓主人到底是谁呢？难道是大名鼎鼎的南越国第一代王赵佗？经过一系列的准备工作后，考古队开始了发掘工作。

不知不觉，距离象岗古墓发现已过去了100多个日夜，每一位考古队员都默默地盼着有一天能找到可以确切证明墓主人身份的随葬物证。经过漫长的等待，9月22日，墓主人终于自报家门了。当考古队员小心翼翼地清理玉衣的漆皮残片时，一枚金印赫然出现在了眼前，这让在场的所有人都屏住了呼吸。考古队员轻轻地捏起印纽，小心翼翼地将印面翻转过来，就看到印面的田字界格上书体工整、刚劲有力的阴刻篆书四字“文帝行玺”，那么，象岗山大墓的主人就是南越文王——赵眜。自此两千多年的一件绝世镇墓之宝横空出世。

南越王赵佗和赵眜的故事

南越文王赵眜是何许人也？根据司马迁的《史记》和班固的《汉书》记载，南越国第二代王谥号文帝，是第一代南越王赵佗的孙子。可能您会感觉到奇怪，第二代南越王不应该是第一代王的儿子才对吗？接下来，我要和您讲一讲南越王赵佗和赵眜的故事。

第一代南越王赵佗是河北真定人，其家世不显于史书，可谓出身于平民，却成名于乱世。先是秦始皇统一六国，赵佗率大军南下平定岭南，被任命为龙川县县令，后北方大乱，赵佗合并南海、桂林、象郡三郡建立南越政权。赵佗在秦末汉初的大时代中从平民升到将军，再到县令、郡尉，最终于公元前 203 年建立南越国，定都蕃禺，自称“南越武王”，走向了人生巅峰。

但赵佗绝不只是一介武夫。他重视农业，推广中原地区先进的生产技术；团结当地民众，实行“和集百越”的民族政策。他妥善处理和汉朝的关系，使南越国得以长治久安。在汉越之间的外交会面中，还诞生了赵佗的一本不朽著作《上文帝书》。在文中，赵佗为自己在南越国称帝进行了巧妙而幽默的解释，他调侃道：“在广西、福建、长沙那边都是半裸的蛮夷，却能称王，我都这么大岁数了，

考古队员轻轻地捏起印纽，小心翼翼地将印面翻转过来，就看到印面的田字界格上书体工整、刚劲有力的阴刻篆书四字“文帝行玺”。

称个帝，聊以自娱！”随后，赵佗还表明自己的忠心：“我赵佗也是中原华夏之人啊！”让人不得不佩服赵佗有勇有谋的英雄气概。在赵佗的作用之下，汉越之间友好相处，是中原大地迎来历史上有名的“文景之治”的重要原因。可见，赵佗为维护国家统一，实现各民族共同繁荣做出了巨大贡献。正如毛泽东主席对他的评价，赵佗是“南下干部第一人”。

根据《史记》的记载，赵佗“与越杂处十三岁”；根据《汉书》的记载，赵佗在《上文帝书》中写道“老夫处粤四十九年，今抱孙焉”；而且《汉书》还提及“至武帝建元四年，佗孙胡为南越王”，由此可以推断赵佗在位 67 年，并且在位时佗孙已经在世。如果以赵佗年仅 20 岁就作为秦将南下岭南，在岭南地区生活了 13 年后接任南海郡尉统一岭南三郡建立南越国，并且当了 67 年南越王来推算，赵佗可能活了将近 100 岁，可以说是中国历史上在位时间最长的帝王。由于赵佗太长寿了，他的儿子没能熬到当南越王的那天，于是，只能由赵佗的孙子赵眜来接任第二代南越王了。

那么，第二代南越王赵眜在位期间，南越国又发生了哪些故事呢?《史记》和《汉书》中有记载，赵眜继位不久，闽越国趁机攻打南越国，赵眜连忙调集军队加强防守，同时派人火速上书汉武帝，请求诸侯藩国不得互相攻击。汉武帝接报后赞赏赵眜守约，按制度办事，于是派兵摆平了冲突。之后，汉武帝要求南越王赵眜上朝谢恩。但是，在重臣的劝诫之下，赵眜担心有去无回，于是以病为由派太子赵婴齐入朝为人质，在长安做皇宫侍卫。赵眜去世前，赵婴齐请求回国服侍父亲，得到汉武帝允许。

汉武帝元狩元年（公元前 122 年），赵眜去世，在位 16 年，由赵婴齐继承王位。根据《史记·南越列传》载，“婴齐代立，即藏其先帝玺”，显然第三代王赵婴齐已完全臣服于汉朝。而南越王墓出土的这枚文帝行玺，印台四周有摩擦使用过的痕迹，印纹沟槽内有暗红色的印泥，显然，这是墓主生前的实用物。从某种程度上也印证了史实。

虽然南越国国史不长，但无论是第一代王赵佗、第二代王赵眜、第三代王赵婴齐，都一直为维护汉越的关系和两地的平稳发展做出了巨大贡献。而广州象岗山文王墓的发现，揭开了南越国的神秘面纱，墓中出土的文帝行玺是确认墓主人身份的重要物证。

独一无二的文帝行玺

我们最后再来看这枚文帝行玺的几个特别之处：

一、印章的印面长达3.1厘米，是目前考古所见最大的一枚西汉帝印。汉代的官印主要用于表明身份和封检，由于需要随身携带，且用于检上填泥的面积有限，所以玺印不大。根据当时的规制，汉朝皇帝帝玺的印面尺寸为“方寸二”，相当于现在的2.7～2.8厘米，即所谓“方寸之印”。这枚文帝行玺印面长达3.1厘米，高0.6厘米，逾越了汉礼。

二、文帝行玺以金为材质，极其罕见。中国目前已发现的西汉金印不到10枚，其中南越王墓就出土了3枚金印，而文帝行玺更是目前考古所见唯一西汉金玺。根据史料记载，秦统一天下之后，规定只有帝后的印才可以称“玺”，以玉为材质。见于记载的秦帝玺有两种，其中一种是乘舆六玺，分别是皇帝行玺、皇帝信玺、皇帝之玺、天子行玺、天子信玺、天子之玺，所以，文帝行玺的发现不仅印证了史书记载秦汉实行的印玺制度，同时，也首次打破了秦汉时期天子用玺以白玉为材料的规制。

三、文帝行玺以龙为纽，是目前所见最早以龙为纽的印章。根据汉代的史料记载“皇帝六玺，皆白玉螭虎纽”。螭虎是一种神兽，在中华民族的古老文化中代表神武、力量、权势、王者风范。可见，玉质的螭虎纽是皇权至高无上的象征。而这枚文帝行玺印纽是一条游龙，盘曲成“S”形，龙首伸向一角，龙鳞和爪是铸后凿刻的，龙腰隆起以系印绶，打破了秦汉天子用玺以螭虎为印纽的规制。

所以，如果用三个字来概括这枚文帝行玺的特点，那就是“大金龙”。无论大小、材质和造型，它在目前所出土的秦汉印章中都是独一无二的，是南越王墓当之无愧的镇墓之宝。

047

错金铜博山炉

自带“仙气”滤镜的错金铜博山炉

国宝小档案

西汉
（公元前 206 年—公元 25 年）

年代：西汉（公元前 206 年—公元 25 年）

尺寸：通高 26 厘米，腹径 15.5 厘米，圈足径 9.7 厘米，盖高 12.3 厘米

出土地：河北保定满城县西汉封国中山国第一代王刘胜墓

馆藏地：河北博物院

供图：河北博物院

主讲人：王晓阳

海面壮阔，蛟龙翻腾，孤峰高耸，烟雾缭绕……将亦真亦幻的仙境盛景集于一体，这件自带“仙气”滤镜的错金铜博山炉是如何做到的呢？让我们一起来了解一下吧！

错金铜博山炉的造型和纹饰

“博山炉暖泛浓香，泛浓香，为寿百千长。”博山炉是古代熏香器具，因其盖部重叠起伏、犹如海上仙山博山一般而得名，盛于两汉魏晋时期，在我国熏香器具史上具有重要地位。错金铜博山炉出土于河北满城县陵山西汉中山靖王刘胜墓，造型精致，工艺卓绝。**炉身似豆形，分为炉座、炉盘、炉盖三部分，炉座与炉盘之间用铁钉铆合在一起，以保持结构稳定与炉身平衡；炉盘与炉盖之间为子母口，严丝合缝，过渡自然，便于开合以放取香熏料；炉盖因循山势起伏镂孔，最大限度地保证烟气发散。**

错金铜博山炉的底座透雕三条腾出海面的蛟龙，龙身蜿蜒盘绕于波涛云雾间，勾勒出一幅澎湃汹涌的辽阔海面之景；其上铸出高低起伏的山峦，山峦间神兽出没，虎豹奔走，小猴蹲坐在山峦高处或骑在兽背上嬉戏玩耍，猎人们扛着弓箭在山间追逐逃窜的野猪，几棵小树点缀其间，呈现出一派秀丽生动的自然山景；山间云气缥缈，微有流光，为整座山峰氤氲出烟波浩渺的仙山气象。

汉代社会文化蓬勃发展，工匠们奇幻瑰丽的创造力使错金铜博山炉的造型与纹饰跳出单视点构图的局限，让观者从不同的角度、不同的视点可以看到不同的独立画面，这些独立的画面衔接、连续在一起，又可以呈现出一幅完整的场景，可谓

博山之上，金丝勾勒出升腾旋绕的云气，烟云与山石似乎连贯为一体，既是峰峦的边界，又是云气的末梢，留给观者无限的想象空间。

错金铜博山炉底部波涛翻涌的大海并未塑出实体，而是以纤细流畅的错金纹饰和蛟龙矫健的身姿进行意象表达，避免了器物形体的大小对“大海”的限制。

灵猴与猛兽，活泼惬意与剑拔弩张，一张一弛，和谐共生。

动静相宜，虚实结合。博山炉的底座为蛟龙出海，一片波涛汹涌、海浪席卷的蓬勃之势；海浪之上，巍峨高山挺拔而立，犹磐石不可摧也；翻涌的大海与坚韧的高山，一动一静，一急一缓，对比鲜明又融于一器。博山之上，活泼可爱的小猴子有的蹲踞在山峦高处举目眺望；有的调皮地骑在兽背上嬉戏玩耍，神情、动作栩栩如生，使观者心生愉悦。与此同时，山间的神禽异兽、猛虎灵豹若隐若现，仿佛隐匿在暗处悄悄地窥视着猎物，伺机而动。灵猴与猛兽，活泼惬意与剑拔弩张，一张一弛，和谐共生。而金丝勾勒出的树木，又与活动的动物们形成对比，将动静之感体现得更加明显。

在我国传统艺术创作中，常以留白营造虚实结合之感，有“方寸之地亦显天地之宽”的效果，如错金铜博山炉底部波涛翻涌的大海并未塑出实体，而是以纤细流畅的错金纹饰和蛟龙矫健的身姿进行意象表达，避免了器物形体的大小对“大海”的限制。博山之上，金丝勾勒出升腾旋绕的云气，烟云与山石似乎连贯为一体，既是峰峦的边界，又是云气的末梢，留给观者无限的想象空间。**当点燃熏香时，袅袅轻烟从山峦的起伏处缓缓逸出，缭绕在山峦景物间，虚虚实实，亦真亦幻，犹如海上仙境。**

博山炉的形成

中国古代的熏香历史非常悠久，具体的起始年代已无法考证，现在学界普遍认为，最晚在战国时期古人就已经开始熏香了。随着社会生活的发展，熏香的使用日渐普遍，熏具种类也逐渐丰富，您知道博山炉这种精致玲珑的熏具是如何产生的吗？

首先，博山炉的出现和古人对仙境的向往与追求密切相关。自春秋战国至西汉，是我国历史上宗教神话传说比较盛行的时期。春秋战国时期神仙家的“鬼神之事”、阴阳家的“五德终始说”，以及《山海经》《庄子》等典籍的记载，为世人构建起缥缈广博的仙境世界。汉代求仙思想盛行，历代统治者也都倾心于鬼神之事。**故此，灵魂不灭、飞升仙界成为汉代人心目中最渴求的。**而且，我国自古以来就有对名山大川的崇拜思想，古代典籍记录了众多神山仙山，如《山海经》中的俊疾山、大荒山，《淮南子》中“天帝之居”的昆仑山，以及《三辅黄图》《拾遗记》中明确提到的蓬莱、瀛洲、方丈三座海上仙山，充分体现出山岳在世人心目中的重要性。与此同时，“山川之灵，足以纪纲天下者，其守为神”，名山封禅成为人间帝王与天地沟通的仪式之一。齐威王、燕昭王、秦始皇、汉武帝，都曾屡次派人寻找神话传说中的仙山。最为人们所熟知的就是秦始皇派遣徐福率领童男童女数千人，出海东渡，寻找蓬莱、方丈、瀛洲三座仙山，以求长生不死。汉武帝非常喜好方术，一生都在致力于求仙活动。**上行下效，所以，在当时不管是皇室贵族还是平民百姓，都非常崇信神话世界，向往神山仙境。这种思想反映在熏香上，就是博山炉的出现和迅速风行。**

其次，博山炉的流行还和香料的不断发展有关。汉代以前，熏炉的香料来源多为茅香、蕙草等草本植物，干燥后就可以点燃使用，对熏炉的烟气发散、通风等方面的要求相对较低。经过汉初的休养生息和文景之治，到汉武帝时期，社会相对稳定富足，边疆诸国纷纷臣服朝贡，西去中亚的陆上丝绸之路以及南接东南亚各国的海上丝绸之路相继开通，地域之间的交流飞速发展，这其中，香料因其便于存储运输而成为中外交流的重要物品。西晋张华《博物志》记载了西使献香的故事：“汉武帝时……帝幸上林苑，西使千乘舆闻，并奏其香。帝取之看，大如燕卵三枚，与枣相似……长安百里，咸闻香气芳积，九月余日香犹不歇。”这些大量涌入汉境的树脂类香料，使用时需要在炉身底部放置炭火加以熏燃，这就对熏炉的形制提出了要求。在发展过程中，汉代的能工巧匠们将仙山崇拜等社会思潮融入塑形艺术，通过炉盖加高、炉腹加深等方式扩大炉内空间，保证香料的燃烧及香气发散，促进了博山炉的形成与发展。

汉代的熏香艺术

古人的熏香艺术极为考究，香料、熏具琳琅满目，用途也多种多样，以汉代为例，有祛湿除秽、净化空气、熏烤衣服和被褥以及沐浴时使用等多种用途。汉时人们席地而坐，生活环境相对潮湿，熏香最基本的功用就是祛湿除秽、净化空气。“女侍史絜被服，执香炉烧熏”，人们对衣物的熏香也极为重视，常在熏炉上加设熏罩等镂空器皿，将衣物被褥置于其上，让衣被等物和熏炉保持一定的距离，这样使用时熏炉不会因空气不流通而熄灭，衣被等物也不至因离火太近而受损。此外，还有沐浴时使用，错金铜博山炉出土于刘胜墓葬后室旁的小侧间，应当就是墓主人沐浴时在室内熏香使用的。

错金铜博山炉造型精致玲珑，意向磅礴大气，将思想追求、造型艺术与实用功能相融合，通过西汉工匠超凡卓绝的技艺加以呈现，不仅是汉代工艺发展水平的杰出代表，也是西汉民众社会生活与思想文化的集中体现。两汉时期的王侯贵族墓中，博山造型的熏炉多有出土，而错金铜博山炉不论是工艺、造型还是蕴含的历史价值、艺术价值与文化价值，都是独一无二的，堪称汉代文物中罕见的艺术珍宝。

048

东汉铜车马

集精美与夸张于一身的铜车马

国宝小档案

东汉
（公元 25—220 年）

年代：东汉（公元 25—220 年）

尺寸：通长 112 厘米，通高 68 厘米

出土地：贵州黔西南州兴义万屯 8 号墓

馆藏地：贵州省博物馆

供图：贵州省博物馆

主讲人：周小炜

今天，我为您介绍一件来自贵州黔西南州的东汉铜车马，它不仅是我国汉代铜车马中最精致、完整的一件，而且还运用了看似违背美学原理的夸张手法，整体颇有看点。

独具匠心的造型设计

这辆铜车马出土于贵州黔西南州兴义万屯 8 号墓，马车总长 112 厘米，通高 68 厘米，整个铜车马由马、轮轴、车厢和篷盖三部分组成。马是由头、耳、颈、躯干、四肢、尾部共 11 部分分别铸造后套合而成，除双耳，其余身体各部均为空心砂模铸造而成，用子母口做装配接头，由 17 个销栓固定。耳朵和尾部拼合后，再涂上了一种白色的黏合料加固。马匹双耳直立，在耳内、唇部涂抹朱色，在上唇外部还有残留的涂金痕迹，面具也涂金；腹部方圆，四肢修长。

马的造型昂首翘尾，左前肢提起，张嘴露齿做嘶鸣状。虽然左前肢呈悬提状态，但马颈略向后倾，这个姿势并不是为了卖萌扮可爱，而是因为头颈的重力作用于前肢，而且是在四肢中唯一直立的那条腿上，这样的设计可以承受较大的重力。由于马体各个部分组成的垂直力系，基本离不开四肢前后，所以中心就集中到了马的腹部，三条着地的腿就形成了三足鼎立，再加上每一个分段处母口以插口的精密咬合，所以修复后的铜车马不加销钉也不会散架。**这种遵循了力学的基本原理，将重心调整于马腹并进行合理分段的技术，也是匠师精心设计的结果。**

经贵州农学院畜牧兽医系的专家实测，这匹马大约为真马的三分之一缩小版。这匹马的四肢与体肥并不相称，与阿拉伯马相比，身体部分约短 5 厘米，身躯约高

马匹双耳直立，在耳内、唇部涂抹朱色，在上唇外部还有残留的涂金痕迹，面具也涂金；腹部方圆，四肢修长。

15 厘米。马耳也和各个品种的真马比例不符，而且马匹的桡尺骨和肱骨弯曲，右前腿尤为突出，这也违背了解剖学的基本特征。这些难道是古代工匠在造型艺术上的疏忽或失误？

其实，这是造型艺术的高度集中和夸张手段。挽马体态短而肥，给人以粗壮之感，用来运送物资，牵引炮台、辎重车，一般会配备有三轮车。马的长腿有精悍、奔驰如风的美感，夸张的双耳给人一种机智、健美的视觉效果。**至于桡尺骨和肱骨弯曲，实际是一种大胆的夸张，看似违背“真”这一美学基本原理，但客观上却有一种曲线美，这是雕塑艺术惯用的表现手法，而在 2000 年前的古代青铜艺术上就运用了如此夸张的手法，令人耳目一新。**

马后的车篷采用多块铜箔拼接而成，以篷顶纵向中线为界，两侧的纹饰，以及拼接的块数、方法、规格以及部位都是一一对称的。这样拼接的目的可能有三个：一是受铜箔尺寸的限制。整个车篷展开的规格为 48 厘米 × 93 厘米，这样大面积的整块铜箔，是当时的技术条件所无法实现的。二是为了立体效果。由于多块拼接、加铆增加了若干凸起的线条和点，这样既克服了平板呆滞的缺陷，同时又具有立体的多线条起伏变化的美感。这样的设计应该是有意为之，否则同一车篷采用了扣接和铆两种拼接方法，而且还是左右对称就难以解释了。三是起到加力的作用。拼接的地方实际上是给轻薄的铜箔局部加上撑垫，起到了加强筋的作用。车篷是由厚薄均匀、仅 1 毫米的铜箔制作而成，轻柔如纸，极易弯曲。

我们可以看到车篷上还有一些花纹，这些花纹除了装饰美化的作用，更值得一提的是，它们成了篷盖的加强筋。其中上部主体花纹是斜方格纹，之所以没有采用纵横结构的正方形，是因为斜方格纹与卷篷的卷曲方向产生了力的抗衡，这样既加强了卷篷的内应力，同时更增加了纵向的力度。**这件铜车马在出土时，专家就曾发现，车篷用手工每压一条纹饰，铜箔就产生一定向的卷曲，等到整个纹饰压弯，铜箔也就卷曲成这样覆瓦形的卷篷，这也不禁让人们对古代铜车马的设计师和制作工匠产生由衷的敬佩。**至于篷盖的下半部，因为是平面的纹样，所以通体装饰卷云纹。云纹线条参差环绕，既给人流云飘浮之美，又借线条的相互制约，加强了平面的牢度，这一举措也是工艺、美学和力学的巧妙结合。

除了车篷，车厢内的底垫上也有纹饰。在两輢以及底架上，用平行线组成的“井”字纹和“回”字纹做装饰，四出“回”字纹居于“井”字纹正中，“井”字纹的四组平行线贯穿整个底垫，对底垫起到了相当强的加力作用。另外整个底垫以及车篷展开的四边，也都施压了平行线纹，这一措施有力地防止了平面铜箔边缘易卷曲的缺陷，而且还起到了为纹饰区补白的效果。这些平行线纹的压画方法都是经过精心设计的，均由四条平行直线组成。四条平行线中间的两条从反面压画，外侧的两条从正面压画，这样既让大的平面得到调整，不容易产生折曲，同时还增加了纹饰的立体感。

整个马车还有一个很重要的点就在篷杆上。两条篷杆呈弓形，分别位于两輢的前后，用于支撑车篷。篷杆用细扁竹条外包 1 毫米的铜箔制作而成，这也是整套铜车马模型中，唯一用金属、非金属结合的复合制件。竹条本身具有一定的柔韧性和弹性，而且重量轻，其与铜箔结合既节省了铜的用料，也减轻了杆的重量，同时又不失金属感的外观；更不像相同重量的纯金属的实心篷杆，稍加重量就会弯曲变形。另外，用铜箔包裹竹条时，先将铜箔加工成了管材，这样会具有很强的抗压、抗断能力。这一设计在鸟的骨头和芦苇上不难看到，它们的重量很小，但是有着极大的抗弯、抗断力。**这种力学上的仿生结构，被应用到篷杆的设计上，同时在承受整套铜车马重力的车轴，以及承受铜马重力的四肢和车辕上都得到了体**

现。如果制作铜车马模型的匠师能把自己的设计理念及过程总结一下的话，那一定是青铜器工艺技术与美学珍贵的理论文献，对我们今天研究汉代的车制和青铜器的冶铸工艺都有重要的作用。

出土贵州的文化背景

那么，这件中原的物件为什么会出现在2000多年前的贵州，这里在彼时可是书中的蛮夷之地。其实除了这件铜车马，贵州境内出土过很多两汉时期的遗存，如青铜连枝灯、铜车马、“巴郡守丞”印等遗物，反映墓主人不一样的身份地位和当地不一样的建制设置；其他如各类陶俑、陶水塘稻田模型，以及带有中原纪年或“长乐未央”的瓦当等则反映了汉式器物已经逐渐取代了土著遗物。

战国至秦汉时期的贵州是土著文化高度发达，汉文化开始流行的时代。以西汉中期为界，此前的贵州是以夜郎及其文化为代表的土著文化占据主流；此后汉武帝掀起开放西南夷大潮，在贵州推行郡县制，修建了一条北起犍为、南达平夷的交通要道。南夷道的开通，也是汉王朝经营西南夷的需要。在道路畅通的前提下，这当中经济文化的经营，官方或民间人员的频繁往来，大批移民的迁入，汉文化便沿着既有的孔道和土著聚居区，迅速由已经成为汉文化阵营的川渝地区自北至南向黔中地区渗透。由此带来的汉文化渗透到方方面面，其中也包括了厚葬，这也是因为那时中原汉人信奉“事死如事生”，也就是人死后要像生前一样享受荣华富贵。直到东汉时，贵州这一时期的考古遗存已经和全国其他地方的没有太大差别，因此在黔中大地上出现这样一件2000多年前精致的铜车马，也不是一件奇怪的事情了。

在全球文化一体化的今天，我们接受文化冲击的程度远比两汉时期的古人更加迅猛。早年以西方文化为中心的观念席卷全球，其对于中国的影响正如两汉时期汉文化对贵州的冲击。在强势汉文化的面前，土著文化也显示了脆弱的一面，最终成为历史的选择。

虞帝舜
帝舜二妃娥皇女英
舜父瞽叟
舜後母燒廩
周太姜
周太任
周太姒
魯師春姜
漢成帝
漢成帝班倢伃
S.1396.

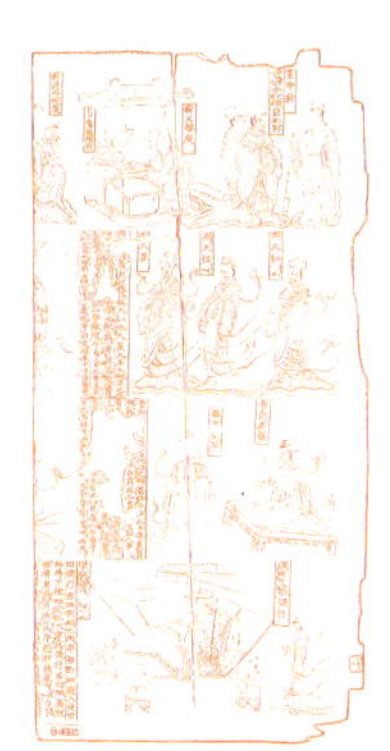

049

木板漆画

北魏时期高等级贵族家居中最主要的陈设

国宝小档案

年代：北魏（公元 386—534 年）

尺寸：长约 80 厘米，宽 20 厘米，厚约 2.5 厘米

出土地：1965 年山西省大同市北魏司马金龙墓

馆藏地：山西博物院

供图：山西博物院

主讲人：李惠

您好，今天我为您介绍的文物，是我院珍藏的1500多年前北魏时期的华美无比的木板漆画。现在让我们一起走进北朝这个混乱和融合并存的艺术觉醒的时代。

木板漆画上的《列女传》故事

首先，我要为您分享两个与这件文物相关的小故事。

东汉时期，著名的史学家、文学家班固，与著名的军事家、外交家班超是兄弟俩，他们的父亲班彪也是位大学问家。除了这两个非常了不起的儿子，班彪老先生还有个非常有才的女儿班昭，她不仅接替哥哥班固完成了《汉书》的修注，所撰写的《女诫》一书更是成为封建时代女性的行为准则。一个家族能连续出现多位杰出的人才，非常了不起，家风、家学、家训的影响至关重要！

另外，这个家族里，他们父亲班彪的姑姑——班婕妤也是位了不起的人物。班婕妤曾是汉成帝的爱妃，善诗赋，是一位集美貌与才德于一身的女子。汉成帝让她每天陪伴在左右，就连出行时也要让她共同乘坐龙撵，于是，班婕妤便劝告汉成帝说："凡是圣贤的皇帝，时时伴随在身边的应该是朝廷大臣而不是嫔妃。商纣王因过分宠幸妲己，最后落了个亡国毁身的下场，我如果和你乘坐车子进出，你不就跟商纣王没什么两样了吗？"太后知道了这件事，对班婕妤极为赞赏，并赞扬她是位了不起的女性。类似班婕妤这种具有高尚品德、聪明才智的古代妇女的故事，被收录在2000多年前汉代的《列女传》中，对后世影响很大。

还有一个姐妹俩的故事，也被载于《列女传》。传说上古时尧帝有两个聪明美丽的女儿娥皇和女英。尧帝晚年的时候，想选择一个满意的继承人，他看到舜

汉成帝与班婕妤

班婕妤曾是汉成帝的爱妃，善诗赋，是一位集美貌与才德于一身的女子。汉成帝让她每天陪伴在左右，就连出行时也要让她共同乘坐龙撵，于是，班婕妤便劝告汉成帝说：“凡是圣贤的皇帝，时时伴随在身边的应该是朝廷大臣而不是嫔妃。商纣王因过分宠幸妲己，最后落了个亡国毁身的下场，我如果和你乘坐车子进出，你不就跟商纣王没什么两样了吗？”太后知道了这件事，对班婕妤极为赞赏，并赞扬她是位了不起的女性。类似班婕妤这种具有高尚品德、聪明才智的古代妇女的故事，被收录在2000多年前汉代的《列女传》中，对后世影响很大。

是个德才兼备的人，于是，决定禅让传位给舜。同时，还把娥皇和女英许配给舜，来进一步考察舜的言行举止。舜不负尧的信任，家庭和睦，人民生活稳定，天下大安。

到舜帝晚年时，九嶷山一带发生战乱，舜打算去视察实情。娥皇和女英两位夫人考虑到舜年老体衰，争着要和舜一起去。舜考虑到山高林密，道路曲折，于是只带了几个随从便悄悄地离去。娥皇和女英知道舜已走的消息后立即起程，追到扬子江边时遇到了大风，一位渔夫把她们送上洞庭山。后来，她俩得知舜帝已死，被埋在九嶷山下，便天天扶竹向九嶷山方向泣望，把这里的竹子都染得泪迹斑斑，这也就是湘妃竹的来历。后来，她俩投湘水而亡，成了湘水之神。

这两个故事不仅被收录在《列女传》中，还被绘制在了我要为您介绍的木板

虞帝舜与娥皇、女英

舜帝晚年时，九嶷山一带发生战乱，舜打算去视察实情。娥皇和女英两位夫人考虑到舜年老体衰，争着要和舜一起去。舜考虑到山高林密，道路曲折，于是只带了几个随从便悄悄地离去。娥皇和女英知道舜已走的消息后立即起程，追到扬子江边时遇到了大风，一位渔夫把她们送上洞庭山。后来，她俩得知舜帝已死，被埋在九嶷山下，便天天扶竹向九嶷山方向泣望，把这里的竹子都染得泪迹斑斑，这也就是湘妃竹的来历。后来，她俩投湘水而亡，成了湘水之神。

漆画上。在一尺见方的一角，这些故事里最精彩的瞬间，被寥寥几笔勾勒了出来，而且展现得淋漓尽致。那么，这木板漆画是在哪里被发现、又是做什么用的呢？

木板漆画的发掘

1965 年，山西大同石家寨村的一位农民在打井时意外发现了一座贵族墓葬，墓中出土了大量珍贵、精美的文物，其中五块较完整的木板漆画轰动了整个考古

学界。

这组木板漆画，每一片长约 80 厘米，宽 20 厘米，厚约 2.5 厘米，两侧都有榫卯。正背两面都有精彩的漆画，色泽艳丽，以朱红色的漆为底，上面有黑色的漆勾勒的人物和书写的文字，文字部分以黄色为底。

漆画从上到下分四层，每层均有单独主题。线描人物大多是宽衣博带、发髻高绾，很明显是汉魏时期的人物形象。漆器这类有机质文物的保存是最难的，因此在山西发现的这组木板漆画历经千余年后依然保存状况如此完好，更是极为稀有，价值连城。

木板漆画的制作工艺

经分析检测，这组木板漆画采用的是上好的柏木。制作时，要在柏木的木胎上髹满红漆，红漆是由生漆与朱砂调和而成。刷一层漆后，要放在阴凉通风处阴干，仔细打磨后再髹红漆，反复若干次，直至颜料分层十分清晰，各层的厚度十分均匀。最后在上边作画、题字，同时配有黑色、白色、灰蓝等覆盖力强的色彩加以涂染。木板之间通过榫卯结构，严丝合缝地把这 5 片木板漆画连缀起来。经学者研究，它应该是一组完整的彩绘漆屏风。左、右、后三面围在床榻周边，用来挡风，同时隔开空间，周边还有帷帐。这种床榻屏风在汉魏三国时期是高等级贵族家居中最主要的陈设。

汉代是我国古代漆器的鼎盛时期，然而漆器制作极为费时费力。汉代著作《盐铁论》中有关于漆器的记载："一杯用百人之力，一屏风就万人之功。"意思是制作一只漆器酒杯花费约 100 人的劳动和时间，而一扇漆屏风需要上万人的劳动付出，这样我们足以想见当时漆器的珍贵程度。

除了制作工艺复杂，彩绘漆屏风还有一个难点，那就是在上面绘画、写字。漆比墨汁更加黏稠，但我们看到这组彩绘漆屏风上，人物形象简洁大方，神情活灵活现，文字笔法细腻，自然流畅，一丝不苟，让人不禁感叹工匠的精湛技艺。除

了刚才为您介绍过的故事，还有西周初期贤德的周室三母，以顺从著称的鲁师春姜等的故事，就像今天的小连环画一样，被分层地绘制在上面，而且每一幅画面的旁边都有题记或者引述一段史籍记载，以简单明了的文字说明画中人物的身份及故事。

木板漆画的拥有者

那么，这精美的木板漆画，或者说彩绘漆屏风的拥有者又是谁呢？

考古工作者在墓葬发掘时，找到了一方墓志和墓志铭。根据墓志内容，我们了解到这是司马金龙和夫人姬臣的合葬墓。男主人司马金龙，是1500多年前北魏平城（今大同）的最高行政长官。他复姓司马，又是南北朝时期人物，距离三国时期很近，那会不会和我们熟悉的司马懿有关系呢？没错，他还正是司马懿的弟弟司马馗的九世孙，是西晋、东晋的皇族子弟，出身非常显赫。

一个纯正的汉族皇室子弟怎么会成为北魏的重臣呢？北魏又是个什么样的国家和时代呢？

这要从司马金龙的父亲司马楚之说起。他原本是南朝东晋的皇族，为了躲避当时的政治斗争，流亡逃走，后来他北上投靠了北魏，被委以重任先后担任征南大将军、扬州刺史等官职，屡立战功，南破刘宋、北伐柔然，并被封为琅琊王。

北魏是由鲜卑族建立的，这是一个从东北大兴安岭山洞里走出来的游牧民族。在1500多年前，他们辗转向中原地区靠近，逐渐发展、强大。在公元398年的时候，迁都到平城（今山西大同），改国号“魏”，史称北魏，并定都于此长达97年。

经过不懈努力，北魏结束了五胡乱华120年动荡的局面，统一了中国北方。但是北魏统治者清楚地意识到，他们的民族是从原始社会直接进入了封建社会，缺乏深厚的文化底蕴，文化自信不够。一个从边远迁徙而来的外族人要在中原站稳脚跟，首先要被中原人接受和认可，不仅要不断壮大自己的军事力量，更要学习先

进的汉文化，成为华夏文化的主流，这样才能更好地统治整个中原地区，甚至统一当时的中国。在这种情况下，北魏统治者从政治制度、生活方式、语言文字、文化艺术等方面向汉族靠拢，改汉姓、穿汉服、说汉话，与汉族通婚，任用汉人为官等，大量借鉴吸收汉文化。

于是，像司马金龙的父亲司马楚之这样在东晋南朝受到政治迫害的汉族贵族，在北魏反而受到了重用，并且还迎娶了鲜卑公主，生下了司马金龙。所以，司马金龙可以算得上是个标准的汉人与鲜卑人的混血儿，他先后担任镇西大将军、云中镇大将、朔州刺史、吏部尚书等官职，并承袭了他父亲的爵位，被封琅琊王。

司马金龙家族始终与北魏皇室保持着相当密切的关系，家族成员都身居高位，同时北魏皇室也通过下嫁公主来加强巩固政治关系。司马楚之娶河内公主、司马金龙娶武威公主、司马金龙的孙子司马朏娶了尚华阳公主，因而司马金龙家族有着“父子镇云中，三代尚公主”的美誉。那么，他的墓葬里出土这样珍贵稀有的人物故事彩绘漆屏风也就不足为奇了。

南北朝文化交融的产物

漆屏风上所绘画的故事内容、人物形象、衣着服饰等，都是典型的中原文化；还有，漆画一旁的题记和榜题文字，兼具隶书与楷书风格，更是不可多得的北魏书法真迹。但是，屏风木框边缘所绘的环状缠枝忍冬纹，又是典型的少数民族文化元素。由此可见，这件漆木屏风正是一件南北朝文化交流融合的产物。

虽然北魏所处的南北朝是我国历史上最动荡、最混乱的历史时期，但正是这样的动荡与混乱，促进了中国历史上的第二次民族文化大交融，新鲜的元素注入华夏文化中，再一次激发起了勃勃生机，也促成了随后大唐王朝的社会、经济、文化的繁荣达到一个顶峰，这些文化也共同构成了我们今天绚丽多姿的中华文化。

050

北魏石佛造像

皇权政治在佛教造像中的实物体现

国宝小档案

年代：北魏（公元 386—534 年）

尺寸：每尊石佛单体高约 5.7 米，重约 30 吨

出土地：山东省淄博市临淄区龙池村龙泉寺故址大殿内

馆藏地：青岛市博物馆

供图：青岛市博物馆

主讲人：鞠静

您好，今天想为您介绍的这件文物，是青岛市博物馆最具重量级别的文物——北魏石佛造像。这两尊丈八大佛生动传神的美感、眉眼间慈悲为怀的佛光，雕刻技艺之精湛、保存程度之完好，还有其背后饱经沧桑的传奇经历，都让它们无愧于“镇馆之宝”的美誉。

绝无仅有的古代石造像

这一对北魏石佛造像的名字，出自一通“双丈八碑苏公之颂”的大型碑首上的铭文，故而我们把这两尊丈八大佛又称为“双丈八佛”。每尊石佛单体高约 5.7 米，重约 30 吨，这在我国博物馆界室内陈列的古代石造像中都是首屈一指的，而且同殿两佛并立的情况，更是绝无仅有。在全球博物馆中，此类文物也仅见于青岛市博物馆。

这两尊石佛造像的长相有点像少数民族，深目高鼻、脖颈细长，其实，它们的形象本来就源自北魏鲜卑拓跋部。鲜卑族是继匈奴之后在蒙古高原崛起的古代游牧民族，它结束了十六国纷乱的局面，从落后状态趁势崛起，担当了开启北朝、孕育隋唐的历史任务。另外，它以北魏孝文帝改革的牢固印象出现在公众的视野里，同时也闪耀在中国南北朝的历史中。

这个鲜卑拓跋少数民族在中原建立了政权，到北魏第七位皇帝拓跋宏时，南迁洛阳，全面实行汉化政策。这一政策都有哪些具体的展现呢？其中很重要的一点，就体现在北魏石佛造像的服饰上，简单说就是“褒衣博带”。

“褒衣博带”本来指的是有领有袖的传统汉族儒服，而它穿在佛身上，则指是

袈裟披着，外观与汉服有相似的形式，是北魏造像的标志性特征。相传北魏“褒衣博带”服装样式的设计师是一代传奇匠师蒋少游，他出身寒微，但机敏善学，《魏书·术艺传·蒋少游传》里称赞他“性机巧，颇能画刻，有文思”。他生平有两大爱好：一是喜爱服装裁剪，经他研制的服装既美又雅；二是钻研建筑工程，孝文帝迁都洛阳时，洛阳宫殿的设计建造也多由他主持。

佛不妄笑，没有哪门艺术像中国古代佛教造像艺术那样，执着于表现微笑。微笑，绝对具有不可抗拒的魔力，这一定律在佛像身上同样适用。**当你放任视线游弋于佛像之间时，会不知不觉被他的笑容所吸引，这一对北魏石佛造像便是以笑暖人心。看它们嘴唇轻轻上扬、眼眸微微低垂，流露出对芸芸众生的关切，庄严中透着慈祥，宁静中透着博爱。**相比早期北魏的石窟造像，它们已经开始迈出世俗化的脚步，显得清秀、温和、圣洁，还具备人性之美。

美往往藏在细节之中，佛家的表意世界很丰富，比如手势，不同的手势代表佛像的不同身份，表示佛教的不同教义。常见的有说法印、施无畏印、与愿印、降魔印、禅定印 5 种，即“释迦五印”。**这两尊石佛均手心向外，右手上扬作施无畏印，左手下垂作与愿印，寓意众生得安乐无畏惧，断除一切烦恼，整个手势有着一种普度众生的意思。**两尊大佛的粗犷设计中带有轻柔的动态变化，衣服上的雕刻纹理让人仿佛感受到坚硬的石体表面似有一阵微风吹过。两尊大佛底座中间，刻有一个大力士，他双手扶地，袒胸捧腹，头顶博山炉，其两侧各刻有一罗汉守护，还有手弹琵琶的姬乐侍从的浮雕。这种生动传神的雕刻造型也给人留下深刻的印象。

经专家鉴定，两尊大佛为北魏中晚期风格，建造年代约在北魏景明、正始之后，北齐、北周之前，也就是公元 500—550 年之间，明显带有印度佛教与希腊文化结合而成的犍陀罗佛教艺术痕迹，又吸收了古印度贵霜王朝的佛教造像中心马土腊地区的佛像因素，最后与中国审美趣味水乳交融，有力度而不失精细，刚柔相济，美轮美奂。

双丈八佛与当朝皇权

双丈八佛距今已有1400多年的历史，这种形制是北魏孝文帝太和年间实施汉化政策以后才出现的。北魏（386—534）是鲜卑族建立的北方政权，也是南北朝时期北朝第一个王朝。西晋灭亡以后，山东成为鲜卑、羯、汉等民族争夺的地区。公元469年，山东纳入北魏版图，结束了刘宋王朝半个多世纪的统治。而北魏皇族多信奉佛教，山东佛教也就逐渐兴盛起来。佛教的兴盛，自然带来佛教造像的兴起，也推动了佛教造像艺术的发展。北魏在中国境内开凿了无数的佛像，艺术造诣普遍非常高，如著名的山西大同云冈石窟、河南洛阳龙门石窟等。

而同殿“两佛并立”的罕见情形也颇有研究意义和价值。北魏中晚期流行一种称作“两佛并坐”的造像模式，有学者统计仅云冈石窟就有385个“两佛并坐”的佛龛。这种造像模式的流行，具有深刻的社会政治原因。

孝文帝在延兴元年（公元471年）即位时只有5岁，他的祖母冯氏直到去世前把持了朝政长达20年。当时文明太皇太后冯氏与孝文帝拓跋宏并称“二圣”。显而易见“两佛并坐”是太和年间“二圣”当朝的世俗皇权政治在佛教造像中的实物体现。不过北魏太和年间虽然流行过“两佛并坐”的造像模式，但并没有“两佛并立”这种立佛的造像形式。“两佛并立”的特殊布局是“两佛并坐”形式的继承和演变，应该指的是后来的孝明皇帝与皇太后胡氏。

饱经沧桑的传奇经历

对于青岛来说，这两尊大佛是“外地佛”，它们的迁徙流转经历颇为传奇，在特定的历史背景下倾注了几代人的心血，才得以完好地保留下来。其实，在长达千余年的时间里，这两尊大佛一直安放在山东临淄著名古刹“龙泉寺”的大殿内。龙泉寺遗址位于龙池村北，淄河东岸，是临淄著名古寺院之一，昔日殿宇轩昂，石佛屹立，碑碣幢幢。

两尊大佛能保留至今，可以说历尽了沧桑与磨难。1928 年日本人入侵山东后，曾两次欲将这批珍贵文物劫走。起初，曾有人想要将佛像以 3000 元的价格卖给日本人，被当地人得知后出面干涉，才没有成交。后来日本占据济南及胶济铁路沿线，他们垂涎两尊大佛已久，因此立刻率人将佛像劫取，运到了淄河店车站，准备伺机运往日本。当时适逢济南“五三惨案”发生，中国人民反日斗争此起彼伏，风起云涌，日本侵略者迫于形势，最终未敢将这批文物劫走。

石像能够保全，除了得益于当地民众，还得益于一位名叫栾宝德的人。他是山东栖霞人，1905 年就读于青岛礼贤书院，毕业后考进青岛德华特别高等学堂，1914 年赴德国留学；毕业回国后，在济南机车车辆厂任职，1925 年奉交通部令任四方机厂厂长；1930 年，他亲自调派专车将这两尊佛像运至青岛。当时的运输条件极为有限，据栾宝德回忆：“运上火车的时候，沿途的铁路桥梁都用道木顶起来加固，以防不载重。用人工滑动移位，再用几架加重的倒链（一种简单的起重工具）吊运，用了大约半个月时间，才把石佛运来青岛。”当时石佛就安放在四方机厂外的四方公园荷花湾西岸，供游人参观。后来工厂不断扩建，把四方公园圈入厂内，所以这两尊大佛一直在青岛四方机厂内。

1979 年，青岛市调用了两台最大的吊车——20 吨吊车，将两尊大佛运送到青岛市博物馆保护，并作为“镇馆之宝”陈列展出。因为石佛太重，青岛市博物馆旧址（南区鱼山路 37 号）内的铺地石条竟然被压陷下去二三十厘米。1998 年，工作人员经多次论证并制订专业搬迁方案，遂将其迁至东部新馆。

千余年风雨磨砺，几多世事变幻。如今宏伟的“双丈八佛”安然屹立在青岛市博物馆的西区大厅中，欢迎您来这里追古溯源，感受文物的震撼！